广东省制造业高质量发展报告

# 2020—2021年广东省制造业高质量发展研究报告汇编

广东省制造强省建设专家咨询委员会　编著

中国财经出版传媒集团

经济科学出版社
Economic Science Press

图书在版编目（CIP）数据

2020—2021 年广东省制造业高质量发展研究报告汇编/
广东省制造强省建设专家咨询委员会编著．－－北京：经
济科学出版社，2022.10
ISBN 978－7－5218－3505－2

Ⅰ．①2…　Ⅱ．①广…　Ⅲ．①制造工业－工业发展－
研究报告－广东－2020－2021　Ⅳ．①F426.4

中国版本图书馆 CIP 数据核字（2022）第 049734 号

责任编辑：李　雪　袁　澂
责任校对：郑淑艳
责任印制：邱　天

**2020—2021 年广东省制造业高质量发展研究报告汇编**

2020－2021 NIAN GUANGDONGSHENG ZHIZAOYE
GAOZHILIANG FAZHAN YANJIU BAOGAO HUIBIAN

广东省制造强省建设专家咨询委员会　编著

经济科学出版社出版、发行　新华书店经销

社址：北京市海淀区阜成路甲 28 号　邮编：100142

总编部电话：010－88191217　发行部电话：010－88191522

网址：www. esp. com. cn

电子邮箱：esp@ esp. com. cn

天猫网店：经济科学出版社旗舰店

网址：http://jjkxcbs. tmall. com

北京时捷印刷有限公司印装

787×1092　16 开　19.5 印张　360000 字

2022 年 10 月第 1 版　2022 年 10 月第 1 次印刷

ISBN 978－7－5218－3505－2　定价：106.00 元

（图书出现印装问题，本社负责调换。电话：010－88191510）

（版权所有　侵权必究　打击盗版　举报热线：010－88191661

QQ：2242791300　营销中心电话：010－88191537

电子邮箱：dbts@ esp. com. cn）

# 广东省制造强省建设专家咨询委员会简介

为推动实施制造强省战略，提高制造强省建设重大问题的决策咨询水平，经广东省人民政府同意，广东省制造强省建设专家咨询委员会（以下简称"咨询委"）于 2019 年 12 月 25 日正式成立，中国工程院原院长周济院士担任咨询委主任，中国工程院干勇院士、邬贺铨院士、刘人怀院士、王迎军院士、中山大学陈春声书记、广东工业大学原校长陈新教授担任副主任委员，工业和信息化部电子第五研究所陈立辉所长担任秘书长。咨询委秘书处设立在工业和信息化部电子第五研究所，主要担任咨询委日常运作工作。

咨询委是广东省制造强省建设领导小组（以下简称"领导小组"）的常设决策咨询机构，是推动广东省从制造大省到制造强省转变，实现制造业高质量发展的战略性、全局性、专业性决策咨询平台。其主要宗旨是贯彻落实广东省委、省政府关于推动制造强省建设的各项决策部署，充分发挥市场在资源配置中的决定性作用和更好发挥政府作用，以探寻制造业发展规律和尊重广东省发展实际为基础，坚持科学、客观、公正的原则，围绕制造业发展有关的重大问题，开展相关咨询、论证活动。

咨询委自成立以来，在广东省制造强省建设领导小组及其办公室的领导下，重点服务支撑全省制造强省建设和战略性产业集群培育发展工作，先后承接了"2020 年、2021 年广东省制造业高质量发展论坛"、"广东省培育五大世界级先进制造业集群实施方案"（二十大战略性产业集群前期研究）、"广东省制造业高质量发展十四五规划"（以省政府名义印发，省重点专项规划）、"广东省月度工业经济运行监测分析"，支撑建立全省战略性产业集群"五个一"工作体系、"数据图谱系统建设"、"智库咨询支撑机制"等重要课题或任务，研究编制了《广东省制造强省建设资讯》《广东省制造强省建设专报》等专刊专报，有力推动了广东省政府决策咨询水平进一步提升，受到了省领导和省有关部门的高度认可。

# 编　委　会

# 序　言

制造业是国民经济的主体，是立国之本、兴国之器、强国之基。党的十八大以来，以习近平同志为核心的党中央高度重视实体经济发展，把制造业高质量发展放到更加突出的位置，尤其在 2019 年底中央经济工作会议，把推动制造业高质量发展作为来年的首要任务。推动制造业高质量发展，对提升制造业核心竞争力、占领产业发展制高点，保持经济持续健康发展，满足人民群众美好生活需要具有重要意义。

广东作为我国制造业发展的排头兵，长年来坚持制造业立省不动摇，制造业高质量发展取得积极成效。2020 年，规模实力稳步提升，广东省实现规模以上制造业增加值 3.01 万亿元、规模以上制造业企业超 5 万家，其中进入世界 500 强制造业企业 6 家；创新水平稳居全国前列，区域创新能力继续保持全国领先，连续四年排名第一，技术自给率达 73%，基本达到创新型国家和地区水平；产业结构持续优化，高技术制造业、先进制造业增加值分别达 1.03 万亿元、1.85 万亿元，占全部规模以上工业增加值的 31.1%、56.1%。

2021 年是"十四五"开局之年，也是开启全面建设社会主义现代化国家新征程、向第二个百年奋斗目标进军的第一年，更是双循环战略格局下创新驱动发展、从高速增长向高质量发展转型的攻坚期。受广东省制造强省建设领导小组办公室的委托，广东省制造强省建设咨询委秘书处积极组织，向省有关部门、地市工业和信息化主管部门、国家先进制造业集群促进机构等政府及研究单位征集了 2020—2021 年度制造强省建设方面的优秀研究成果及典型工作经验报告，并组织专家学者评审、编撰形成了《2020—2021 年广东省制造业高质量发展研究报告汇编》，重点收录了现阶段广东省各地市各部门在推动制造业高质量发展过程中的优秀研究成果和典型工作经验，形成综合发展、产业提升、集群建设、转型升级、改革治理、专题研究等多个篇章。

衷心希望该书能够为广东省各级政府单位提供重要的决策参考，也为广大关心、支持和参与制造业高质量发展的各界人士提供高水平、有价值的信息参考。鉴于制造业涉及领域广、热点问题多，入选本书的研究和编写难免有欠妥和疏忽之处，欢迎广大读者批评指正。

编委会

2022 年 1 月 10 日

# 目　录

## 01　综合发展篇

## 02　产业提升篇

## 03 集群建设篇

## 04 转型升级篇

# 05 改革治理篇

# 06 专题研究篇

# 01

## 综合发展篇

# 广州市制造业高质量发展评估报告（2020 年）

*广州市工业和信息化局*
*广州市工业和信息化产业发展中心*

## 一、2020 年广州市制造业高质量发展总体情况

### （一）产业实力显著增强

2020 年，广州市工业增加值 5722.52 亿元，占国内生产总值（GDP）的比重为 22.87%。规模以上高技术制造业增加值增长 6.3%，超过规模以上工业增加值增速 3.8 个百分点，其中，医药制造业增长 16.6%，电子及通信设备制造业增长 6.9%，电子计算机及办公设备制造业增长 6.9%。三大支柱产业汽车制造业、电子产品制造业和石油化工制造业工业总产值增长 3.7%，占全市规模以上工业总产值的比重 51.4%，使得广州市成为我国重要的汽车制造、电子产品、石油化工产业基地。

### （二）产业结构优化升级

"十三五"时期，为落实广东省委省政府大力发展先进制造业的要求及《广东省先进制造业发展"十三五"规划》的安排，广州市先后出台了《广州市先进制造业发展第十三个五年规划》《广州市加快 IAB 产业发展五年行动计划（2018—2022 年)》等规划、政策，瞄准 IAB（新一代信息技术、人工智能、生物医药）产业和 NEM（新能源、新材料）产业，紧抓全球新一轮产业变革机遇，对标全国、全球一流水平，聚焦高精尖重点领域，抢占全国乃至全球产业发展的制高点。2020 年，高新技术产品产值占规模以上工业总产值比重为 50.0%；先进制造业增加值占规模以上制造业增加值比重达 65.9%，产业结构瞄准高端逐步优化。

### （三）产业集群效益凸显

广州市瞄准汽车、超高清视频及新型显示两大世界级先进制造业集群和新材料、

都市消费工业、高端装备制造、生物医药四大国家级先进制造业集群，实施集群强链行动，着力打造骨干企业产业链、发展"专精特新"行业领先企业。汽车产业集群产值约 5000 亿元，产量约 300 万辆，居全国第一位，新能源汽车在建规模居全国第一位；软件与信息服务集群产值近 5000 亿元；超高清视频显示集群产值约 2000 亿元，4K 板卡出货量、显示模组市场占有率居全球第一位。同时结合《广州市价值创新园区建设三年行动方案（2018—2020 年)》推动村级工业园整治提升，提出集中打造"新能源汽车、智能装备、新型显示、人工智能、生物医药、互联网"等六大千亿元新兴产业集群。目前，首批十大价值创新园区入驻企业超 3700 家，其中产值（营收）亿元以上企业达 87 家，价值创新园区成为打造先进制造业集群的重要平台。

### （四）两业融合程度加深

2020 年，广州市持续深入推进两业融合发展，促进生产性服务业向智能化、专业化发展，积极支持新兴数字化服务发展模式。市政府印发实施《广州市加快打造数字经济创新引领型城市的若干措施》，支持大数据、人工智能、云计算、物联网、区块链、第五代移动通信技术（5G）和移动互联网、北斗卫星导航等新技术在服务业领域的创新应用，加快发展众包、云外包、平台分包等新模式和服务型制造等新业态。全市共 128 家工业互联网供应商（全省共 250 家）入选广东省工业互联网产业生态供给资源池，数量居全省第一位，初步形成资源富集、各有侧重、协同集聚发展的工业互联网供给资源体系。积极探索基于工业互联网的规模化个性化定制实现路径，成功将广州打造为联合国工业发展组织授牌的"全球定制之都"。

## 二、广州市制造业高质量发展水平评估

### （一）广州及对标城市制造业关键指标分析

为更好地分析广州市制造业发展水平在国内的位置，特在万亿元 GDP 城市中选取 10 个制造业实力雄厚的城市作为对标对象，选取部分关键指标进行分析。

#### 1. 地区生产总值

2020 年，面对新冠肺炎疫情的影响，除了受疫情影响较重的武汉外，其余城市地区生产总值均保持稳步增长的态势。从总量看，上海、北京、深圳位居前三，

分别为 38700.58 亿元、36102.60 亿元和 27670.24 亿元。广州紧随其后，位居第四。合肥、西安地区生产总值首次突破 10000 亿元，踏入万亿元俱乐部的门槛。从增速看，西安、南京、合肥增速位居前三，分别达到 5.2%、4.6%、4.3%。由于地区生产总值体量较大，广州市地区生产总值增速为 2.7%，仅高于上海、北京、武汉（见图 1）。

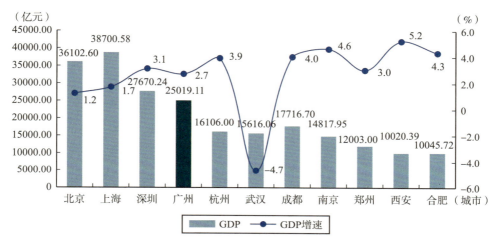

图 1　广州与对标城市地区生产总值及增速对比

### 2. 第二产业增加值

从第二产业增加值总量来看，深圳、上海、广州排名前三，其中深圳（10454.01 亿元）、上海（10289.47 亿元）是仅有的两个第二产业增加值突破万亿元的城市，广州第二产业增加值突破 6500 亿元，达到 6590.39 亿元；北京、武汉、成都、南京 4 个城市分列第四至第八名，第二产业增加值超过 5000 亿元；杭州、郑州、合肥、西安排名靠后。从增速看，西安第二产业发展迅速，增速高达 7.4%。合肥、南京、成都、郑州第二产业增速较快，均超过 4%。北京、上海、深圳、广州 4 市中，广州的增速最快，达到了 3.3%（见图 2）。

### 3. 工业增加值

从总量来说，除深圳、武汉、郑州之外，上海工业增加值最高，达到 9656.51 亿元，广州排名第二，工业增加值实现 5722.52 亿元，西安工业增加值最低，仅为 1828.59 亿元。从增速来看，合肥工业增加值发展最快，增速达到 8.3%。南京、郑州排名其后，位列二、三。广州工业增加值增速和杭州一致，并列排名第六（见图 3）。

图2　广州与对标城市第二产业增加值及增速对比

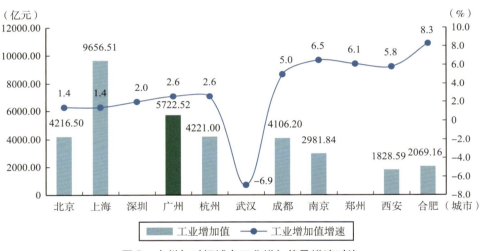

图3　广州与对标城市工业增加值及增速对比

注：深圳、武汉、郑州工业增加值暂未公布。

### 4. 创新水平

总体来看，作为全国科技创新中心，北京制造业创新水平优于其他城市。从研究与试验发展经费占地区生产总值比重（研发投入强度）来看，11个城市的研发投入强度均保持较高水平，但对比来看，北京市研发投入强度高达6.31，显著优于其他城市；西安、深圳、上海排名第二、第三、第四位。需要指出的是，尽管西安市研发投入绝对数值并不占优，但由于西安地区生产总值体量较小，因此研发投入强度表现突出，位居第二。广州表现一般，仅排名第八（见图4）。

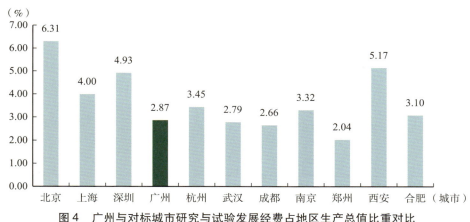

**图4 广州与对标城市研究与试验发展经费占地区生产总值比重对比**

从规模以上工业企业研发经费内部支出占营业收入比重来看，北京市依然保持较为明显的优势，规模以上工业企业较为重视研发投入，占营业收入比重高达9.54%；不同于研发投入强度的排名，西安优势不再突出，排名第二，深圳紧随其后。广州排名第八，但与前边的城市差距不大（见图5）。

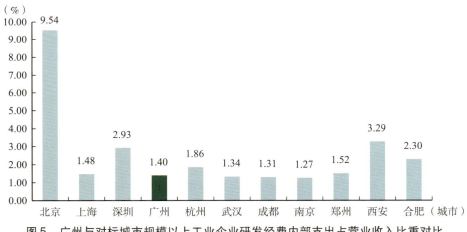

**图5 广州与对标城市规模以上工业企业研发经费内部支出占营业收入比重对比**

从有研发机构的企业占规模以上工业企业的比重来看，深圳、南京、广州制造业企业更加注重内部创新，占比分别达到55.27%、45.39%和45.30%；合肥、杭州、北京有研发机构的企业占比也较高，达到36.91%、36.42%和36.11%，即超过1/3的规模以上工业企业具有研发机构。其余城市规模以上工业企业中有研发机构的企业占比不足三成（见图6）。

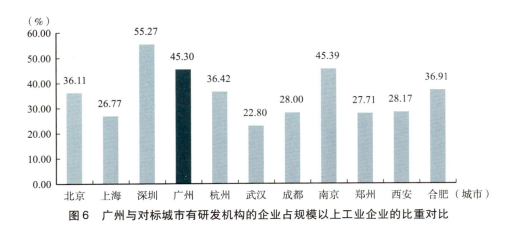

（%）

图6 广州与对标城市有研发机构的企业占规模以上工业企业的比重对比

　　从技术市场合同成交额年增长率来看，广州技术市场表现活跃，年增长超过84.7%，保持着较快的增长态势。郑州、深圳分列第二、第三位，增长率分别为54.88%和48.79%；上海、北京技术市场发展起步较早，市场发展平稳，保持低速稳定增长（见图7）。

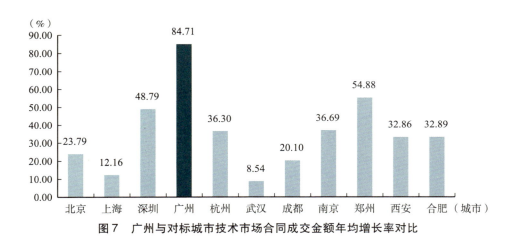

（%）

图7 广州与对标城市技术市场合同成交金额年均增长率对比

　　从规模以上工业企业每亿元营业收入有效发明专利数来看，北京市创新产出最高，达到7.84件；广州表现较为优异，低于深圳（3.71件）、上海（3.25件），位列第四（见图8）。

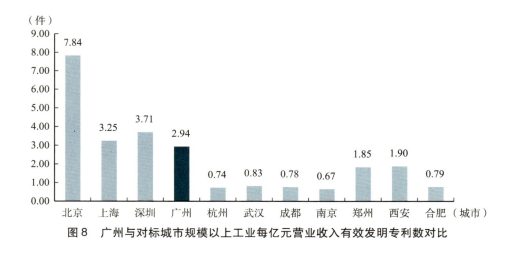

图 8 广州与对标城市规模以上工业每亿元营业收入有效发明专利数对比

### 5. 高技术制造业发展水平

从高技术制造业占规模以上工业增加值比重来看，深圳市制造业的科技含量更高，高技术制造业占比达到 63.50%，西安、杭州、武汉分列第二、第三、第四位；其余城市差距不大，占比均保持在 20% 左右，广州市排名第六（见图9）。

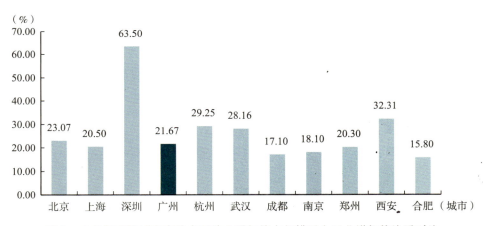

图 9 广州与对标城市高技术制造业增加值占规模以上工业增加值比重对比

### 6. 开放发展

从进出口总额来看，上海（34046.82 亿元）、深圳（29983.74 亿元）、北京（28663.50 亿元）优势明显，占据前三名。广州（10001.04 亿元）位居第四，远高于其他城市。从工业企业出口交货值增长速度来看，受益于国家"一带一路"倡议的深入推进，西部内陆城市成都、西安出口交货值快速增长，分别达到了

20.60％和16.70％，广州、上海等沿海城市，出口交货值较为稳定，增速保持低位运行（见图10）。

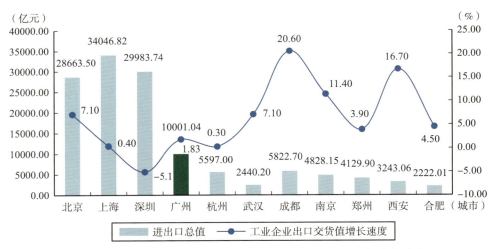

图10　广州与对标城市进出口总额及工业出口交货值增长速度对比

### 7. 绿色发展

从单位能耗降低率来看，广州更加注重对现有生产技术、生产流程进行绿色化改造，降低能源消耗，工业单位增加值能耗降低效果显著，达到7.50％；西安、深圳绿色化改造成果也较为明显，工业单位增加值能耗降低率分别为4.78％和3.89％；武汉（3.64％）、上海（3.61％）位居第五、第六，其余城市单位能耗降低率下降空间有限（见图11）。

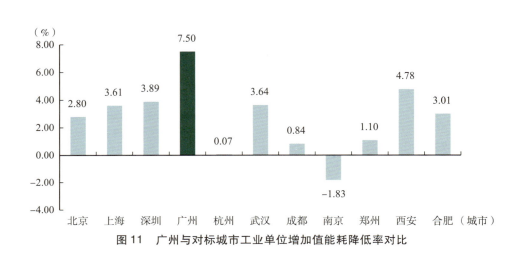

图11　广州与对标城市工业单位增加值能耗降低率对比

从一般工业固体废弃物综合利用来看，杭州、广州、武汉、南京、上海、郑州综合利用率均保持在90％以上，其中武汉排名第一、杭州紧随其后，差距较小，广州排名第三。其余城市工业一般固体废弃物综合利用程度有待提高（见图12）。

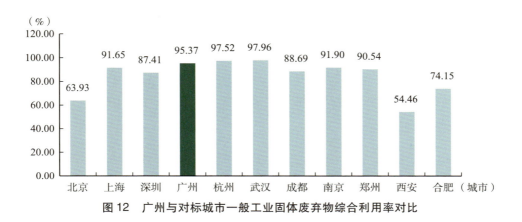

图12 广州与对标城市一般工业固体废弃物综合利用率对比

### 8. 劳动者报酬

从劳动者报酬占工业增加值的比重来看，广州市表现优异，达到35.10％，仅次于武汉（48.35％）、上海（39.22％），位居第三（见图13）。

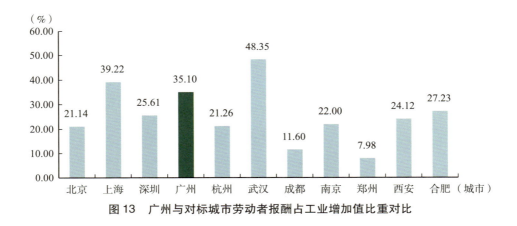

图13 广州与对标城市劳动者报酬占工业增加值比重对比

## （二）广州市制造业高质量发展综合指数分析

指标体系：结合编制原则及要求，初步建立了"1＋5＋N"的广州市制造业高质量发展评价指标体系（如表1所示）。

"1"为广州市制造业综合质效，在推进广州市制造业高质量发展的过程中，坚持发展是第一要务，突出解决发展不充分的问题，从总量、增速、盈利水平、要素效率及要素投入等几个方面设置评价指标，反映广州市在推进制造业高质量发展、建设现代产业体系的过程中综合质量与效益表现。

"5"融合五大发展理念，结合制造业高质量发展的具体要求，从创新发展、协调发展、绿色发展、开放发展、共享发展五个方面入手，全面反映和评价广州市制造业高质量发展各方面的综合表现。

N为广州市特色指标，包括在推进制造业高质量发展评价的阶段性任务及其对应重点考核指标。

表1 广州市制造业高质量发展综合评价指标体系

| 一级指标 | 二级指标 | 指标序号 | 具体指标 | 类型 | 权重 | 备注 |
|---|---|---|---|---|---|---|
| 综合质效 | 发展规模 | 1 | 工业增加值 | 正向 | 1.5 | |
| | | 2 | 制造业增加值 | 正向 | 6 | 核心 |
| | 增长速度 | 3 | 工业增加值增速 | 正向 | 1.5 | |
| | | 4 | 先进制造业增加值增速 | 正向 | 6 | 核心 |
| | 盈利亏损 | 5 | 规模以上工业企业营业收入利润率 | 正向 | 1.5 | |
| | | 6 | 规模以上工业企业亏损深度 | 逆向 | 0.5 | |
| | 要素 | 7 | 工业用地亩均产出 | 正向 | 1.5 | |
| | | 8 | 规模以上工业全员劳动生产率 | 正向 | 1.5 | |
| | | 9 | 新增制造业贷款占全部新增贷款比重 | 正向 | 1 | |
| | | 10 | 工业投资占固定资产投资比重 | 正向 | 6 | 核心 |
| 创新 | 创新投入 | 11 | 研究与试验发展经费占地区生产总值比重 | 正向 | 6 | 核心 |
| | | 12 | 规模以上工业企业研发人员占工业从业人员比重 | 正向 | 1 | |
| | | 13 | 规模以上工业企业研发经费内部支出占营业收入比重 | 正向 | 1 | |
| | 创新水平 | 14 | 有研发机构的企业占规模以上工业企业的比重 | 正向 | 0.5 | |
| | | 15 | 高技术制造业增加值占规模以上工业增加值比重 | 正向 | 1.5 | |
| | 成果转化 | 16 | 技术市场合同成交金额年增长率 | 正向 | 1 | |
| | | 17 | 规模以上工业每亿元营业收入有效发明专利数 | 正向 | 1 | |

| 一级指标 | 二级指标 | 指标序号 | 具体指标 | 类型 | 权重 | 备注 |
|---|---|---|---|---|---|---|
| 协调 | 企业结构 | 18 | 百亿级以上制造业企业数量 | 正向 | 1.5 | |
| | | 19 | 制造业企业"小升规"数量 | 正向 | 1 | |
| | | 20 | 制造业企业上市数量 | 正向 | 1.5 | |
| | 产品结构 | 21 | 高新技术产品产值占规模以上工业总产值比重 | 正向 | 1 | |
| | 产业结构 | 22 | 先进制造业增加值占规模以上工业增加值比重 | 正向 | 6 | 核心 |
| | | 23 | 民营工业产值占工业总产值的比重 | 正向 | 1 | |
| 绿色 | 绿色生产 | 24 | 清洁生产企业数量 | 正向 | 1.5 | |
| | | 25 | 一般工业固体废物综合利用率 | 正向 | 1.5 | |
| | 资源利用 | 26 | 工业单位增加值能耗降低率 | 正向 | 6 | 核心 |
| 开放 | 国际贸易 | 27 | 工业企业出口交货值增长速度 | 正向 | 6 | 核心 |
| | 吸纳外资 | 28 | 制造业实际利用外资金额占比 | 正向 | 1 | |
| | | 29 | 外商及港澳台企业工业总产值增速 | 正向 | 1 | |
| | 区域合作 | 30 | 境外制造业企业中方协议投资额 | 正向 | 0.5 | |
| | | 31 | 粤港澳大湾区亿元级以上制造业合作项目数量 | 正向 | 0.5 | |
| 共享 | 社会公平 | 32 | 劳动者报酬占工业增加值比重 | 正向 | 6 | 核心 |
| | | 33 | 规模以上制造企业期末从业人员数量 | 正向 | 2 | |
| | | 34 | 工业企业纳税总额占地区税收总额比重 | 正向 | 1 | |
| 特色指标 | 新基建 | 35 | 新基建投资额占基础设施投资总额的比重 | 正向 | 6 | 核心 |
| | | 36 | 新增智慧充电基础设施数量 | 正向 | 2 | |
| | | 37 | 新增5G基站站点数量 | 正向 | 1 | |
| | | 38 | 新增工业互联网标识解析注册量 | 正向 | 1 | |
| | | 39 | 软件和信息服务业营业收入增速 | 正向 | 1.5 | |
| | | 40 | 市级以上工业设计中心数量 | 正向 | 0.5 | |
| | 园区建设 | 41 | 村级工业园新改造面积占比 | 正向 | 0.5 | |
| | 特色产业培育 | 42 | 新能汽车总产量增长率 | 正向 | 1.5 | |
| | | 43 | IAB产业增加值占GDP比重 | 正向 | 6 | 核心 |
| | | 44 | NEM产业增加值占GDP比重 | 正向 | 2 | |

在全国范围内选取北京、上海、深圳、杭州等 10 个制造业发展类似阶段的城市

作为对标城市，选取各个城市制造业相关数据。通过制造业高质量发展指标体系进行认真评价，找出广州市制造业高质量发展存在的问题，并进一步提出下一阶段的工作建议。

结果如图 14 所示，2019 年，11 市制造业高质量发展综合指数值从高到低依次为深圳、上海、北京、广州、武汉、西安、杭州、成都、南京、郑州、合肥，其指数值分别为：155.28%、126.98%、122.40%、111.19%、102.97%、83.71%、75.02%、72.92%、72.89%、66.12%、58.97%，其中深圳独占第一方阵，上海、北京、广州、武汉位于第二方阵，西安、杭州、成都、南京、郑州、合肥位于第三方阵（见表 2）。

图 14　2019 年各市制造业高质量发展综合指数值

表 2　　　　　　　　　　　　2019 年各市制造业高质量发展综合指数划分

| 一级指标 | 城市 | 综合指数 |
| --- | --- | --- |
| 第一方阵 | 深圳 | 155.28 |
| 第二方阵 | 上海 | 126.98 |
| | 北京 | 122.40 |
| | ⦿ 广州 | 111.19 |
| | 武汉 | 102.97 |
| 第三方阵 | 西安 | 83.71 |
| | 杭州 | 75.02 |
| | 成都 | 72.92 |
| | 南京 | 72.89 |
| | 郑州 | 66.12 |
| | 合肥 | 58.97 |

广州各个指标较为均衡，综合指数排名第四。深圳市制造业高质量发展水平表较为全面，在综合质效、创新发挥、协调、开放领域均名列前茅。武汉紧随其后位列第五。西安、杭州、成都、南京、郑州、合肥等城市制造业综合实力稍显逊色，分列第六至第十一位。

### （三）广州市制造业高质量发展分项指数及分析

综合质效指数：各市制造业均保持良好的发展态势。上海（52.45%）表现突出，位居各个城市首位。深圳（50.72%）紧随其后，位列第二。广州（33.45%）略低于武汉（35.16%）位于第四位，相对于其他城市优势明显（见图15）。

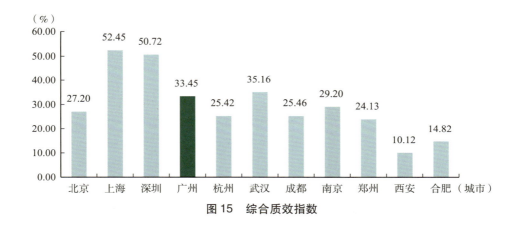

图15　综合质效指数

创新指数：作为全国科技创新中心，北京（43.22%）制造业高质量发展创新指数优势明显，独占第一方阵，深圳（21.89%）、西安（17.76%）紧随其后。广州（15.36%）位居第四，高于其他城市（见图16）。

绿色指数：广州（22.84%）领先众市，优势明显。武汉（18.23%）、上海（16.62%）、深圳（15.95%）紧随其后，分列第二至第四名。其余城市相差不多，仍有提升的空间（见图17）。

协调指数：深圳（34.72%）绝对优势明显，领先其余城市。西安（22.61%）表现突出，位列第二，武汉（12.61%）、广州（12.02%）、杭州（11.96%）紧随其后，分列第三至第五名。相对于北京、武汉、广州在改革开放前已经是重要的制造业基地来说，合肥、郑州、成都等城市较为年轻，后发优势明显，对新兴产业、高技术产业培育成效显著（见图18）。

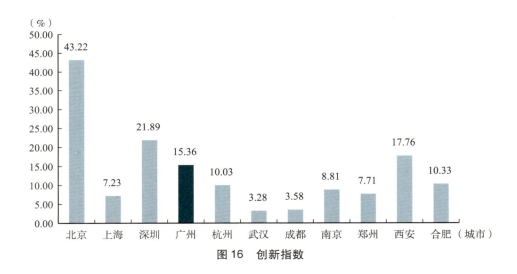

图 16 创新指数

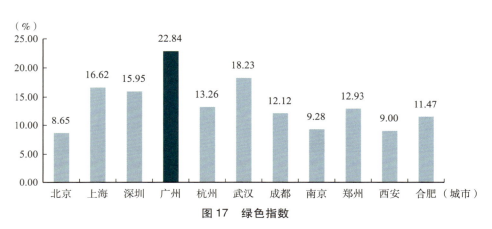

图 17 绿色指数

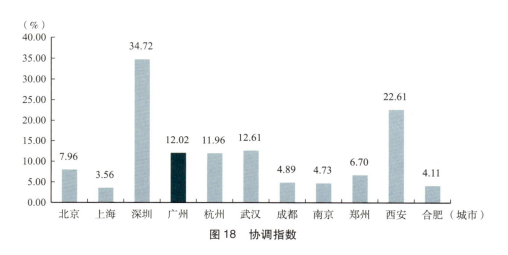

图 18 协调指数

共享指数：各市制造业高质量发展开放指数值武汉（26.27%）、上海（20.33%）、广州（17.65%）位列前三。其余城市指数相近，但整体偏弱（见图19）。

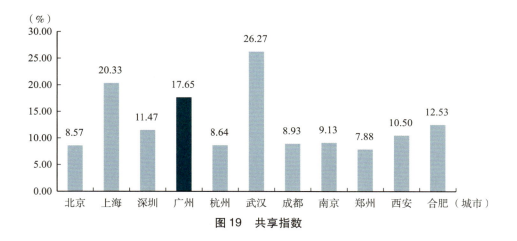

图19　共享指数

开放指数：北京（26.80%）、上海（26.79%）、深圳（20.52%）开放指数优势明显，位居前三位，成都（17.96%）、西安（13.73%）受益于"一带一路"，制造业开放指数排名紧随其后。受国际贸易市场波动的影响，广州（9.87%）表现一般，排名第七（见图20）。

图20　开放指数

综上所述，2019年深圳市制造业高质量发展水平领跑各个城市，处于第一方阵，制造业综合优势大幅领先；上海、北京、广州、武汉稳居第二方阵；其余城市处于第三方阵。

## 三、广州市辖区制造业高质量发展水平评估

### （一）广州市辖区制造业关键指标分析

#### 1. 总体情况

2020 年，广州市 11 个市辖区经济发展特别是产业发展均取得了较为突出的成绩。从地区生产总值来看，天河区 2020 年地区生产总值在 2019 年的基础上突破 5300 亿元，达到 5312.79 亿元，黄埔区、越秀区位列全市第二、第三名，分别为 3662.67 亿元和 3370.05 亿元。

从增速来看，南沙区以 7.1% 的增速排名第一，增城区位列第二，实现 5.1% 的 GDP 增速，黄埔区和番禺区以 4.1% 的增速并列第三。以全市 2.7% 的整体增速计算，白云区、荔湾区、从化区地区生产总值增速低于全市平均值（见图 21）。

图 21　广州市辖区地区生产总值及增速对比

聚焦第二产业，2020 年黄埔区第二产业增加值达到 2147.86 亿元，在全市 11 个市辖区中遥遥领先，番禺区、南沙区与花都区均在 700 亿元水平，越秀区、从化区第二产业增加值较低，排名靠后；从增速来看，白云区增速最高，实现了 19.7% 的增长。番禺区、海珠区紧随其后，分别实现了 7.6%、5.1% 的增长，增城区、天河区、越秀区、从化区 2020 年第二产业增加值名义增长率已为负（见图 22）。

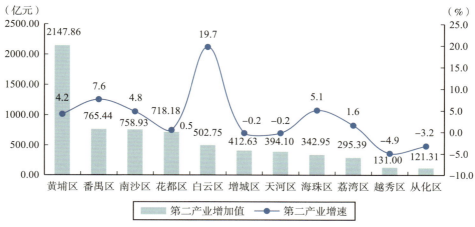

图 22 广州市辖区第二产业增加值及增速对比

规模以上工业产值方面，黄埔区 2020 年已经突破 8000 亿元，达到 8033.36 亿元，产值占比已超过全市的 40%。从增速来看，从化区 2020 年工业产值快速增长，实现了 8.1% 增速。增城区、南沙区表现也较为突出，增速分别达到了 6.2% 与 6.1%。海珠区（−3.7%）规模以上工业总产值在 2020 年出现了负增长（见图 23）。

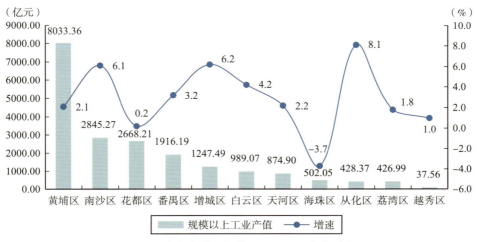

图 23 广州市辖区规模以上工业总产值对比

### 2. 规模以上工业增加值

从总量来看，2020 年黄埔区规模以上工业增加值高达 1892.30 亿元，位居全市第一。花都区排名第二，工业增加值为 607.85 亿元；越秀区规模以上工业增加值最低，仅为 19.06 亿元。从增速看，南沙区增长速度最快，达到 6.6%。白云区、黄埔区紧随其后规模以上工业增加值增速分别为 6.0% 和 5.0%。海珠区、从化区规模以上工业增加值出现负增长（见图 24）。

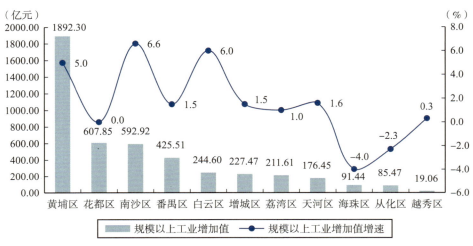

图 24　广州市辖区规模以上工业增加值及增速对比

### 3. 工业投资

从工业投资总额看，黄埔区工业投资额位居广州市各辖区之首，达到 383.99 亿元。南沙区、增城区工业投资总额紧随其后，分别为 153.94 亿元和 120.53 亿元。其余城区工业投资总额不足百亿元。从工业投资增速来看，各城区之间差异较大。从化区、花都区工业投资增速分别为 56.9% 和 48.5%，而荔湾区、海珠区、增城区工业投资下降超过 40%（见图 25）。

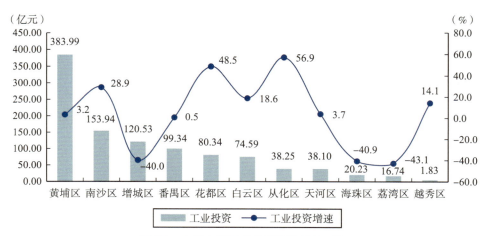

图 25　广州市辖区工业投资及增速对比

#### 4. 制造业增加值占地区生产总值的比重

从制造业增加值占比来看，广州市尚无城区制造业占地区生产总值超过50%。黄埔区、花都区、南沙区制造业比重排名全市前三，分别为44.11%、42.34%、31.90%，是广州制造业高质量发展的主战场。广州市主城区以服务业为主导产业，海珠区、天河区、越秀区制造业占比较低（见图26）。

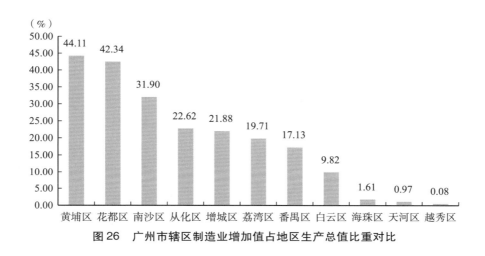

图26　广州市辖区制造业增加值占地区生产总值比重对比

#### 5. 先进制造业

从先进制造业增加值占规模以上工业增加值比重来看，花都区、南沙区、黄埔区、从化区、增城区先进制造业占据主体地位，先进制造业增加值占规模以上工业增加值的比重均超过50%，其中，花都区先进制造业增加值占比达到78.60%，是广州市先进制造业强区。从先进制造业增加值增速来看，除了从化区、番禺区之外，其余城区的先进制造业增加值均保持正增长态势。其中，天河区增长速度最快，达到26.90%（见图27）。

#### 6. 规模以上工业全员劳动生产率

从规模以上工业全员劳动生产率来看，中心城区中荔湾区、海珠区、天河区三区工业生产效率遥遥领先，其中荔湾区高达123.43万元/人，海珠区和天河区分别为78.36万元/人和62.50万元/人。排名第四的黄埔区规模以上工业全员劳动生产率达到47.00万元/人，更能代表广州市的整体水平（见图28）。

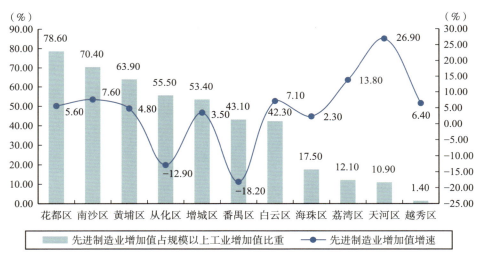

图 27 广州市辖区先进制造业增加值占比及增速对比

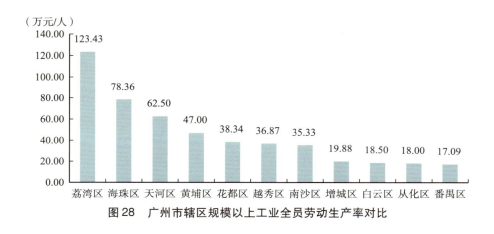

图 28 广州市辖区规模以上工业全员劳动生产率对比

## （二）广州市辖区制造业高质量发展综合指数分析

通过对广州市各个区关键指标加权计算得出各城区制造业高质量发展综合指数，更为准确地把握广州市制造业发展整体情况，反映各个城区制造业高质量发展水平。

2019 年，广州市 11 个城区制造业高质量发展综合指数从高到低依次为黄埔区、花都区、南沙区、荔湾区、天河区、海珠区、白云区、番禺区、增城区、越秀区、从化区，其指数值分别为：81.87%、71.71%、70.23%、69.53%、68.51%、65.84%、65.69%、64.11%、63.40%、61.54%、61.50%（见图 29）。

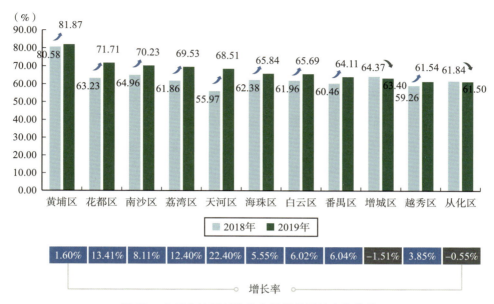

图29  广州市辖区制造业高质量发展综合指数值

黄埔区优势明显，连续两年为广州制造业高质量发展强区，花都区和南沙区分列第二名和第三名，是引领广州市制造业高质量发展的重要地区。

从发展趋势上看，除个别城区外，广州市各个城区整体上制造业高质量发展水平呈现稳步提升的态势。特别是天河区、花都区、荔湾区，相对于2018年，制造业高质量发展指数均保持两位数的增速，发展水平日新月异。

## 四、促进广州市制造业高质量发展的对策建议

### （一）提升产业链现代化水平

#### 1. 以优势行业技术改造全覆盖为抓手推动"强链"

围绕智能制造水平提高、绿色制造水平提高、产品质量提高、产业布局结构优化的"三高一优"技改目标，以提高企业综合效益降低运行成本为导向，大力发展智能制造，培育壮大大规模柔性生产、全生命周期产品管理服务、云制造和共享制造等新生产模式，不断采用和推广新技术、新工艺、新流程、新装备、新材料，对企业生产设施、装备、生产工艺进行改造。

#### 2. 以重大项目落地为核心做优"补链"

稳补强控重点产业链，筛查重点产业链缺链、断链环节，制定产业链重点环节

招商目录。围绕主导产业加强靶向招商、产业链招商，加强与国内外汽车、精细化工、重大装备、新一代信息技术、生物与健康、新材料、新能源与节能环保等优势领域龙头企业对接，重点引进投资额度大、产业链长、科技含量高和附加值高的龙头型、基地型、旗舰型、税源型产业化项目，支持本土企业进入配套体系。

### 3. 以产业链协同制造试点为重点开展"畅链"

依托骨干企业构建制造业物联网服务生态，推广制造企业应用精益供应链等管理技术，打造产品全生命周期云管理能力，提升数据采集、边缘计算、设备连接、安全保障、能源互联等功能，实现产业链资源优化配置和能力精准交易，完善从研发设计、生产制造到售后服务的全链条供应链协同体系。

### 4. 以维护产业链运行稳定可靠为落脚点夯实"固链"

不断优化企业服务和针对性解决方案，留住产业链重点产能、核心环节、关键产品，保障产业链安全和优势产业供应链完整稳定。加强重点产业链发展态势及安全风险评估，对龙头企业和核心产业链定期进行压力测试，储备一批备份原料（零部件）供应商，及时发现影响产业链安全的关键点，排除可能影响安全的风险隐患。

### （二）强化产业协同创新能力

一是加快突破关键核心技术。围绕重点产业领域重点开展"卡脖子"关键核心技术和产品攻关，组织实施一批重大科技创新专项。加大基础研究、原始创新支持力度，加强共性技术供给，促进重大成果转化推动重点产业下游领域创新提升。二是充分发挥创新主体作用。建立企业创新主体梯次培育工作机制，培育引进一批具有全国影响力的科技领军企业。支持行业龙头企业、骨干企业牵头建设产业创新载体；支持企业与高校、科研院所合作建设新型研发机构；鼓励企业加大创新投入，设立内部研发机构，力争取得一批前沿产业领域重大创新成果。推动重大科研设施、基础研究平台开放共享。

### （三）推进产业基础高级化

### 1. 加大产业基础技术供给力度

组建一批产业基础技术研究院，形成拟突破的重点产品和技术清单，攻关突破一批核心基础零部件、核心电子元器件、工业基础软件、关键基础材料、先进基础工艺和产业技术基础。鼓励上下游企业围绕基础产品进行联合创新，鼓励产业链龙头企业、重点企业、科研机构组建联合体，承接国家重点产品、工艺产业链"一条龙"计划，联合开展协同攻关创新。

### 2. 加速产业技术转移转化

瞄准粤港澳创新突破的新技术，开展试点示范应用，加速探索培育产业基础生态环境的新模式和新路径。完善保险补偿机制，加强首台（套）重大技术装备推广应用的宣贯、筛选，增补申报保费补贴和国家目录，扩大首台套、首批次保险补偿支持范围，把关键零部件、工业基础软件等方面创新技术和产品纳入保险补偿目录，降低企业产业化风险。

### 3. 加快建设产业基础领域质量检测公共服务体系

优化建设质量检验、认证认可等基础服务体系，重点围绕汽车、精细化工、重大装备、新一代信息技术、生物与健康、新材料、新能源与节能环保等重点行业需求，加速计量、检验检测技术突破。分行业、分领域建立产业基础技术数据库、产业基础工艺数据库、基础制造工艺资源环境属性数据库和知识产权数据库等，为产业创新攻关提供数据支撑和方向指引。

## （四）培育优质企业梯队

### 1. 加快推动生态主导型大企业发展

围绕全市优势汽车、精细化工、重大装备、新一代信息技术、生物与健康、新材料、新能源与节能环保中产业链供应链的关键环节，制定筛选标准，加大技术改造、研发创新、上市融资、招才引智等支持力度，培育一批创新能力强、质量效益好、中小企业配套协作紧密、辐射带动作用大的生态型领航企业。提高产业集中度和资源配置效率，提升企业国际化发展能力，培育一批具有国际竞争力的龙头企业和企业集团。

### 2. 推动专精特新中小企业加速壮大

完善支持中小企业发展的机制，完善"两高四新"企业培育库。开展"专精特新""小巨人"企业"上云上平台"等专项工作，重点培育发展一批以智能制造、工业强基、绿色制造、高端装备等为重点，拥有产业链核心技术的优秀示范企业，开展隐形冠军企业培育提升和分类指导，加大配套支持政策和措施支持力度。

### 3. 推进大中小企业融通发展

充分发挥本地大企业大集团的区域根植效应，支持骨干企业通过技术输出、资源共享、供应商管理等方式，带动地区研发、营销等环节，优先使用本土优质配套企业，推动全市制造业整体提升。鼓励龙头企业利用工业互联网等融通发展特色平台载体将业务流程与管理体系向上下游延伸；鼓励中小企业积极对接骨干龙头企业平台，实现供应链资源共享、产业链协同和上下游企业共同升级，营造大中小企业融通发展的生态体系。

### （五）加快应用先进生产模式

#### 1. 加快推进智能化升级

加快实施"互联网＋制造"产业升级计划，培育产业链全流程智能化生产模式。重点引导具备一定先发优势的制造业骨干企业，率先建设标准化智能车间和智能工厂，提升生产的质量和效益。大力培育智能制造解决方案供应商，分行业开展系统解决方案试点，分行业培育一批解决方案供应商，服务行业企业和产业链配套环节输出标准化智能工厂建设方案，滚动修订智能制造解决方案供应商名录。

#### 2. 全面推进绿色化转型

加快绿色制造体系建设，强化产品全生命周期绿色管理，推动绿色技术突破及绿色标准制定，开展绿色制造试点示范。注重清洁生产技术改造，聚焦汽车、精细化工、重大装备、新一代信息技术、生物与健康、新材料、新能源与节能环保等行业提升清洁生产水平，支持企业应用减污、节水、节能等先进工艺技术和装备进行改造，降低污染排放。

#### 3. 推进先进制造业与现代服务业深度融合

分行业推进制造业与服务业深度融合，培育个性化定制、远程运维等新业态、新模式，延伸产业链下游价值增至环节。促进服务业向制造业衍生，鼓励服务型企业向制造业环节衍生服务，发展融资租赁、信息增值等新兴服务业态，依托软件和信息服务业产业基础，鼓励软件和信息服务业相关企业与汽车、生物医药、装备制造等传统产业融合发展，大力开发工业应用软件（App）。

#### 4. 加快建设新型信息基础设施

加快5G网络部署和示范应用，分区域逐步推进完善5G基站布局，保证重点区域5G网络全覆盖，在重点工业集聚区开展5G网络示范应用。支持重点行业龙头企业搭建企业级工业互联网（云）平台，打造工业互联网发展示范区。合理性布局数据中心、超算中心等新型基础设施，以产业发展需求为核心，在重点区域合理性布局、高标准建设数据中心，加速现有数据中心绿色化改造。

### （六）加强产品质量品牌建设

#### 1. 提升产品质量

一是升级标准体系。鼓励行业龙头企业牵头成立国际性产业标准联盟，加强行业在节能减排、新能源、新材料等领域标准制修订，鼓励制定高于国家和行业标准的企业标准。二是加强质量管理。打造规范化、标准化、精细化的生产运营模式，增强产品和服务的质量稳定性与可靠性。三是推进质量检验检测和认证。加快发展第三方质量检验检测和认证服务，加大国家质检中心、全球质量溯源实体中心等平台建设，推行产品认证制度，开展清真认证、有机认证和注册等领域国际合作。

#### 2. 打造广州品牌

一是提升品牌竞争力。鼓励企业实施商标品牌战略，围绕研发创新、设计创意、生产制造、质量管理和营销服务全过程制定自主品牌发展战略，增强品牌设计、创新和营销能力，打造有特色的品牌和产品。二是培育知名品牌。加强企业商标品牌培育，发挥公共媒体资源宣传和讲好广州区域品牌故事，传承"广货"优质优品，不断提高品牌文化附加值，打造更多具有全国乃至国际影响力的名企、名品、名牌。三是打造国际化品牌。引导企业积极注册境外商标，支持一批优势企业和自有品牌"走出去"，通过全球资源整合、业务流程改造、产业链提升、资本运作等方式，加快提升国际竞争力。

### （七）积极扩大开放合作

#### 1. 加速与国际规则对接

一是先行先试扩大开放举措，规范外商投资企业管理服务，优化外商投资企业设立备案登记事项，推动落实外商投资信息报告制度，创新外资项目落地机制。二是推动粤港澳规则相衔接，扩大粤港澳生产要素自由流动，推动大湾区内体制机制"软联通"，推动试点商事登记确认制、落地商事登记"跨境通"。

#### 2. 更大力度支持企业"走出去"

在汽车、精细化工、重大装备、新一代信息技术、生物与健康、新材料、新能源与节能环保等领域培育具有国际竞争力的本土跨国公司，支持有实力的企业到境外设立、兼并和收购研发机构，开展股权投资、创业投资，建立境外贸易、投融资和生产服务网络，延伸全球产业链。

### 3. 提升"引进来"能级和水平

大力引进著名跨国公司在广州各园区建设产业化项目、设立研发机构、数据中心、采购中心、营运中心、结算中心和地区总部。鼓励外资通过技术入股等方式与全市企业合资合作，推动本土企业加快融入国际分工体系，进一步提高产业企业技术水平、管理水平和市场竞争力。

# "十四五"时期广州产业选择及产业体系构建

广州市工业和信息化局[*]

中国电子信息产业发展研究院[**]

"十四五"时期，新一轮科技革命和产业变革继续纵深拓展，广州市工业和信息化发展进入新旧动能转换的关键期。未来五年，要全面实施先进制造业强市战略，立足全市产业发展的基础和优势，充分发挥数字经济创新引领作用，推动数字与产业深度融合发展，构建数字经济引领的现代产业新体系。

## 一、"十四五"广州市产业选择

### （一）关于支柱产业和优势产业

世界各国的产业体系，根据产业发展的时序不同、规模差异、成长性和带动性不同，呈现一定的结构性特征。那些规模效应明显、增长速度平稳、创新能力较强、产业带动性强的产业门类，往往成为整个产业体系的支撑，被作为支柱产业予以重点发展。支柱产业是指在整体经济中具有强大支撑作用的产业门类，其特征主要有：产业规模大，在产业结构中占较大比重，是区域经济的支柱和主导；成长性好，有良好的发展潜力，一般高于整体经济增长率；创新能力强，可以通过技术创新实现产业突破发展；扩散效应显著，能够直接或间接带动其他产业的增长。在支柱产业之外，还要重视发展那些根植性强、传统特色显著、比较优势突出的产业。特色优势产业的特征主要有：产业基础好，本地拥有丰富的技术、资源、能源等生产要素；根植性强，有深厚的历史积淀，本地供给能力和市场需求紧密结合；发展潜力大，

---

  [*]  广州市工业和信息化局作者：王玉印、龙建雄。

  [**] 中国电子信息产业发展研究院作者：谢振忠、徐凯舟（粤开证券股份有限公司）、李杨、樊蒙、康萌越、岳维松、侯彦全、程楠。

关键技术工艺处于不断取得新突破的机遇期。

"十四五"广州市产业选择,要从发展前景、战略定位和主导能力等方面进行考察。一是发展前景标准,要符合新一轮科技革命和产业变革趋势。新一轮科技革命中,颠覆性技术创新孕育产业爆点,数据成为经济发展关键生产要素,跨界融合重构产业竞争格局,人工智能、生物医药、智能网联汽车等产业将迎来爆发期,广州市产业选择要顺应这些变革大势。二是战略定位标准,要符合国家战略部署和全省全市经济发展定位。制造强国、网络强国战略部署和广东省制造强省建设、广州先进制造业强市战略,明确支持数字经济、新能源汽车、生物医药、高端装备制造等战略新兴和先进制造业的发展,要对接上位发展战略、结合产业基础进行主导产业的选择。三是产业能力标准,符合重点发展产业的一系列特征。选择能够反映规模效应、创新能力、增长能力、回报水平、行业带动性等的指标,进行定量测算和定性评估。

### (二)广州市产业选择方法

#### 1. 重点发展产业的初步筛选

依据国家发布的重大发展战略、区域层面产业分类指导目录,如《中共中央关于制定国民经济和社会发展第十四个五年规划和二〇三五年远景目标的建议》、制造强国战略重点领域、《"十三五"国家战略性新兴产业发展规划》等,以及近年来广东省和广州市发布的文件、规划等,初步筛选出重点谋划发展且具有较好基础的产业领域,作为重点发展产业备选领域,如表1所示。

表1 广州市重点发展产业备选领域

| 文件名称 | 重点领域 |
|---|---|
| 中共中央关于制定国民经济和社会发展第十四个五年规划和二〇三五年远景目标的建议 | 加快壮大新一代信息技术、生物技术、新能源、新材料、高端装备、新能源汽车、绿色环保以及航空航天、海洋装备等产业;瞄准人工智能、量子信息、集成电路、生命健康、脑科学、生物育种、空天科技、深地深海等前沿领域 |
| 制造强国战略重点领域 | 新一代信息技术、高档数控机床和机器人、航空航天装备、海洋工程装备及高技术船舶、先进轨道交通装备、节能与新能源汽车、电力装备、新材料、生物医药及高性能医疗器械、农业机械装备 |
| "十三五"国家战略性新兴产业发展规划 | 新一代信息技术、高端装备、新材料、生物、新能源汽车、新能源、节能环保、数字创意 |

| 文件名称 | 重点领域 |
|---|---|
| 广东省人民政府关于培育发展战略性支柱产业集群和战略性新兴产业集群的意见 | 新一代电子信息、绿色石化、智能家电、汽车、先进材料、现代轻工纺织、软件与信息服务、超高清视频显示、生物医药与健康、现代农业与食品等十大战略性支柱产业集群；半导体与集成电路、高端装备制造、智能机器人、区块链与量子信息、前沿新材料、新能源、激光与增材制造、数字创意、安全应急与环保、精密仪器设备等十大战略性新兴产业集群 |
| 广州市推动高质量发展实施方案 | 汽车、电子、石化、高端装备、能源与环保设备、船舶与海洋工程、新一代信息技术、人工智能、新能源、新材料、数字经济、海洋经济 |
| 广州市先进制造业强市三年行动计划（2019—2021 年） | 汽车、超高清视频及新型显示、新材料、都市消费工业、高端装备制造、生物医药；虚拟现实（VR）/增强现实（AR）、三维（3D）打印、干细胞与再生医学、量子通信、氢能源、区块链、石墨烯、太赫兹、第五代移动通信技术（5G）等 |

初步筛选，"十四五"时期广州可重点关注和发展包括超高清视频和新型显示、半导体与集成电路、软件和信创、人工智能、工业互联网等在内的数字经济核心产业，发展包括新能源汽车、智能网联汽车、传统节能汽车等在内的汽车产业，以及绿色石化、生物医药及医疗器械、高端装备、新材料、新能源、都市消费工业等产业。围绕服务制造业高质量发展，同步促进生产性服务业发展壮大。

### 2. 指标体系及测算方式

（1）指标体系。充分考虑全市产业发展各方面影响因素，建立包括定量和定性两类指标的体系，对各产业发展现状、趋势进行评价。定量指标包括规模、成长性、带动性 3 个指标。其中，规模指标以增加值表示，成长性指标以 2017 年以来平均增速表示，带动性指标以投入产出表中某一个产业带动其他产业的个数表示（根据统计推断方法来判断是否具有产业间带动性）。定性指标包括国家重点支持、广东重点支持、广州市整体部署 3 个指标，均由专家根据标准进行打分，如表 2 所示。

表 2          **广州市产业选择指标体系**

| 类别 | 指标 | 计分说明 |
|---|---|---|
| 定量指标 | 规模 | 计分方法：将增加值取对数，然后映射至［1，5］区间范围内，即为规模指标得分。数据来源：数字经济核心产业中服务业部分、节能环保和新能源增加值数据来自《广州工信领域统计月报》。绿色石化和新材料增加值按照《广州工信领域统计月报》的产值和《2017 年投入产出表》计算的增加值率推算。其他数据（含数字经济核心产业中制造业部分）来自《2020 年广州统计年鉴》。上述数据中，一部分数据为规模以上增加值，对该部分数据乘以系数后换算为全口径增加值。生产性服务业口径为科学研究和技术服务业 |

| 类别 | 指标 | 计分说明 |
|---|---|---|
| 定量指标 | 成长性 | 计分方法：增长率高于 15% 的，得 5 分；增长率介于 5%~15% 的，得 4 分；增长率介于 −5%~5% 的，得 3 分。<br>数据来源：数字经济核心产业中服务业部分、生物医药、绿色石化、节能环保来自《广州工信领域统计月报》的增加值增速。汽车、数字经济核心产业中制造业部分来自《广州工信领域统计月报》的产值增速。高端装备、都市消费工业来自《行业分组指标》的产值增速。生产性服务业来自《广州统计年鉴》的营业收入增速 |
| | 带动性 | 计分方法：根据 2017 年投入产出表计算，以 B 产业对 A 产业的中间投入占 A 产业所有投入的比重为基础，通过均值检验、统计推断的方法，判断 A 产业对 B 产业是否具有带动作用。最后统计每个产业带动其他产业的数量。由于样本内带动产业数量最高是 20，将带动产业数量除以 4，即为带动性指标得分。<br>数据来源：国家统计局《2017 年投入产出表》 |
| 定性指标 | 国家重点支持 | 该产业有全国性产业规划，且由中共中央、国务院发布的，得 5 分；该产业在《"十三五"国家战略性新兴产业发展规划》等中共中央、国务院发布的规划文件中重点提及的，得 4 分；该产业有全国性产业规划，且由部委发布的，得 3 分；其余得 2 分 |
| | 广东重点支持 | 该产业有省级产业规划，且由广东省委、省政府发布的，得 5 分；该产业在《广东省战略性新兴产业发展"十三五"规划》等广东省委、省政府发布的规划文件中重点提及的，得 4 分；该产业有省级产业规划，且由省政府部门发布的，得 3 分；其余得 2 分 |
| | 广州市整体部署 | 该产业有市级产业规划，且由广州市委、市政府发布的，得 5 分；该产业在《广州制造2025 战略规划》等广州市委、市政府发布的规划文件中重点提及的，得 4 分；该产业有市级产业规划，且由市政府部门发布的，得 3 分；其余得 2 分 |

（2）赋分方式。定量指标：计算产业规模指标时，将增加值数据取对数，然后映射至［1，5］范围内，得到分项得分；计算成长性指标时，按照增速所在的区间范围，赋予指标得分；计算带动性指标时，按照带动产业的个数，赋予指标得分。定性指标：计算国家重点支持、广东重点支持、广州市整体部署指标时，按照产业规划的发布层级，赋予指标得分。综合评分：将 6 个分项指标得分进行平均，得到综合评分。

（3）数据来源。指标体系的数据采集自广州市工业和信息化局提供的调研资料、广州市统计局提供的数据、国家统计局统计数据等。

### 3. 产业选择结果

综合评估，"十四五"广州市可着力布局数字经济核心、智能网联和新能源汽车、绿色石化和新材料、生物医药及医疗器械、高端装备制造等支柱产业，积极发展包括纺织服装、美妆日化、智能家电、珠宝首饰等都市消费性特色优势产业，同时，发展定制服务、工业设计、检验检测等制造服务业，如表 3 所示。

表 3 广州市产业选择结果

| 指标 | 规模 | | | 成长性 | | 带动性 | 国家重点支持 | 广东重点支持 | 本市整体部署 | 综合评分 |
|---|---|---|---|---|---|---|---|---|---|---|
| | 增加值（亿元） | 占GDP比重（%） | 得分 | 增速（%） | 得分 | 得分 | 专家打分 | 专家打分 | 专家打分 | |
| 数字经济核心产业 | 1802.4 | 7.63 | 5.00 | 17.4 | 5 | 5.00 | ● | ● | ● | 5.00 |
| 汽车产业（含智能网联、新能源汽车） | 1613.1 | 6.83 | 4.81 | 8.9 | 4 | 4.75 | ● | ◐ | ● | 4.43 |
| 高端装备制造 | 1519.9 | 6.44 | 4.71 | 4.3 | 3 | 4.75 | ◔ | ● | ◕ | 4.24 |
| 绿色石化和新材料 | 548.1 | 2.32 | 3.01 | 6.2 | 4 | 4.25 | ● | ◕ | ● | 4.04 |
| 生物医药及医疗器械（不含健康产业） | 165.3 | 0.70 | 1.00 | 7.8 | 4 | 4.25 | ● | ● | ● | 4.04 |
| 都市消费工业 | 1117.4 | 4.73 | 4.20 | −1.1 | 3 | 4.25 | ● | ◐ | ◕ | 3.91 |
| 制造服务业（生产性服务业） | 512.3 | 2.17 | 2.89 | 22.1 | 5 | 5.00 | ◔ | ◐ | ● | 3.82 |

资料来源：广州市工业和信息化局、广州市统计局、赛迪研究院。

## 二、构建数字经济引领的现代产业体系

"十四五"时期，抢抓数字经济时代重大机遇，加快推进数字产业化、产业数字化，推动数字经济与产业发展深度融合，聚力发展五大支柱产业，结合产业根植性和两业融合优势，转型发展五大特色优势产业，提升五大制造服务业融合赋能水平，加快形成数字经济引领的现代工业和信息化产业体系。

### （一）"十四五"广州产业发展的五大新支柱

"十四五"时期，广州市要立足发展历史根基，从传统优势中裂变培育新产业、新方向，打造"一树五枝"现代工业和信息化产业体系："一树"（谐音）代表以数字经济为引领，"五枝"（谐音）代表五大支柱产业（数字经济核心、智能网联和新能源汽车、绿色石化和新材料、生物医药及医疗器械、高端装备制造）。

一是数字经济核心产业。以"数字产业化、产业数字化"为核心的数字经济以

不可逆转的趋势改变人类社会。2019 年全球数字经济规模达到 32.6 万亿美元①，到 2025 年我国数字经济规模将突破 60 万亿元人民币②。数字经济创新引领型是面向未来塑造广州城市核心竞争力的关键之举。广州市先进制造业和数字经济的单项水平在全国并不领先，但拥有超大规模市场优势和应用场景，"两化""两业"融合发展前景广阔。广州市是全国重要的电子信息制造业、软件和信息服务业基地，数字经济产业规模已达 8000 亿元③。"十四五"时期，要充分发挥中国软件名城、全国服务型制造示范城市的产业集聚和辐射带动作用，深入推进数字产业化、产业数字化，大力培育"数产融合"新模式、新业态、新产业，助力广州建设数字经济创新引领型城市。重点发展超高清视频和新型显示、半导体与集成电路、智能硬件及器件、软件和信创、人工智能、工业互联网、5G 和卫星通信应用、数字创意等产业，提升数字经济创新引领能力和数产融合发展水平。

二是智能网联和新能源汽车产业。汽车产业技术资金密集，产业关联度高，规模效应突出，消费拉动能力强。历史上，汽车产业是支撑广州工业发展的主导产业之一。广州是全国三大汽车生产基地之一、国家汽车及零部件出口基地、国家节能与新能源汽车示范推广试点城市、国家智能网联汽车与智慧交通应用示范区。2019 年汽车产量 296.26 万辆，国内城市排名第一④。同时，汽车产业也面临发展前景和潜力后劲问题，汽车产业边际效应递减，亟须明确新突破点和发力点。"十四五"时期，要按照汽车产业电动化、网联化、智能化、共享化的"新四化"方向，按照"强自主、优品牌、拓市场"的思路，推动汽车产业提升质量、优化方向，形成以智能网联汽车为先导，新能源汽车、传统燃油车有序发展的新格局。

三是绿色石化和新材料产业。石化产业在国民经济中居于基础性和战略性地位，新材料产业是各国制造业竞争的焦点。2019 年广州市规模以上石油化工制造业总产值达到 1995.29 亿元⑤，新材料产值近 3000 亿元⑥，形成了高分子功能材料和新型金属功能材料为主体，粉末冶金材料、汽车新材料、光学电子材料等为热点的格局。

---

① 中国信通院. 全球数字经济白皮书：疫情冲击下的复苏新曙光［R］. 2021 - 08.

② 人民网. ICT 深度观察十大趋势发布：2025 年我国数字经济规模将超 60 万亿元［EB/OL］.（2021 - 12 - 23）. http：//sc. people. com. cn/n2/2021/1224/c346366 - 35065247. html.

③ 黄舒旻. 广州发布数字经济重点产业白皮书，"解码"数产融合标杆城市如何打造［EB/OL］.（2021 - 12 - 09）. http：static. nfapp. southcn. com/content/202112/09/c6022627. html？group_id = 1.

④ 蒋平平. 超越北上广州 2019 年汽车产量全国第一［EB/OL］.（2020 - 04 - 28）. http：www. autohome. com. cn/market/202004/990860. html.

⑤ 广州市工业和信息化局：《广州市绿色石化产业发展调研报告》。

⑥ 广州市工业和信息化局：《新材料产业发展情况的回复》。

"十四五"时期，要按照精细化、低碳化、高端化发展方向，重点发展精细化工、化工新材料、先进高分子材料、钢铁及有色金属材料、粉末冶金、新能源材料等。

四是生物医药及医疗器械产业。生物医药及医疗器械知识密集、技术先进、绿色低碳，是"永不衰落的朝阳产业"。广州市医药产业历史悠久，中药、化学药发展基础雄厚，2019 年，生物医药与健康产业集聚上下游企业 3700 多家，增加值超千亿元，占地区生产总值比重超 5%①。"十四五"时期，应围绕生物药、现代中药、化学创新药、高端医疗器械、智慧医疗与健康服务等领域，发展生物医药与健康产业②。

五是高端装备制造产业。高端装备制造具有技术高端、高附加值、产业链控制能力强等特征，是先进制造能力的集中体现。目前，广州市已形成了较为完整的高端装备制造体系，2019 年全市装备制造业（不含汽车制造业）总产值 2899.39 亿元，同比增长 10%，占全市工业总产值的 15.1%③。"十四五"时期，应重点发展智能装备、船舶及海工装备、轨道交通装备、商业航天、节能环保装备、新能源（储能）装备等细分行业领域。

### （二）厚植以都市消费工业为主的产业特色优势

都市消费工业是依托大型城市消费能力的现代绿色工业，在满足人民需求、解决社会就业等方面的作用不可替代。广州是超大枢纽城市、综合消费城市和传统商贸大市。根植于城市发展需求，决定于资源要素禀赋，广州都市消费工业发达。都市消费工业是广州市的根植性、特色性产业，定制家居、现代服饰、皮革皮具、化妆品、灯光音响、体育用品等领域优势突出。2019 年，广州市消费品工业同比增长 0.2%，占全市工业总产值的 23.5%④。

"十四五"时期，应面向建设国际，消费中心城市按照"增品种、育品牌、促消费"的思路，推动都市消费工业向产业价值链中高端迈进。厚植本土化、特色化，重点推动纺织服装、美妆日化、智能家电、珠宝首饰、食品饮料等五大特色优势产业向高端化定制化转型升级。建设主导产业突出、集群效应明显、产业生态完

---

① 广州日报. 广州"十三五"回顾［EB/OL］.（2021 – 02 – 26）. https：//www. gzdaily. cn/amucsite/web/index. html#/detail/1503198.

② 广州市工业和信息化局：《广州市高端装备制造产业发展情况（"十四五"规划供应链情况）》.

③ 人民网. ICT 深度观察十大趋势发布：2025 年我国数字经济规模将超 60 万亿元［EB/OL］.（2021 – 12 – 23）. http：//sc. people. com. cn/n2/2021/1224/c346366 – 35065247. html.

④ 广州市工业和信息化局：《2019 年 12 月规模以上工业行业分组分类表（有重叠）》.

善的特色产业载体，培育一批"广州制造"新品牌，着力打造时尚之都。

### （三）以两业深度融合为导向培育壮大制造服务业

制造服务业是为制造业生产服务的生产性服务业。制造服务业的专业性强、产业融合度高、带动作用显著，对生产制造全过程发挥重要的支撑作用。广州市科教和创新资源优势显著，在工业设计、电子商务、科技研发服务等领域优势突出。如工业设计已经聚集了各类专业设计企业 1000 多家，打造了欧派、索菲亚、尚品宅配等一批定制品牌。

"十四五"时期，要瞄准"微笑曲线"两端，按照"高端化、规模化、融合化"的思路，把服务型制造作为产业转型升级的重要方向，加快各类服务资源整合，大力推广服务型制造新模式，推进制造业与服务业深度融合发展。重点加快发展定制服务、工业设计、检验检测、系统集成、现代物流与供应链管理等，推动制造业向价值链高端延伸。

# 江门市先进制造业高质量发展调研报告

江门市工业和信息化局

制造业是国民经济的主体，是立国之本、兴国之器、强国之基。2019 年广东省推进制造业高质量发展大会上，李希书记强调坚持制造业立省不动摇。江门市委十三届十四次全会提出，坚定工业强市，制造业强市之路。为解决产业集群不够、龙头企业带动力不强、创新能力不足等短板问题，提升制造业发展水平，江门市主要领导带队开展专题调研活动，在市内和周边城市开展实地调研，积极推动制造业高质量发展。主要做法如下：

## 一、完善体制机制高位推进

### （一）加强组织领导

江门市委、市政府高度重视制造业发展工作，市委、市政府主要领导亲自谋划、部署和指导，并多次召开专题会议听取产业工作情况汇报。为进一步加强统筹指导全市制造业高质量发展工作统筹力度，成立江门市推动制造业高质量发展领导小组（制造强市建设领导小组），由江门市政府主要领导担任组长，高位部署推进制造业高质量发展工作。

### （二）高规格召开产业发展大会

江门市委、市政府于 2021 年 5 月 18 日高规格召开产业发展大会，市四套班子领导、省相关厅局领导、各市（区）政府、市相关单位、园区、院校和协会、商会和企业代表等 350 多人参加，现场签约了 15 个产业项目合计总投资额 348 亿元，举行了融资授信和基金、证券公司、产教融合签约系列活动，向产业集群企业提供 200 亿元的产业发展基金、超 5300 亿元的银行授信额度、超 19 万名产业人才等资源要素，向社会公众传达市委、市政府大力发展产业集群的决心，增强制造业企业发展信心。

## （三）加强产业顶层设计

加强规划引领，认真谋划好"十四五"期间江门市产业集群发展思路，多层面做好与省专项规划、市"十四五"规划纲要的衔接，充分听取企业代表和专家意见，科学编制《江门市先进制造业发展"十四五"规划》《江门市战略性新兴产业"十四五"规划》等产业重点专项规划，明确"十四五"期间江门市重点产业发展路径。市工业和信息化局还牵头联合多个单位组建工作专班，围绕省20个战略性产业集群的重点领域，选取了石化新材料、新能源电池等14条产业链进行深入研究，通过全面分析规模以上工业企业数据、实地走访企业和园区、召开专家学者和智库机构座谈会等方式，进行系统的梳理和广泛听取意见，形成了各产业链研究报告，摸清了各产业细分领域的发展现状和短板弱项，提出了发展方向和举措。

## （四）完善产业政策体系

为抓好产业集群培育发展，出台培育发展产业集群行动方案，提出各产业集群的发展目标、发展方向和发展任务。同时，工信、人才、科技、自然资源、金融等部门，分别从支持"链主"企业发展、鼓励广大企业开展技术改造、推动企业数字化转型、促进企业上规模、强化人才支撑、鼓励企业科技创新、保障工业用地、加强金融扶持等方面，新出台了"一揽子"扶持政策，共同组成"1＋N"政策体系，支持产业集群发展。2021年，全市工信系统兑现专项扶持资金3.06亿元，扶持项目（企业）数1245个（次）[①]。

## （五）创新工作统筹机制

创新实施"链长制"，由市长担任总链长，市四套领导班子有关领导分别担任新能源电池、石化新材料等14条产业链的"链长"，并明确1个牵头市直部门和1～2个牵头市（区），以及相应的"链主"企业和骨干企业，构建起"一链长、一专班、一产业、一体系、一抓到底"的工作机制，成立各产业链工作专班，梳理各产业链的"五个一"工作清单（即一套产业链图谱、一套重点企业名录、一套重点项目清单、一套重点招商企业名录、一套创新和服务体系），通过上下合力、政

---

① 资料来源：项目编写组整理。

企联动，共同推进强链、补链、延链、稳链、控链工作，加快产业集群培育发展。自去年 5 月份以来，各"链长"组织召开产业链工作专班会议共 62 次，带队深入企业开展现场调研 94 次，协调解决企业诉求事项 118 项①。

### （六）鼓励行业抱团发展

先后成立江门市工业互联网联盟、江门市首席信息官协会等行业组织，汇聚一批制造业企业、工业互联网平台服务商、解决方案商和咨询服务商，以及高等院校、科研院所等单位和工业互联网人才，为企业加快数字化转型提供技术支撑。成立江门市食品行业协会，协会成员涵盖了食品科研机构、食品相关专业院校等单位，通过协会将有效整合江门市食品行业资源，加强行业合作和信息资源共享，实现抱团发展，更好提升食品产业发展水平。积极筹建轨道交通产业发展促进机构，依托机构推动轨道交通产业集群申报国家先进制造业集群。

### （七）加大产业智库机构合作

市工业和信息化局与工业和信息化部电子第五研究所、广发证券股份有限公司、中商产业研究院有限公司等产业智库机构签订战略合作协议，合作的智库机构将在产业分析、项目研究、招商引资等方面提供专业意见，为江门市产业发展壮大提供智力支持。

## 二、培育壮大先进制造业产业集群

### （一）大力发展先进制造业

贯彻落实省委、省政府关于培育发展 20 个战略性产业集群的工作部署，推动江门市新兴产业与传统产业协同发展，加快构建以先进制造业为支撑的现代产业体系。《广东省制造业高质量发展"十四五"规划》列出的十大战略性支柱产业和十大战略性新兴产业都将江门作为布局城市，其中，8 个产业将江门列为最高级别的"三星级"核心城市，分别为现代农业与食品、现代轻工纺织、智能家电、生物医药与健康 4 个战略性支柱产业，以及高端装备制造、安全应急与环保、智能机器人、激光与增材制造 4 个战略性新兴产业，充分体现了省对江门现有制造基础和未来发展

---

① 资料来源：项目编写组整理。

潜力的认可。2021年，江门市智能家电、现代轻工纺织、生物医药与健康、现代农业与食品、高端装备制造、激光与增材制造、安全应急与环保、智能机器人八大战略性产业实现营业收入3164.72亿元，同比增长14.9%，其中战略性新兴产业发展加快，激光与增材制造、安全应急与环保、智能机器人分别大幅增长31.4%、28.8%和44.8%。

### （二）着力培育特色产业集聚发展

强化规划引领，优化产业布局，抓紧研究谋划建设新能源汽车、智能家电、安全应急、生物医药、特色食品、新一代电子信息、双碳等一批特色园区，引导产业集聚化、特色化、差异化发展。其中，蓬汇产业园获批为省首批特色产业园，江门高新区国家级安全应急产业示范基地已通过工业和信息化部组织的专家评审答辩。着力打造"应急产业园区、应急管理学院、应急科普体验中心、大湾区应急物资储备中心、国家级重点实验室"五维一体应急产业发展布局，规划建设国家级应急产业综合示范基地。

### （三）精准开展链式招商

江门市委、市政府主要领导高度重视招商引资，亲自谋划产业合作、推动招商选资，主动带队外出招商，深入洽谈重大先进制造业项目。围绕14条产业链梳理的建链、强链、补链、延链方向，各"链长"率队赴北京、广州、深圳、青岛、烟台等地开展招商活动，先后拜访中国电子科技、中集海工、青岛四方、领益智造、麦克韦尔、海丽应急、粤财基金等多家央企、500强、上市企业，积极对接行业龙头企业，深入开展产业链精准招商。2021年，全市引进超亿元制造类项目228个，增长33.3%；投资额1006.9亿元，增长77.3%[①]。

### （四）推动产业项目加快建设

落实"工业项目建设提速年"行动，出台工作方案，提出强化项目预审、简化企业开办手续、创新工业用地出让方式等18项具体措施，进一步完善工业项目从洽谈到投产的全流程跟踪服务机制，着力推动产业项目加快建设。实施重点制造业项目每周通报制度，促进项目动工前各类行政审批事项提速办理，推动已签约但未动

---

① 资料来源：项目编写组整理。

工的超亿元项目加快落地见效。出台激励新投资政策，对 16 家 2020 年下半年加快开工建设产业项目进行奖励，兑付奖励资金 310 万元。2021 年，全市工业投资 740.79 亿元，同比增长 14.9%①。

### （五）加快发展数字产业

加快新型基础设施建设，2021 年新建成 5G 基站 2500 个，推动 5G ＋ 智慧园区、5G ＋ 智慧停车、5G ＋ 智慧工地等一批应用示范项目，扶持了 2 个 5G 产业公共服务平台建设。推动数字产业化，成立市推进国家数字经济创新发展试验区建设领导小组，出台《江门市贯彻落实广东省建设国家数字经济创新发展试验区工作方案若干措施》，设立促进软件和信息技术服务业、互联网和相关服务业发展扶持资金，培育发展软件、数字创意等数字产业。大力发展工业互联网，累计培育了精诚达、嘉宝莉、天地壹号等 23 个省级工业互联网标杆示范入库项目，推动 170 家企业"上云上平台"，推进家电、五金不锈钢等产业集群实施数字化改造升级，积极筹建华为工业互联网创新中心。

## 三、加强优质企业梯队培育

### （一）深入开展暖企安商工作

积极做好市领导联系服务全市产值 100 强、外贸出口 100 强、纳税贡献 50 强企业工作，结合"链长制"分工，加强对各产业链重点企业的跟踪服务，扶持企业做大做强。2021 年，市四套班子领导密集带队前往德昌电机、中集、富华等重点企业开展"暖企安商"活动 118 家次，交办后续工作清单 154 项。通过"粤商通""江企通"等企业诉求响应平台，累计处理企业诉求 709 项，办结率达到 100%。

### （二）推动大中小企业融通发展

支持"链主"企业做大做强，带动产业链上下游企业协同发展。大力发展总部经济，为 9 家总部企业兑现经营贡献奖 2218.3 万元。实施"倍增计划"，2021 年度预计达到主营业务收入翻倍（相对于 2019 年）的企业达到 54 家。出台《江门市促进工业企业上规模专项资金实施细则》，全年推动超 471 家工业企业上规模，创历史

---

① 资料来源：项目编写组整理。

新高。引导企业走专业化发展道路，累计新增省"专精特新"企业54家，新增6家国家级专精特新"小巨人"企业。深入实施"金种子"三年行动方案，2021年以来，江门市3家科技型企业成功上市，1家企业申报首次公开募股（IPO）过会，5家企业进入上市辅导，多家企业启动上市程序。

**（三）切实解决企业融资难题**

持续增加本地金融服务供给，2020年以来江门市积极引进了华润银行江门分行、平安银行江门分行、浙商银行江门分行、兴业证券江门分公司等金融机构进驻，新成立1家国有融资担保公司和1家国有小额贷款公司，进一步完善地方金融体系。加强深江金融合作，多次与深圳上市公司协会、中山证券公司、基石投资、弘毅资本、招商资本等对接，引导深圳资本和企业投资江门。充分发挥市资本市场服务基地效能，联合上交所南方中心、深交所江门基地，为江门市超过25家企业提供一对一上市指导。大力推进中小企业"政银保"融资服务，2021年共放贷6308笔，放贷金额73.63亿元，放贷倍数61.41，分别同比增长22.53%、19.24%和19.2%[①]。

**（四）推动企业转型升级**

提升企业智能化发展水平，江门云科等4家企业成功入选省智能制造生态合作伙伴计划，推荐银特银数控机床等12家企业产品申报省首台（套）重大技术装备产品推广目录。鼓励企业加大技术改造投入力度，2021年新增技改项目558个，总投资达166.11亿元，全年累计兑现省级技术改造资金1.22亿元，扶持技术改造项目47个[②]。在落实省级技改扶持政策的基础上，江门市还制定出台《江门市支持先进制造业企业技术改造实施办法》。2021年全市工业技改投资294.34亿元，同比增长15.6%[③]。

## 四、构建先进制造业创新体系

### （一）大力培育科技型企业

推进高新技术企业培育工作，促进全市高企提质增量。完成《江门市科技创新

---

① ② ③　资料来源：项目编写组整理。

"十四五"规划》编制，新出台政策文件 4 条，引导科技企业加大科技投入，兑换省、市级科技扶持资金超 1.5 亿元，科技型企业享受税收优惠减免超过 27 亿元。强化企业主体创新地位。2021 年高企存量超 2190 家，科技型中小企业入库超 2100 家。新增省重点实验室 2 家、省级工程技术研究中心 21 家。

### （二）协同创新体系加快构建

不断深化与广东省科学院的战略合作，推动广东省科学院江门产业技术研究院成功落户江门市，并通过研究院引进 8 个高新技术项目。积极推动江港科技创新合作，与香港科技协进会签订战略合作协议。完善高校协同科技创新机制，江门市已与全国 50 多所著名高校和科研机构建立了科技合作关系。推动五邑大学高水平理工科大学建设，设立港澳联合研发基金；与中科院共建"数字光芯片联合实验室"，成功研发了我国首颗工业数字光场芯片；与香港理工大学共建"纺织材料粤港联合实验室"等。启动江门科技"双百工程"，部署建设产学研协同创新中心、江门市产业技术创新联盟以及江门市网上产学研对接公共服务平台，促成校企、院企共建 100 家产学研协同创新中心，推动 100 家高企高质量发展。

### （三）加快科技创新平台建设

推动工业企业建立研发机构，提高企业科技创新能力和市场竞争力。目前，全市累计建成国家级研发机构 6 家、省级研发机构 499 家，其中省级新型研发机构 6 家、省级工程技术研究中心 406 家；规模以上工业企业研发机构覆盖率超过 61%，位居全省第一。

### （四）加强孵化育成体系建设

持续推进孵化器、众创空间建设，全市建成科技企业孵化器 37 家、众创空间 35 家，实现三区四市全覆盖。连续九年举办"科技杯"创新创业大赛，146 家企业获得省的奖项、33 家企业获得国家奖项，江门市连续 7 年被评为优秀组织单位和优秀承办单位。其中，2021 年共 323 家企业报名参赛，参赛数连续四年位列广东赛区第三位，8 家企业入围省赛总决赛，7 家企业入围国赛，入围省决赛、国赛企业数均创历史新高。

## 五、切实保障先进制造业发展空间

### （一）高标准规划建设大型产业集聚区

按照广东省委、省政府关于规划建设大型产业集聚区的工作部署，江门大型产业聚集区按照"近远结合、分步实施、组团发展"的思路，分为"北、东、南"三大组团，科学有序开发，重点培育发展新一代电子信息产业、高端装备制造产业、生物医药与健康产业等三大主导产业，兼顾发展新材料、新能源等其他优势特色产业。目前编制完成《江门大型产业集聚区规划建设方案》《江门大型产业集聚区规划建设实施方案》，成功获省批准建设总面积1395平方公里的江门大型产业集聚区，是全省新一轮布局面积最大、可连片开发的优质产业集聚区。

### （二）推动现有产业园区扩容提质

召开全市工业园区扩容提质工作会议，加快推进万亩战略性新兴产业园区等新平台规划建设工作，推动省产业园等现有园区扩园，积极谋划新发展空间。出台《2021年江门市工业园区高质量发展任务清单》，切实推进"1+6"园区等重大产业载体高质量发展。2021年全市"1+6"工业园区合计实现增加值735.59亿元（占全市规模以上工业增加值的57.4%），同比增长18.2%，高于全市规模以上工业增速3.5个百分点，对全市规模以上工业增长的贡献率达60.7%[1]。推动开平翠山湖科技产业园、鹤山工业城成功获批省级高新区，蓬江产业园获批为省首批特色产业园。

### （三）加强产业用地资源保障

"十四五"期间，全市每年供地计划安排不少于333公顷的建设用地用于制造业发展，全市年度工业用地指标中安排不少于60%用于产业集群建设；至2035年，全市可安排不少于1万公顷新增建设用地规模用于工业发展。完成《江门市国土空间总体规划（2020—2035年)》初步成果，对"1+6"园区、人才岛、省大型产业园区的用地规模指标方面有所倾斜，进一步优化空间资源配置。对于"三旧"改造土地和村级工业园升级改造优先保障产业链用地需求，优先安排纳入改造计划和办

---

[1] 资料来源：项目编写组整理。

理相关手续，并给予奖励。

### （四）提高土地资源利用效率

实施"带项目""带方案"出让方式，推进交地即开工，提高土地开发利用的时效性。推动"先租后让"供地方式，土地先以租赁方式供应，项目建设达到约定条件后再转为出让，减轻企业前期购地资金压力，加快项目建设进度。支持和鼓励建设高标准厂房和工业大厦，对容积率在 1.6 以上的，可按幢、层等为基本单元进行不动产首次登记，分割转让给产业链上下游企业；在不改变土地使用性质和工业建筑功能的前提下，工业用地容积率上限可提高至 3.5 且不需增缴土地出让金。开展镇村级工业园区升级改造试点，先后出台《江门市村级工业园升级改造试点工作实施方案》《江门市村级工业园产业定位及发展指导意见》《江门市村级工业园升级改造政策指南》等方案和政策，分两批确定了蓬江区荷塘镇康溪工业园、鹤山市桃源长江工业园等 8 个村级工业园作为升级改造试点，其中市工业和信息化局和市自然资源局分别牵头的试点园区共已盘活近 33 公顷土地。

## 六、构建先进制造业领域人才培养体系

### （一）强化人才引培政策支撑

落实《关于进一步集聚新时代人才建设人才强市的意见》，先后出台《制造业高质量发展人才支撑"八大计划"的行动方案》《江门市高层次人才认定评定和举荐办法》《关于印发人才举荐类补贴申请指南的通知》《江门市企业高管、骨干人才奖励实施办法》等政策，创新高层次人才评价机制，鼓励社会力量举荐人才，为制造业企业提供精准人才支持。2021 年全市新增认定评定高层次人才 1682 人，累计认定评定高层次人才 8081 人[1]。

### （二）加快博士、博士后创新平台载体建设

出台《江门市博士和博士后工作管理办法》，加快博士和博士后引进。目前，全市建有博士后科研工作站 15 家、博士后科研工作站园区分站 4 家，博士后创新实践基地 49 家，省博士工作站 46 家，其中覆盖江门市新材料、大健康生物、高端装

---

[1] 资料来源：项目编写组整理。

备制造、新一代信息技术和新能源汽车等新兴产业，目前在站博士后74人，累计引进在站博士后123人。

## （三）大力推动产教融合

实施"广东技工"工程，加强产业园区和重点企业人才需求对接，大力推广"企校双制、工学一体"新型学徒制培训，推动江门市三所技工院校（江门市技师学院、江门市新会技师学院、台山市技工学校）围绕产业发展动态调整专业设置，90%以上专业与包括中车、海信、大长江、李锦记、富华重工等在内的200多家企业建立校企合作关系，通过共办"冠名班"、共建实训基地、"校中厂"、"厂中校"等模式，培育"适销对路"的技能人才，构建"产教融合、校企合作"的技工教育体系。2021年以来，江门市技工院校3000多名毕业生近90%留在江门服务本地企业。其中，江门市技师学院成立"中德诺浩汽车学院"，引入德国行业标准和培训体系，推行德国"双元制"培养汽车专业高技能人才，国际合作班在校生规模达到706人；在全省技工院校首批建设"广汽新能源""北汽新能源"高技能人才培训基地，成为中德诺浩华南地区唯一的师资培训基地、华南四省"德国F＋U证书"考试基地；与"德国莱茵TüV"（技术监督协会）合作打造"焊接培训考试中心"，成为全国职业院校中首家获得国际化标准授权的焊接培训考试合作项目。

## （四）搭建人才交流对接平台

成功举办江门市首届"520"人才节，以及中国核学会第十四届"三核"论坛、广东省制造业江门市引才合作交流会、广东省人力资源服务产业园联盟工作推进会等系列人才活动，成立江门市制造业人才联盟，推动重点企业、高校、人才和人力资源服务机构引才合作签约。持续开展"智汇江门"产业人才专项招聘活动、红色加速度"智汇江门"紧缺型人才百校万企暨"你用工我保障"公益招聘系列活动，结合产业发展需求，组织人力资源服务机构上门对接园区内企业，收集企业人才需求，通过线上匹配和线上洽谈的方式引进人才。主动对接江门市人才供给基地高校，适时举办专场招聘会，提高招聘精准度。组织开展海内外高层次人才江门行活动，搭建企事业单位与高层次人才项目对接平台。

## （五）编制发布急需紧缺产业人才目录

结合江门市产业发展、企业发展需求、重点企业摸查企业需求人才等编制江门市急需紧缺产业人才目录，更好地发挥人才资源配置中政府宏观调控职能，更有针对性地为产业集群发展提供高素质的人才支撑。通过调研收集先进制造业、现代服务业、文旅业和现代农业等 2949 家企业需求数据，统计分析形成《江门市急需紧缺产业人才目录》，共收录紧缺岗位 197 个，涵盖先进装备制造业等 17 个细分行业。

# 清远市工业和信息化局以"六抓"
# 推动制造业高质量发展

清远市工业和信息化局

2020 年以来，面对新形势、新挑战，清远市工业和信息化局认真贯彻落实广东省工业和信息化厅及清远市委市政府关于疫情防控和经济发展的决策部署，做好"六稳"工作，落实"六保"任务，有针对性地开展工作，全力以赴稳住工业基本盘，推动清远市制造业高质量发展。

## 一、主要工作及成效

### （一）抓疫情防控，促进企业复工复产

新冠肺炎疫情发生以来，迅速出台《清远市应对新型冠状病毒感染的肺炎疫情扶持中小企业发展的政策措施的通知》等政策，开展驻企帮扶、强化企业金融支持、减轻企业税费负担、支持企业技改扩能，建立重点企业复工复产跟踪服务机制，坚持复工复产情况"日报送"，全市规模以上工业企业 2020 年 3 月 11 日全面复工复产，仅用约一个月时间，全市工业企业复工率由 5.3% 恢复至 100%。此外，积极指导支持企业转产口罩、测温仪和口罩机等医疗防护物资和设备，疫情初期推动 60 多家企业生产口罩等疫情防护物资，累计调拨口罩 233.273 万个、红外线测温仪 1627 支、防护服 3426 套等防疫物资，迅速扭转全市防疫物资短缺困境①。

### （二）抓运行监测，推动经济平稳发展

疫情期间，针对工业经济运行压力，通过定期调度工业经济发展情况，分析解

---

① 资料来源：清远市工业和信息化局关于新冠肺炎疫情防控财政资金落实情况汇报。

决问题。盯紧主要指标、突出监测重点、提高监测效能，围绕规模以上工业增加值等主要指标，重点跟踪调度用电量、工业投资、技改投资等指标，积极加强部门间的数据交流对接，提高运行监测协调工作的预见性、有效性。2020 年清远市完成规模以上工业增加值 508.94 亿元，同比增长 6.7%，工业增速超年度预期目标 2.2 个百分点，增速自 7 月起连续 6 个月居全省前 5 位，全市工业经济对 GDP 贡献率达31.43%，高于上年 1.2 个百分点，有力地带动了清远市经济发展[①]。2021 年 1 ~ 9月全市规模以上工业企业完成规模以上工业增加值 482.15 亿元，同比增长 19.1%，增速居全省第五位[②]。

### (三) 抓协调服务，不断改善营商环境

面对国内外疫情影响、市场需求下降、要素成本持续上升等不利因素，进一步加强协调服务，全力帮助企业市场主体解决原料短缺、融资难等问题，力保企业市场主体平稳运行。认真梳理中央和省、市促进企业发展的优惠政策，通过线上线下方式开展惠企政策法规、财税管理等方面培训、宣讲会活动，引导企业应知尽知、应享尽享。依托"广东省中小企业诉求响应平台"功能，做好中小企业诉求响应工作，圆满办理企业诉求问题 193 条。加快推动总部企业发展，落实扶优计划，出台《清远市总部企业落户奖、经济贡献奖和高管生活补助实施细则》《清远市支持"扶优计划"试点企业做大做强奖励实施细则》《清远市"扶优计划"试点企业专精特新发展奖励实施细则》《清远市"扶优计划"试点企业建设创新产业化示范基地奖励实施细则》等政策。2020 年，落实促进经济高质量发展专项资金 3709.65 万元，组织奖励省、市技术改造项目资金约 3.42 亿元，协调金融机构放款金额达 13.59 亿元，协调融资担保 4.1 亿元，帮助企业累计减免担保费用 150 万元，实现"小升规"企业 72 家[③]。2021 年 1 ~ 9 月，清远市新建投产并纳规企业 15 家，"小升规"重点培育库在库企业超过 70 家；完成 8 家总部企业认定工作，累计 21 家"扶优计划"试点企业。

### (四) 抓项目投资，增强工业发展后劲

加大工业招商引资力度，推进腾讯华南云计算基地项目、京东数据中心项目等

---

① 资料来源：课题组整理。

② 资料来源：广东省制造强省建设领导小组办公室关于 2021 年 1 ~ 9 月全省工业经济运行情况的通报（粤制造强省〔2021〕52 号）。

③ 资料来源：清远市工业和信息化局 2020 年及"十三五"工作总结和 2021 年工作计划。

重大项目建设，发挥清远腾讯华南云计算基地、万方大数据产业园等战略新兴产业重大项目的辐射作用，积极协调解决用地、规划等方面的问题，打通项目服务的"最后一公里"。2020年，清远市新引进工业项目210个，合同投资额544.23亿元，其中亿元以上项目63个，合同投资额501.35亿元，10亿元以上项目10个①；全市工业投资同比增长17.75%，增速在全省排名第六位②。2021年1～9月新引进工业项目124个，合同投资额353.76亿元，其中亿元以上项目47个，合同投资额327.9亿元，10亿元以上项目12个③；全市工业投资148.25亿元，增速27.58%，居全省第八位④。

### （五）抓基础夯实，加快新旧动能转换

推进信息基础设施建设，全面完成2020年广东省下达的2066个纳入省全域规划的20户以上自然村光网建设任务，截至2021年9月，全市建成5G基站2118个⑤。大力发展工业互联网，面向建陶制陶、有色金属、生物饲料、清洁能源、电子制造等行业，打造了6个省级工业互联网标杆示范项目，其中2个"5G＋工业互联网"应用标杆。引导企业加大科技投入，全市共获评省级企业技术中心40个。大力引导和支持中小企业发展，累计培育国家专精特新"小巨人"企业3家，广东省专精特新中小企业17家。推动园区扩能增效，形成一批有特色、有亮点、有影响的产业集群，2020年累计建成标准厂房85万平方米，全市园区平台新落地企业90家，其中亿元以上企业57家，完成固定资产投资297.25亿元，其中工业固定资产投资104.87亿元，完成规模以上工业增加值196.03亿元，全口径税收42.04亿元，分别同比增长16.8%和12.66%，完成梯度转移珠三角项目61个，完成产业共建亿元以上项目39个⑥。2021年1～9月累计建成标准厂房50万平方米⑦，全市园区新落地企业73家，累计立项投资91.07亿元，其中亿元以上企业28家，完成固定资产投资148.05亿元，其中工业固定资产投资72.59亿元，完成规模以上工业增加值195.4亿元，全口径税收34.4亿元，分别同比增长27.3%和55.28%，完成

---

①⑥　资料来源：清远市工业和信息化局2020年及"十三五"工作总结和2021年工作计划。

②　资料来源：广东省制造强省建设领导小组办公室关于2020年全省工业经济运行情况的通报（粤工信运行综合函〔2021〕4号）。

③⑦　资料来源：课题组整理。

④　资料来源：广东省制造强省建设领导小组办公室关于2021年1～9月全省工业经济运行情况的通报（粤制造强省〔2021〕52号）。

⑤　资料来源：广东省宽带普及提速工程领导小组办公室关于2021年第三季度广东省宽带网络建设发展情况的通报（粤通函〔2021〕445号）。

梯度转移珠三角项目 50 个①。

### （六）抓先进制造，持续优化产业结构

积极落实省"双十"产业集群计划，推动新能源汽车、轨道交通装备、智能制造装备、节能环保装备为主的先进装备制造业配套企业落户清远南部。推动陶瓷行业使用清洁能源，全市 34 家陶瓷企业共 169 条生产线，累计已完成生产线改造 142 条（不含拆除和永久停用），已拆除生产线 6 条，21 条生产线永久停用，陶瓷企业"煤改气"工作全面完成②。开展全市化工生产企业整治提升行动，共排查化工生产企业 291 家，截至 2021 年 9 月，累计关停转营企业 100 家，清退率 34.36%，优先扶持 19 家，推进整改 172 家③。大力推行绿色清洁生产，促进园区循环化改造，加强绿色制造体系建设，2020 年共 118 家企业通过清洁生产审核验收，5 个园区被认定为广东省循环化改造园区，3 个园区为广东省循环化改造试点园区④。2021 年应开展清洁生产审核企业名单共 180 家，截至 2021 年 9 月已组织验收 105 家，通过验收企业 103 家⑤。近年来，清远市已创建国家级绿色工厂 5 家、绿色设计产品 7 个、绿色供应链 1 条⑥。

## 二、存在困难和问题

一是资源要素不足。受用地规模指标不足、农林地审批、征地拆迁和能耗双控等问题影响，清远市产业共建项目落地较难、推进缓慢；此外，园区平台建设投入大，但清远市园区尤其是中北部县（市、区）财政底子薄，自身造血能力不足，无法满足产业园区建设对资金的需求。二是共建层次较低。广清产业在总体上对接层次较低、规模较小，未能形成整体上下游产业链条式发展，缺乏产业转移整体上的布局谋划，较多的是企业零散式的转移。三是优质项目匮乏。与兄弟地市和沿海地区相比，清远市缺乏 10 亿元、100 亿元级别以上大型龙头企业，产业链上下游配套少，聚集效应发挥不明显。四是疫情影响持续。受疫情持续影响，经济下行压力较大，企业投资意愿降低，造成项目招商落地成功率较低，投资缺乏增长拉动。

---

① 资料来源：广东省产业共建工作动态监测平台 2021 年 1～9 月情况。
② 资料来源：清远市落实陶瓷行业"煤改气"工作情况报告。
③ 资料来源：课题组整理。
④⑤⑥ 资料来源：关于报送 2021 年水污染防治工作总结的函。

## 三、下一步努力方向

当前，粤港澳大湾区建设如火如荼，珠三角与粤东西北产业共建及广清一体化建设持续深入推进，清远市工业和信息化局将紧紧抓住这一机遇，根据清远的功能定位、资源禀赋和长远发展，加快入珠融湾步伐，持续推动清远市制造业高质量发展。

### （一）持续优化服务，激发市场主体新活力

一是培育壮大制造业企业。实施专精特新企业培育工程，推动中小企业走专精特新发展之路，推动小微工业企业上规模发展。二是加大对中小企业发展的支持。优化发展环境，加大与金融机构合作，帮助中小微企业解决融资难、融资贵问题。三是持续改善中小微企业服务。优化中小企业公共服务体系，抓好省中小企业公共服务示范平台和小型微型企业创业创新示范基地申报认定工作。四是强化制造业人才支撑工作。研究出台《清远市关于强化制造业高质量发展人才支撑的实施方案》，筑牢制造业人才发展支撑。

### （二）狠抓技术改造，促进工业经济新动力

一是全力推动工业稳投资。加大对省、市扶持工业投资政策宣讲，抓好对项目申报的指导，推动企业开展投资活动。力促5G网络、数据中心、工业互联网等新基建领域扩大投资。二是做好项目跟踪服务。推动英德市、清新区项目开工建设，推动新北江制药等项目搬迁技改、扩产增效。三是加快推动制造业技术改造。力争2022年工业投资同比增长1%，技改投资增长1%，推动技改约120家。

### （三）推动园区建设，打造工业发展新载体

一是推动园区提质增效。不断提升广清两市产业分工协作水平，整合发展资源，强化园区环保监控以及污水治理，推进连阳地区共建共享，确保北部工业入园集中发展。二是统筹全市产业布局。持续深化广清产业共建，引导珠三角外溢产业相关企业或环节向清远市有序转移升级，提升综合配套能力。聚焦清远市战略性产业集群集中发力，落实好战略性产业集群"1＋20"政策文件，培育建设清远市应急产业、前沿新材料产业、先进材料产业特色产业园，加快战略小金属基地的规划。三

是强化供应链体系建设。全力打造多元化产业布局，加大对战略性新兴产业的培育和引进力度，着力推动多产业链融合，坚定不移地推进产业基础高级化、产业链供应链现代化。

## （四）加快信息化发展，以信息化驱动现代化

一是继续推动制造业数字化转型。推动 6 个省级工业互联网标杆示范项目按计划顺利实施。二是继续推动信息基础设施建设。加大 5G 基站建设力度，协调各电信运营企业、铁塔公司加快推进 5G 基站建设，力争推动重点镇、村实现 5G 网络良好覆盖。协助各电信运营商开展千兆光纤覆盖各项工作，进一步协调优化偏远乡村光纤、4G 网络覆盖质量。

# 云浮市"十四五"时期制造业
# 高质量发展研究

云浮市工业和信息化局

云浮市无线电监测站

2020 年是极不平凡的一年。面对突如其来的新冠肺炎疫情、世界经济深度衰退等多重严重冲击，在以习近平同志为核心的党中央坚强领导下，全国各族人民顽强拼搏，疫情防控取得重大战略成果，在全球主要经济体中唯一实现经济正增长，脱贫攻坚战取得全面胜利，决胜全面建成小康社会取得决定性成就，交出一份人民满意、世界瞩目、可以载入史册的答卷[①]。2020 年作为"十三五"的收官之年，云浮经济发展也取得突破发展，2020 年地区生产总值首次突破 1000 亿元，制造业作为"压舱石"作用进一步凸显，同时也显现出新的发展趋势。制造业的发展在一定程度上决定了云浮经济在"十四五"时期的发展质量，也关系到乘势而上开启全面建设社会主义现代化国家新征程、向第二个百年奋斗目标进军。

## 一、"十三五"时期云浮制造业发展概况

### （一）制造业强大的韧性和潜力

"十三五"时期云浮制造业发展在曲折中取得了较大发展，虽然差距尚在，但是出现了新的变化。云浮市工业总产值在"十三五"时期 2016—2020 年呈现出"V"形结构，由 2016 年的 1221.61 亿元下降到 2018 年的 495.32 亿元，再逐步回升到 2020 年的 578.59 亿元（如表 1 所示）。云浮制造业虽然在体量上较小，但是在经历了新冠肺炎疫情和国际环境突变的影响后，2020 年的表现还是可圈可点，发展稳

---

① 2021 年中央政府工作报告。

中向好，规模以上工业增加值年均增长 4.6%①，工业投资和技改投资分别增长 20.5%、20.3%，增速全省第四位和第二位；规模以上工业增加值增长 3.7%，增速排全省第四位②。这也在一定程度上体现了云浮制造业的韧性和巨大发展潜力，能够克服多重困难仍有较好的发展表现。

表 1 云浮市工业总产值 单位：亿元

| 项目 | 2015 年 | 2016 年 | 2017 年 | 2018 年 | 2019 年 | 2020 年 |
|---|---|---|---|---|---|---|
| 工业总产值 | 1099.49 | 1221.61 | 588.72 | 495.32 | 542.68 | 578.59 |

资料来源：《广东统计年鉴》（2021）。

### （二）制造业出现新的变化

云浮现在处于以及将来一段时间也仍处于工业化初期向工业化中期转型的发展阶段，石材、水泥、硫化工等资源密集型制造业仍将作为支柱产业存在，但经"十三五"时期发展，云浮市制造业结构出现了新的变化，总体上现代产业比重显现出增长态势，战略性新兴产业逐渐集聚发展。在现代产业方面，先进制造业增加值占规模以上工业比重和高技术制造业增加值占规模以上工业比重在"十三五"时期基本保持了增长态势，现代产业发展取得较好成绩，产业结构进一步优化（如表 2 所示）。

表 2 云浮现代产业增加值及比重

| 项目 | 2015 年 | 2016 年 | 2017 年 | 2018 年 | 2019 年 | 2020 年 |
|---|---|---|---|---|---|---|
| 先进制造业增加值（亿元） | 46.54 | 47.98 | 32.20 | 31.06 | 30.59 | 36.86 |
| 先进制造业增加值占规模以上工业比重（%） | 19.3 | 20.4 | 25.0 | 27.3 | 23.0 | 25.0 |
| 高技术制造业增加值（亿元） | 18.56 | 19.77 | 10.32 | 13.59 | 14.16 | 16.54 |
| 高技术制造业增加值占规模以上工业比重（%） | 7.7 | 8.4 | 8.0 | 12.0 | 10.7 | 11.2 |

资料来源：《广东统计年鉴》（2021）。

---

① 云浮市国民经济和社会发展第十四个五年规划和 2035 年远景目标纲要。
② 2021 年云浮市政府工作报告。

在战略性新兴产业方面，氢能、金属智造、信息技术应用创新、生物医药等战略性产业已形成一定的产业集聚，金属智造、汽车、先进材料等8个产业纳入全省"1+20"战略性产业集群重点培育，发展势头如虹。

## 二、"十三五"时期制造业发展存在的问题

### （一）产业结构不合理

"十三五"时期，云浮市三次产业结构中第二产业比重出现了总体下降的趋势，第二产业比重在2014年到达峰值后一路下降，从2014年的44.1%下降到2016年的38.0%，再到2020年的31.1%（如表3所示）。这一逐年下降趋势也同广东全省三次产业结构调整的趋势是一致的，但也要看到广东省第二产业比重峰值是出现在2006年的51%，比云浮峰值出现的时间要早且数值比较大。云浮第一产业、第二产业结构比重长期过高，第二产业比例过早过快下降的产业结构，严重制约了制造业发展。

表3 云浮市三次产业结构比重 单位:%

| 项目 | 2014 年 | 2015 年 | 2016 年 | 2017 年 | 2018 年 | 2019 年 | 2020 年 |
|---|---|---|---|---|---|---|---|
| 第一产业 | 21.1 | 18.6 | 17.8 | 17.7 | 18.1 | 18.2 | 19.3 |
| 第二产业 | 44.1 | 39.4 | 38.0 | 33.7 | 31.6 | 32.0 | 31.1 |
| 第三产业 | 34.8 | 42.0 | 44.2 | 48.6 | 50.3 | 49.8 | 49.6 |

资料来源：2015年、2020年、2021年《云浮统计年鉴》。

同时云浮市制造业中资源密集型制造业仍然占据主导地位，2019年云浮市规模以上工业企业按行业大类分工业总产值中传统支柱产业占比达到57%，现代产业总体占比有所提升但比例过于分散，主要是由于产业规模小，企业发展质量、经济效益还未完全体现。

### （二）制造业企业体量与质量双弱

云浮市制造业发展的主要问题还是集中在企业的规模和质量上。云浮市制造业企业在数量上也是偏少的，在全省较为靠后。2020年云浮市制造业法人单位4194户[①]，

① 资料来源：《广东统计年鉴》（2021）。

规模以上工业企业的数量在"十三五"时期出了巨幅调整，2020 年末规模以上工业企业只有 383 个（如表 4 所示）。

表4             规模以上工业企业数量             单位：个

| 项目 | 2015 年 | 2016 年 | 2017 年 | 2018 年 | 2019 年 | 2020 年 |
|---|---|---|---|---|---|---|
| 规模以上工业企业数量 | 830 | 914 | 943 | 342 | 355 | 383 |

资料来源：《广东统计年鉴》（2021）。

企业整体质量堪忧，规模以上工业企业的盈利能力出现下滑，企业内部管理、成本控制、销售管理、资产管理等方面还存在较大的改善空间。"十三五"时期规模以上工业企业中亏损企业数量增多，云浮市规模以上工业中亏损企业占比从 2016 年的 5% 上升到了 2020 年的 21.3%，企业亏损面进一步扩大，一方面规模以上工业企业数量下降，另一方面亏损企业增多。平均主营业务收入①总体增长，但企业资产贡献率总体上是下降的，反映了企业收入增长但是企业的盈利能力却下降了。资产负债率逐年增高，从 2016 年的 51.70% 增长到了 2020 年的 56.80%，说明企业全部资产中通过借债来筹资的比例在逐年提高，但总体上还在合理水平内［如表 5（a）所示］。流动资产周转次数出现明显下降，从 2016 年的 3.82 次降到了 2020 年的 1.95 次，周转速度变慢说明企业流动资产的利用效率下降，需要补充流动资产参加周转，形成了资金浪费，企业盈利能力下降。成本费用率出现了明显上涨，从 2016 年的 6.6% 上涨到 2020 年的 9.4%，成本费用率上涨表明企业的利润出现了下降［如表 5（b）所示］。

表5（a）           规模以上工业企业主要经济指标

| 项目 | 2015 年 | 2016 年 | 2017 年 | 2018 年 | 2019 年 | 2020 年 |
|---|---|---|---|---|---|---|
| 亏损企业数（个） | 45 | 49 | 129 | 60 | 64 | 82 |
| 规模以上企业数（个） | 830 | 914 | 943 | 342 | 355 | 383 |
| 主营业务收入（亿元） | 1036.58 | 1159.30 | 560.91 | 482.84 | 539.58 | 577.18 |
| 资产贡献率（%） | 19.20 | 17.70 | 16.23 | 9.77 | 11.57 | 11.50 |
| 资产负债率（%） | 51.70 | 50.50 | 50.30 | 58.17 | 56.69 | 56.80 |

资料来源：历年《云浮统计年鉴》。

① 平均主营业务收入 = 主营业务收入/规模以上企业数。

表5（b） 规模以上工业企业主要经济指标

| 项目 | 2015 年 | 2016 年 | 2017 年 | 2018 年 | 2019 年 | 2020 年 |
|---|---|---|---|---|---|---|
| 流动资产周转次数（次） | 3.48 | 3.82 | 3.76 | 1.95 | 1.96 | 1.95 |
| 成本费用利润率（%） | 7.70 | 6.60 | 5.91 | 7.35 | 8.44 | 9.40 |
| 产品销售率（%） | 96.50 | 96.50 | 97.16 | 97.73 | 100.38 | 99.40 |
| 实现利润总额（亿元） | 72.44 | 69.92 | 62.24 | 33.59 | 40.70 | 47.60 |

资料来源：历年《云浮统计年鉴》。

### （三）制造业发展面临多重困难

云浮市制造业支柱仍然是资源密集型制造业，产业发展受制于自身特征、资源、产业政策、环境政策、国际贸易环境变化的影响，传统产业发展受限[①]，继续规模化扩大发展已无可能。摆在制造业面前的路只有转型升级，但转型升级面临多重困难，一方面新兴产业布局缓慢，新兴产业起步晚，产值、规模小；另一方面传统产业升级面临困难，很多企业并没有做好充分的准备，只有一小部分企业认识到产业升级的迫切并付诸行动，传统产业还是主要集中在产业链的低端，技术升级和市场升级配合度不高，向上游研发、装备制造、下游品牌销售等高附加值环节拓展程度浅。

同时，制造业发展缺乏生产要素投入，在一定程度上限制了制造业的发展。"十三五"时期，企业研发投入出现明显的下降，规模以上工业企业研究与实验发展（R&D）经费内部支出在全省垫底，2016—2020 年全市 R&D 经费投入强度（R&D 经费占本市生产总值比例）逐年下降，从 0.52% 下降到了 0.26%（如表6所示）。

表6 研发投入

| 项目 | 2015 年 | 2016 年 | 2017 年 | 2018 年 | 2019 年 | 2020 年 |
|---|---|---|---|---|---|---|
| 规模以上工业企业研究与实验发展（R&D）经费内部支出（亿元） | 2.56 | 2.63 | 2.67 | 2.57 | 2.19 | 2.43 |
| R&D 经费投入强度（R&D 经费占本市生产总值比例）（%） | 0.55 | 0.52 | 0.50 | 0.33 | 0.28 | 0.26 |

资料来源：历年《广东统计年鉴》和《云浮市统计年鉴》。

---

① 谢磊. 补齐云浮经济发展短板问题研究 [J]. 科技和产业，2020，20（10）：154－157.

制造业固定资产投资在 2016 — 2019 年也出现下降，制造业固定资产投资占全市固定资产投资总额比重也有很明显的下滑，在 2020 年制造业固定资产投资出现了小幅回升（如表 7 所示）。

**表 7**　　　　　　　　　　　　　　制造业固定资产投资及比重

| 项目 | 2015 年 | 2016 年 | 2017 年 | 2018 年 | 2019 年 | 2020 年 |
|---|---|---|---|---|---|---|
| 制造业固定资产投资（亿元） | 389.49 | 389.49 | 323.48 | 137.01 | 208.68 | 252.08 |
| 比重（以投资总额为 100） | 49.0 | 49.0 | 51.5 | 21.8 | 26.9 | 30.8 |

资料来源：《广东统计年鉴》（2021）。

加之，省内区域经济发展不均衡，人口、资本、人才、技术等要素向发达地区集中，云浮市内县域经济发展的不均衡，有限的生产要素不能有效利用，进一步加剧了生产要素的外流，导致投入到制造业的生产要素减少。

## 三、"十四五" 时期制造业发展路径

"十四五" 时期制造业发展路径的选择，决定了云浮未来制造业的走向和发展方式。在选择发展路径时应该充分考虑自身条件、外部技术等因素，要充分利用自身优势，同时要善于抓住机遇。

### （一）基于资源禀赋的发展路径

此路径就是要发挥云浮自身资源禀赋的作用，充分发挥生态、农业、矿产、电力等资源优势，把资源作为一种重要的生产要素，但又不能完全继续走发展资源密集型制造业的路子。云浮之前的发展已经证明资源密集型制造业发展存在的弊端，以初级产品加工为主，处于价值链的低端，持续发展受限。制造业在今后的发展中，要走一条以生态驱动与发展驱动并行的路子，既要兼顾环境需要又要推动制造业高质量发展，一方面要推动现有制造业的转型升级，向价值链高端发展，加强高附加值产品的开发；另一方面要推动现有资源的充分利用，推进资源的市场化、产业化，创造市场需求。

### （二）基于比较优势的发展路径

此路径就是将云浮制造业纳入粤港澳大湾区的分工体系中，按照整体分工要求，

重新定位，对制造业产业结构进行全面的调整。一方面是有选择地承接大湾区产业外溢，通过承接新的产业获得比较优势。我国的产业就是通过不断地引入新的产业保持比较优势①。对于外溢产业的承接要考虑与现有产业的关联度，关联度越高，吸引力越强，越能激发产业活力；要考虑外溢产业的价值链形态和所处位置，最为理想的是吸引产业龙头企业。另一方面利用"1＋20"战略性产业集群建设和省内产业共建，将云浮产业体系融入全省整体规划、对接大湾区，在产业链、价值链上形成联动、协同。

### （三）基于后发优势的发展路径

后发优势不仅是技术上的，而是全方位的②。后发优势具有多维性，包括资本的后发优势、技术的后发优势、人力的后发优势、制度的后发优势、结构的后发优势等。此路径就是要打破发展惯性，积极引进前沿技术、充分利用本地人力资源成本低、合理利用现有资本市场和外资、学习借鉴先进管理经验、加速经济结构转变和工业化进程，综合利用后发优势布局新产业、应用新技术，从而改变制造业线性发展模式，实现跨越发展。

### （四）路径融合

路径选择一般是在理想状态下进行的，但在实践中，路径选择面临的情况是非常复杂的，决定路径的因素多是不可控的，有时甚至是随意的，在这种情况下，无论选择哪一个发展路径都是有其合理性的。路径选择最终服务的是整体目标的实现，只要是有利于目标的实现，可以是单一路径，也可以是多路径同时发展，这并不影响整个制造业的发展。路径组合的多样化，也给发展提供了多样的机会和未来。

## 四、"十四五"时期制造业发展重点方向

### （一）产业结构调整

"十四五"时期产业结构调整将是云浮制造业发展的重要方向和任务，主要是

---

① 张其仔. 比较优势的演化与中国产业升级路径的选择 [J]. 中国工业经济，2008（9）：58－68.
② 郭熙保，胡汉昌. 后发优势新论——兼论中国经济发展的动力 [J]. 武汉大学学报（哲学社会科学版），2004（3）：351－357.

从两个方面进行：一是三次产业结构调整，要稳步提升第二产业比重；二是制造业内部结构调整，不断提升现代产业、新兴产业比重，稳住传统支柱制造业，保证其总量不下滑。

### （二）融合发展

"十四五"时期融合发展将成为发展主题：一是三产融合发展，云浮有南药种植优势、农业产业优势，通过发展食品加工、农牧装备、生物医药、生态旅游等产业，打通一二三产业，三产融合发展是将成为一个时期乡村振兴、制造业突破发展的一个关键点；二是军民融合发展，军民融合发展已上升为国家战略，正向深度发展，积极推动"军转民""民参军"将是今后工作的重要方向；三是产业与科技融合发展，新一代信息技术、智能制造技术、新材料技术、新能源技术、生物医药技术等前沿技术将进一步对制造业产生深远影响，科技发展与产业发展的融合将更广泛，对制造业的改造将是全方面的；四是区域融合发展，随着交通、通信手段的便利，区域经济发展将打破现有半开放的状态进行全面的融合，云浮西联东融发展已是注定的事实。

### （三）提质增量

云浮制造业在"十四五"时期提质增量将是必然：一是要做强存量，引导企业进行升级改造，提升产品、生产工艺的科技含量，增加产品附加值，引导产业向价值链高端发展，鼓励企业引进先进管理方法做大做强；二是做优增量，严格新引进企业要求，重点引进属于战略性新兴产业、战略性支柱产业、产业相关度高的企业；三是做大总量，通过引育相结合的方法，一方面加大企业的引进，提高企业引进数量，另一方面建立制造业孵化、培育园，加大对制造业的本地孵化培育。

## 五、"十四五"时期云浮制造业面临的挑战

### （一）传统产业对新兴产业的挤出效应明显

从传统产业内部发展来看，传统产业发展前期，各产业的平均利润空间都比较高，毛利润率最少都能达到30%～50%，面对繁荣的资源型产业和迅速增加的资源财富，缺乏相关的制度准备和调节机制，导致传统产业在收入分配方面对其他行业

产生挤出效应，导致行业间收入分配的严重不公平。从传统产业的外部发展来看，为扶持产业发展，政府在资金、技术、人才、土地等需要公共投资的方面长期给予传统产业大幅度支持，在一定程度上挤占了新兴产业的发展空间①。

## （二）产业发展明显依赖政策走向

由于近年国家政策的变化，新兴产业发展受到较大影响，一是能耗、产能政策趋严，严重影响了金晟兰和南方东海两大短流程钢铁项目的建设进度，由于"碳达峰、碳中和"的宏观形势，后续不自带能耗的建设项目落地将进一步受限，部分新兴产业发展也受到影响；二是氢能产业发展严重依赖政策驱动，虽然云浮已有完整的产业链，但是加氢站建设、氢能客（货）车推广应用等方面还是严重依赖政策支持。

## （三）生产要素外流

粤港澳大湾区城市群先发优势依然存在，对周边城市虹吸效应增强，导致云浮生产要素向湾区城市集聚，加之云浮自身对于生产要素利用不充分，进一步加剧了要素外流。云浮虽然可以利用后发优势，但先发地区有绝对竞争优势，致使云浮已布局的战略性新兴产业、新项目面临流失危机。

---

① 谢磊. 补齐云浮经济发展短板问题研究［J］. 科技和产业，2020，20（10）：154–157.

# 02

# 产业提升篇

# 广州市工业互联网发展态势及对策研究

广州市工业和信息化局

工业互联网是新一代信息技术与制造业深度融合的产物，是新一轮工业革命的重要基石。发展工业互联网有利于降低企业成本；有利于加速产业高端化发展，有利于促进创新创业。广州市具有优越的工业互联网发展环境，工业互联网发展领先全国，工业互联网也带动了广州市的经济发展。广州市发展工业互联网既有优势也面临着挑战，优势表现在区位优势明显，人才资源充足；产业门类齐全，工业基础雄厚；先进技术布局广，新兴产业发达；经济发展韧性强，营商环境良好；政策引导性强，财政投入力度大。面临的问题与挑战有：核心技术布局有待完善；数字基础设施建设不足；工业企业数字化转型仍有阻力；工业互联网人才需求多元化，互联网技术（IT）与操作技术（OT）复合型人才缺乏。广州市应升级供应链管理方式；加强核心技术攻关；强化数字基础设施建设；解决阻碍工业企业数字化转型的问题；引导大中小企业合理进行数字化转型；促进产业链、人才链协同创新发展。

## 一、广州市工业互联网产业发展概况

### （一）广州市工业互联网发展环境

广州市有着优越的工业互联网发展环境。广州是国家中心城市和综合性门户城市、国际商贸中心和综合交通枢纽，是粤港澳大湾区的核心引擎。广州市具有便捷的交通条件，丰富的人才资源，良好的营商环境，强大的产业基础。广州市经济发展整体稳中求进。广州市也出台相关政策支持发展，重视工业互联网的发展，从 2018 年出台《广州市深化"互联网＋先进制造业"发展工业互联网行动计划》，到 2020 年 10 月发布的《广州市加快推进数字新基建发展三年行动计划（2020—2022 年）》《广州市推动规模化个性定制产业发展建设"定制之都"三年行动计划（2020—2022 年)》《广州市深化工业互联网赋能 改造提升五大传统特色产业集群的若干措施》，到 2022 年出台《广州市推进制造业数字化转型若干政策措施》等一系列的政策，为工业互联网发展奠定基础和提供支撑。

### （二）广州市工业互联网发展情况

**1. 在网络方面，广州市工业互联网网络基础设施建设规模大**

截至 2021 年 9 月，广州市累计建成第五代移动通信技术（5G）基站超 5.2 万座，建成 5G 基站数量持续排名广东省第一。同时，广州深入推动 5G 技术在生产制造、交通运输、文化娱乐、教育医疗、城市治理等众多领域应用，累计培育 5G＋智慧交通、5G＋智慧医疗、5G＋智能制造等 300 余项 5G 应用项目。全市 5G 相关企业总产值超过 2000 亿元，5G 核心环节企业总产值近 1000 亿元。从产业生态看，广州已集聚了广州无线电集团、京信通信、海格通信、慧智微电子、杰赛科技、瑞松科技等一大批龙头企业，粤芯半导体、硕贝德 5G 产业总部、广州国芯芯片、紫光广州存储系列芯片等一批重大项目签约并落地建设，初步形成了骨干企业引领、专业化分工、上下游协作的 5G 产业生态。具有广州京信通信和广州昊志机电两个 5G＋工业互联网应用示范园区，数量居全省第一位。

截至 2021 年 10 月底，工业互联网国家顶级节点（广州）接入二级节点 33 个，涵盖 25 个行业，接入二级节点企业 3367 家，标识注册量 60.2 亿个，数量居全国前列。

**2. 在平台方面，工业互联网平台商、服务商加速集聚，细分行业服务能力强**

广州市先后引进了树根互联、阿里云、航天云网、海尔卡奥斯、浪潮云等双跨平台；培育了致景信息、中船互联、博依特等一批本地工业互联网行业平台商和服务商，且实力雄厚。广州市工业互联网平台商、服务商数量多，服务行业细分领域多，服务能力强，呈现百花齐放态势。树根互联重点服务工程机械、定制家居等行业，牵头推进广州定制家居产业集群和湛江廉江小家电产业集群数字化转型升级。阿里云重点服务电子信息、玩具等行业，为汕头玩具产业集群和中山、佛山小家电产业集群数字化转型提供平台支持。致景是纺织品行业智能物联网设备覆盖规模最大的服务商，提供了纺织行业数字化转型解决方案，形成纺织行业"云上产业链"协同新体系及新模式。

目前广州市已初步形成资源集中、各有侧重、协同发展的工业互联网产业生态资源供给体系，通过云计算和大数据等技术手段帮助广东省中小企业提质增效，推动企业"上云上平台",共享技术红利。截至 2021 年 9 月,广州共有 139 家工业互联网平台型商家和工业互联网解决方案型商家进入广东省工业互联网产业生态供给资源池;2019—2020 年,广州市落实省对工业企业"上云上平台"服务券奖补政策,支持 401 张服务券(2019 年 161 张、2020 年 240 张),总金额约 6000 万元。涉及装备制造、电子信息、家电与都市消费品、日化、生物医药、新材料皮具等行业。

### 3. 在安全方面,工业互联网安全保障体系初步形成

广州市高度重视工业互联网安全发展及应用,为促进网络安全发展,广州市于 2020 年 5 月印发了《关于加快推进广州市网络安全产业发展的指导意见》,提出了当下广州市网络安全产业发展的四项任务:一是加快网络安全核心技术和服务模式的创新发展;二是壮大网络安全服务应用市场;三是优化网络安全产业生态;四是完善网络安全人才队伍。广州市正加快构建工业互联网安全保障体系,积极落实十部委《加强工业互联网安全工作的指导意见》。广州泰尔智信科技有限公司承担广东省工业互联网安全监测与态势感知技术手段建设项目,该项目已建成广东省工业互联网网络安全监测与态势感知技术平台,形成全方位态势感知能力。2020 年 2 月,广东先进制造产业投资基金领投给予广州万协通 6500 万元融资,用于新一代物联网芯片平台的研发,提升广州万协通在安全加密芯片设计能力,力争打造集成电路信息安全产业集群。

## (三)工业互联网行业应用进入深耕阶段

### 1. 工业互联网应用标杆数量多

在企业应用方面,对于大型企业,广州市着力推动应用标杆建设。2018 年以来,广州市 72 个企业项目入选工业和信息化部工业互联网领域创新发展工程、试点示范,居全国前列。涌现了一批成功的企业应用案例。网络化协同方面,视源电子打通企业本体与 400 家供应商和代工厂生产设备之间的数据,驱动供应链上游企业基于工业互联网平台实现与视源电子的网络化协同生产,运营成本降低 28%。智能化生产方面,华凌制冷以企业级工业互联网平台为驱动,打造智能工厂,实现人、产品以及设施设备的实时连通,生产运营成本降低 30% 以上、生产效率提高 30% 以上,获评全球"灯塔工厂"。服务化延伸方面,白云电器以大数据作为城市轨道交通供电管理系统的基础,将原先的按计划维修转变为按状态维修,大幅降低维修工作难度,减少人力、设备、备品备件资源投入。

### 2. 规模化个性定制已成为广州工业互联网应用的一大亮点

广州工业门类齐全,产业链配套完备,信息基础设施发达,拥有良好的规模化

个性定制产业基础和丰富的应用场景。个性化定制是工业互联网四大应用模式之一，已成为广州工业互联网应用发展的一大亮点。目前已开始在定制家居、服饰、珠宝、皮具、化妆品等行业探索以数据为驱动的用户直连制造（C2M）定制生产模式。在家具定制方面，广州及周边集聚设计、软件、制造、物流等定制家居产业链上下游企业 1000 余家，拥有 4 家上市企业，形成的产业集群在全球范围的家居行业中位居前列。如欧派家居通过三维家软件打通前端销售设计与后端生产，实现设计生产一体化，从而减少审单时间，降低订单错误率。汽车定制方面，广汽新能源建成全球第一条、具备互动式定制能力的总装工厂，通过 5G、工业互联网实现柔性生产，通过手机应用软件（App）在线定制，使消费者可以深度参与设计、生产等多个环节。服饰定制方面，量品定制通过打通客户端需求到工厂制造全流程，实现男装一人一版的大规模个性化定制及零库存管理，催生了全新职业——量体师，年薪可达百万元。鞋业定制方面，天创时尚以用户为中心，创新鞋业 C2M 模式，将直播间搬到企业的智能生产线上，通过"C2M + 产线直播"新制造模式，旨在根据消费者的需求即时作出反馈，消费者即看即买。化妆品公司环亚在全生产流程（包装环节除外）信息化和自动化的基础上，构建日化行业全流程在线运营管控工业互联网平台，缩短了产品的生产周期和研发周期，降低了成本，提高了生产效率。

## 二、广州市工业互联网产业发展优势

### （一）区位优势明显，人才资源充足

广州既是古代海上"丝绸之路"的发祥地、改革开放的前沿地，又是中国重要的中心城市、国际商贸中心和综合交通枢纽，广州市地理位置优越，高速铁路、高速城际铁路和地铁路网密集，与珠三角和粤港澳大湾区具有便捷的交通联系，使得工业互联网企业开展业务与交流合作具有很好的交通便利条件。广州市具有丰富的人才资源，广州市的 63 所大学每年的毕业生人数超过 10 万，还有 7 个国家级和省级科技大学城，197 个研究机构及 124 个国家和省市级工程技术研究中心，为工业互联网建设提供了充足的智力资源。以知识经济为创新模式，旨在汇聚高端产业与人才的中新知识城的建设也进一步为工业互联网等新兴产业的发展和人才的汇聚提供了良好的环境。

## （二）产业门类齐全，工业基础雄厚

广州产业基础牢固、产业门类齐全、配套设施完善、汽车和装备制造等领域全国领先，是华南地区拥有产业类别数量最多、最齐全的城市。"十五"时期以来，全市工业系统坚持深化改革，狠抓体制创新和管理创新，推动产业结构调整与优化；加强使用高新技术对传统行业进行升级换代的力度，加速经济增长方式根本性转变；坚持推进科技创新和品牌战略，以信息化带动工业化，淘汰落后产能，大力发展新兴产业，助力实体经济提质增效；坚持扩大对外开放，积极招商引资和发展非公有制经济，工业经济发展持续保持高速增长的良好势头。形成了汽车制造、电子设备制造等5个千亿元规模的产业，以及包含运输设备制造、医药制造、纺织服装等21个领域在内的百亿元规模产业，其中电子设备制造和汽车船舶制造等产业在全国范围内遥遥领先。

## （三）先进技术布局广，新兴产业发达

在信息基础设施搭建方面，广州市从建设低延时、广覆盖的5G网络，搭建覆盖全省的全光网，促进物联网技术与产业深度融合，建设全国标杆级工业互联网生态体系和提前规划未来网络等五大方面来构建一体化网络；在窄带物联网（NB‑IoT）网络建设方面，持续加大网络覆盖范围，助力城市管理科学化、医疗卫生智慧化、交通物流智能化；在量子网络建设方面，规划建设量子通信骨干网、卫星地面站等一系列软硬设施，为广州市发展战略性新兴产业打下良好基础；在卫星系统建设方面，打通设计研发、生产制造、运营管理等全产业链各个环节，逐步建立全方位覆盖、兼具安全性与稳定性的卫星网络基础设施；在前沿技术如第六代移动通信技术（6G）和太赫兹（Terahertz）通信等方面，大力支持新兴技术和标准的研发及试验，为未来网络的发展夯实底层技术基础；在人工智能（AI）、区块链等新一代智能计算机技术方面，为各类应用领域如医疗影像、智能硬件、智慧金融等提供信息交流和资源共享的平台，助力一批科技独角兽企业发展壮大；在融合基础设施建设方面，推进智慧交通、智慧城市、智慧物流、智慧医疗、智慧教育、智慧农业等十大智慧工程；同时，聚焦新材料、生物科技、尖端医疗、芯片设计和加工等瓶颈领域，扶持一批产业技术创新中心、校企合作研究院，为产业升级换代提供技术原动力。

## （四）经济发展韧性强，营商环境良好

2020年初受新冠肺炎疫情影响，广州市经济发展面临着严峻的考验，至2020年底，广州市经济恢复势头进一步向好，生产端持续回暖，需求端继续改善，新动能势头强劲，先行指标向好，民生保障有力，多个指标增速由负转正或出现疫情以来新高。2020年广州市地区生产总值25019.11亿元，同比增长2.7%，全市规模以上工业增加值同比增长2.5%。其中，第一产业增加值为288.08亿元，同比增长9.8%；第二产业增加值为6590.39亿元，同比增长3.3%；第三产业增加值为18140.64亿元，同比增长2.3%。从2020年经济运行轨迹看，第一季度-6.8%、上半年-2.7%、前三季度增长1.0%、全年增长2.7%。2020年四个季度广州经济的累计增速从负增长到不断提速上扬，呈现出"经济增长韧性强，结构优化动力足，质量效益超预期"的特点，充分体现出疫情防控常态化下的广州经济稳步向好的韧性和活力。同时，2021年前三季度广州市地区生产总值为20029.12亿元，同比增长9.9%，两年平均增长5.3%。其中，第一产业增加值为188.63亿元，同比增长5.2%，两年平均增长6.2%；第二产业增加值为5195.00亿元，同比增长10.3%，两年平均增长5.4%；第三产业增加值为14645.49亿元，同比增长9.8%，两年平均增长5.3%。2021年前三季度在"稳疫情"的基础上呈现出"运行平稳、稳中蓄能"的特点，工业生产表现稳定，制造业高新领域动力强劲，规模以上服务业稳步复苏，新兴服务业出新出彩，总体来看，全市经济稳定恢复的态势持续，经济发展呈现出较大韧性和潜力。

广州市也具有良好的营商环境，并且在持续优化，为工业互联网各类企业的建立和经营提供便利和良好的环境。根据福布斯的"中国大陆最佳商业城市"名单，广州连续多年名列第一。2019年广州营商环境持续优化，上半年民间投资增速超过40%，增速高于同时期全国平均水平，也高于同时期的北京（33.6%）、上海（38.4%）、深圳（12.3%）；固定资产投资增速为24.8%，增速比第一季度、上年同期分别提高5.7个和15.7个百分点，增速创6年新高。2019年广州市委、市政府继续将"建设市场化、国际化、法治化营商环境"列入年度重点工作。之后，广州又出台《广州市进一步优化营商环境的若干措施》，标志着广州启动营商环境2.0改革，进一步优化营商环境，增强招商引资的吸引力。

## （五）政策引导性强，财政投入力度大

自2012年起，广州市先后出台了《广州市战略性新兴产业发展规划》和产业

指导目录，根据地方优势和产业实际，确定当前及今后一段时期重点发展的六大战略性新兴产业。2014 年，修订完善《广州市战略性主导产业发展资金管理暂行办法》，调整财政扶持资金投入的结构，增加后补助和直接股权投资资金两种支持方式。印发实施《广州市战略性新兴产业创投引导资金参股创业投资基金管理暂行办法》和《广州市战略性主导产业直投资金投资管理暂行办法》，体现广州市财政资金从种子期、初创期、早中期到成熟期，对创新型企业进行全方位支持，推动广州市创业创新和产业升级发展。2020 年 11 月 5 日，15 届 123 次市政府常务会议审议通过了《广州市深化工业互联网赋能 改造提升五大传统特色产业集群的若干措施》，引导传统产业集群与工业互联网融合发展，对于符合条件的项目或企业予以补助或奖励。"1 + 2 + N"供应商联合体建设项目、对基于产业集群依托的工业互联网平台进行研发的工业软件建设项目、企业内外网改造项目、工业互联网标识解析集成创新应用项目、工业互联网平台建设项目、工业互联网应用创新试点示范项目等，按照不超过项目总投资额 30% 给予补助，单个项目不超过 500 万元，联合体项目最高不超过 1500 万元。

## 三、广州工业互联网产业面临的问题和挑战

### （一）工业互联网供给侧处于发展培育期

广州市已形成资源富集、各有侧重、协同集聚发展，能够在多行业、各环节、全要素赋能的供给资源体系，但在某些自主关键技术、产业基础等方面仍存在一定的短板弱项。从行业整体来看，供给侧企业在工业互联网平台沉淀下来的工业 App 还不能完全满足各行业企业的应用需求，规模效应和盈利能力尚未显现，需要政府给予引导扶持。

### （二）应用侧工业企业数字化转型仍存在一些亟须解决的问题

当前，市内部分应用侧中小微企业受数字化基础能力弱、转型成本高、回报周期长等因素影响，存在"不愿转""不敢转""不会转"的问题。一些企业对"上云上平台"存在安全顾虑，核心数据上云和关键应用的云化普及不够深入。箱包皮具、珠宝首饰、纺织服装等一些传统特色产业整体数字化基础不高，对数字化改造和设备"上云上平台"持观望态度，推动行业共建共享新模式发展，建设行业级工

业互联网公共赋能平台已成为当务之急。

### （三）工业互联网领域复合型人才紧缺

工业互联网平台商人才需求主要集中在平台架构，行业解决方案，工业 App 开发，平台运维等岗位；服务商人才需求主要集中在自动化工程师，测试工程师，工业互联网网络、平台、安全相关工作岗位；工业企业人才需求主要集中在工业互联网平台 SaaS 服务使用、智能产线操作等方面。虽然各类型企业对工业互联网人才需求各有侧重，但既懂 IT 又懂 OT 的复合型人才是各类企业最为急迫共性需求。随着广州市工业互联网发展走向深入，适应数字化转型的复合型人才持续紧缺，目前的产教融合人才培训体系还难以满足需求。

## 四、对策与建议

### （一）升级供应链管理方式

工业互联网助力企业实现对设备、资金和信息的一体化管理，打破产业链各环节的数据孤岛，提升企业整体的信息化水平。工业互联网帮助工业企业寻找更多合作伙伴，降低供应链断裂风险，优化市场供需关系。

在供应链金融方面，建议金融机构建立企业信用评价模型。借助区块链、大数据等技术，工业互联网为金融机构的数字化转型升级从多角度提供具备实时性和安全性的数据支撑，提高中小企业经营状况透明度，协助金融机构建立完善的中小企业信用评价模型，最大限度地降低金融机构为中小企业提供金融服务产生亏损的可能性，提升金融机构服务中小企业意愿的同时，高效匹配中小企业融资需求。通过人、机、物的全面互联，工业互联网能够帮助企业有效利用工业大数据，实现对企业生产经营新业态和新模式的探索，例如中小企业可以将自身的生产经营数据整理汇总，作为向银行申请贷款的信用凭证，有效地解决了原先中小微企业融资难、融资贵的问题。转型前拿到贷款，能够降低企业数字化转型资金压力。

### （二）加强核心技术攻关

#### 1. 完善关键硬件的技术攻关

建议统筹推进国产工业传感器、处理器、微控制器和通信芯片等底层硬件的研发和大规模应用，加快掌握核心元器件技术，支撑工业互联网产业的发展，增强关键技术的供给能力。

### 2. 提升基础技术的研发

建议着力推动工业互联网网络、平台、控制系统和工业 App 等技术的研究，建立以市场为导向，政府、企业、高校、科研院所联合参与，政产学研用紧密结合的技术创新体系，不断加强基础技术研究，夯实工业互联网的技术基础。

### 3. 通过开源模式加速创新发展

建议以开源模式推动工业互联网平台建设，引导多方面主体参与开源平台建设，不断完善开源框架，吸引开发者协同参与。加大力度支持工业操作系统的研发。加快 5G、人工智能、云计算、边缘计算等技术在工业领域的应用推广，实现技术规模化落地。

## （三）强化数字基础设施建设

### 1. 升级建设企业内外网络

建议加强支持工业企业升级改造企业内网络，在电子信息、汽车、制药等重点行业部署时间敏感型网络（TSN）、无源光网络（PON）、工业互联网网关等新型工业通信装备。组织通信企业通过改造已有网络、建设新型网络等方式，建设低时延、广覆盖、可定制的工业互联网企业外网络。通过提速降费等措施，降低中小企业成本。

### 2. 加速行业知识、经验沉淀，加紧培育工业 App

工业 App 是为工业企业赋能的最直接的工具，是工业知识、专家经验的结晶，每个工业 App 能够满足企业某一特定需求。不同行业生产工艺、业务流程不同，因此所需构建的工业 App 也不同。当前广州市内平台企业在工业互联网平台上沉淀下来的工业 App 数量还不能完全满足各行业企业的应用需求，比如饮料行业还缺乏一款工业 App 根据客户对口味、颜色等需求自动生成推荐配方，加快企业研发新产品的速度。建议筛选重点行业重点发展的工业 App，汇聚研究院所、工业企业、平台企业、服务商等，通过专项行动、竞赛等方式推动工业 App 培育。

### 3. 加强建设面向传统行业的工业互联网标识解析二级节点

工业互联网标识解析二级节点能够汇聚本行业的解析数据，也为行业外的查询请求提供解析服务。行业中不同企业在发展过程中，已经使用了各不相同的标识服务，二级节点能够适配不同企业的需求。因此二级节点是本行业数据汇聚平台、不同企业互联互通基础，在供应链管理、产品全生命周期管理等具有典型应用。当前，广州市内传统行业标识解析应用不足，如目前部分供应商原材料信息与标识解析缺少结合，采购的原材料信息还需要手工录入。建议深入调研传统行业标识解析应用现状，分行业分批次建设行业标识解析二级节点。

### 4. 加快布局大数据中心建设

建议建设工业互联网大数据中心，为数据汇聚、存储、处理、分析提供平台，促进数据要素的流通共用，通过对数据的有效利用推动地区管理精细化、政务决策科学化，提升数据赋能实体经济的能力。

## （四）亟待解决阻碍工业企业数字化转型的共性与特性问题

### 1. 解决企业上云数据安全问题

工业互联网的核心价值在于通过汇聚生产数据、业务数据、供应链数据等，促进数据要素的价值创造及流通，实现生产管控、优化、产业链协同等数字化、智能化应用。当前，广州市内中小企业"上云上平台"对数据安全有很大的顾虑，因此导致很多企业不愿意"上云上平台"，或只是用平台上最基础的应用，不敢用设备上云等更深入的应用。

建议以政府名义建设或管理数据中心，或者政府出台评估标准，为平台数据安全、网络传输等方面进行评估认定。

### 2. 解决由于平台商的介入打破企业原有供应链模式问题

平台商会分走企业原有供应链中的部分利益。工业企业有固定的原材料供应渠道和产品销售渠道，如果工业企业及供应链相关企业上云，工业企业和供应链企业都需要为平台企业支付费用，而且还在工业企业和供应链企业之间多了一个环节，这也是阻碍产业链企业上云的一个原因。

建议平台企业为工业企业、供应链相关企业提供更好的服务方式，解决工业企业、供应链相关企业关注的效率、成本等问题，用带来的效益抵销这两类企业付出的上云成本。

### 3. 解决传统行业自动化、数字化设备问题

广州部分传统行业自动化水平不高，数据采集有难度。自动化程度不高的重要原因在于缺少设备开发商为生产过程研发自动化设备，比如皮具制造过程，有自动开料机、自动喷胶机、自动裁床等自动化设备，但还有一些工序没有自动化设备，导致整个生产过程还是半自动化的。此外，部分设备没有网络接口，无法实现设备之间互联及上云。建议鼓励引导设备制造方为自动化水平不高的传统行业生产相关

设备，补齐自动化设备短板。

### 4. 解决上下游产业链资源汇聚问题

工业互联网平台是工业全要素、全产业链、全价值链全面连接和工业资源配置的中心，是支撑制造资源泛在连接、弹性供给、高效配置的载体。大部分工业企业虽然有固定的供应链合作伙伴，但数量有限，特殊时期面临较大供应链断裂风险。工业互联网平台汇聚上下游产业链资源，能够提高企业供应链的安全性、健壮性。当前广州市内部分工业互联网平台的产业资源汇聚能力还不足，比如部分行业工业互联网平台，原材料的供应商资源在平台中数量较少，加工企业使用价值还很有限，平台对销售渠道的支撑能力还不足。建议政府出台政策引导，推动供应链资源向平台汇聚。

## （五）引导大中小企业合理进行数字化转型

### 1. 加强大型企业更深层次应用工业互联网，起示范引领作用

大型企业往往已经具备了很高的自动化水平和运营管理水平及一定程度的数字化水平，建议鼓励大型企业更深层次应用工业互联网，为企业带来更大的价值。如利用工业互联网全要素、全产业链、全价值链的全面连接优势，实现全球协同研发、协同生产、协同物流；利用数字孪生技术将工厂数字化，实现透明的生产管控；利用人工智能技术，基于信息系统数据、制造执行系统数据、控制系统数据的集成处理和大数据建模分析，实现生产运营管理的动态优化调整；5G + 工业互联网的试点示范应用；工业互联网在安全生产领域的试点示范应用等。

### 2. 加强中型企业应用工业互联网的广度

中型企业往往已经达到一定程度的自动化水平和信息化水平，建议鼓励中型企业加强网络升级改造、平台应用等，提升自身数字化水平。例如将传统的现场总线升级为带宽更高、实时性更好的工业以太网；在用平台方面，除了订单管理、仓库管理等业务上云，鼓励设备上云。

### 3. 推进小型企业适度数字化升级，共享集群制造资源

小型企业尤其是传统行业企业大多处于半自动化生产状态。对于此类型企业不建议大规模数字化改造，建议企业以比较小成本换取更高的生产效率、更高的产品品质、更低的成本。例如，在上云方面，仅需要购买必要的 SaaS 服务，如订单管理、财务管理；通过加装传感器等对现有设备进行数字化改造，使得能够采集到设备状态和使用情况信息；小型企业往往没有资金购买昂贵的自动化设备，可以通过

工业互联网平台汇聚闲置设备信息，进行供需对接的同时，按用时用量进行付费。

### （六）促进产业链、人才链协同创新发展

#### 1. 帮助企业引进人才，加快数字化转型

平台企业往往缺乏懂工业的人才，工业企业往往缺乏信息通信技术（ICT）人才，而既懂新一代信息技术又有垂直行业经验的人才更是缺乏。建议制定一些高端人才优惠政策，吸引他们加入企业，助力平台能力建设，引领企业数字化转型。

#### 2. 联合产学研，打造多元人才培养体系

产业数字化转型需要大量的技术、技能型人才，建议联合龙头企业、研究院所、高校，共同打造适合广州产业发展的工业互联网人才培养体系，加强产教融合，培养满足数字化转型需要的高技术、高技能人才。如建设公共实训基地；鼓励工厂技术人员参加职业技能提升培训；引导加强订单班培养模式的成效；鼓励学生参加企业实习、校外培训或校企合作的人才孵化项目。

**本文参考文献：**

［1］中国工业互联网研究院．中国工业互联网人才白皮书（2020 年）［R］. 2020.

［2］中国工业互联网研究院．中国工业互联网产业经济发展白皮书（2020 年）［R］. 2020.

［3］广州市社会科学院．广州营商环境调研报告（2019）［R］．南方都市报社，2019.

# "双区驱动"背景下中山市智能家居产业发展战略研究

中山市工业和信息化局

中山市五金、灯饰、家电、家具等传统家居产业基础扎实，产业链配套完善，集群规模日益壮大。但面临着行业龙头不足、知名品牌数量不多、产业链位于中低端、集群竞争力不断弱化等产业升级之困。在"双区驱动"的重大历史机遇面前，加快传统家居产业优化提升，推动产业向价值链中高端迈进，重焕优势传统产业活力，培育发展智能家居产业，既是中山打赢经济翻身仗的现实路径，更是中山高质量发展的题中之义。

## 一、中山市智能家居产业发展概况

### （一）中山市家居产业发展概况

经过多年的发展，中山市家居产业门类丰富，基础扎实，形成了以家电、灯饰、家具、五金制品、淋浴房等为主的产业集群。据中山市统计局初步估算，2020年全市家居产业产值约3000亿元，其中规模以上产值约2100亿元[①]，主要分布在南头、东凤、黄圃、小榄、古镇、东升、阜沙、横栏、大涌等镇街。

### （二）中山市智能家居产业发展概况

近年来，中山家居企业积极拥抱互联网、智能化，智能家居产品层出不穷，如智能锁具、智能照明、长虹的智能电视、奥马的智能冰箱、东菱威力的智能洗衣机、乐心医疗的智能血压计、智能手环、香山衡器的智能秤等。据中山市统计局数据，

---

① 资料来源：中山市统计局工作总结。

2020 年全市的智能家居行业规模以上工业总产值超过 2000 亿元①。

## 二、中山市智能家居产业发展企业战略分析（SWOT）

### （一）中山发展智能家居产业的优势

#### 1. 传统产业基础雄厚

改革开放以来，中山推进"工业立市""工业强市"战略，积累了雄厚的制造业基础。拥有千亿级产业集群 3 个（电子信息、装备制造、白色家电），百亿级产业集群 8 个（灯饰、健康医药、五金制品、海洋工程、纺织服装、食品工业、家具、电梯），与家居装饰有关的占绝大多数②。

#### 2. 品牌建设起步较早

早在 2002 年，中山市全面启动"名牌带动战略"，将实施商标品牌战略作为经济社会发展的重大举措，大力培育产品品牌、企业品牌、产业品牌和区域品牌。20 世纪 90 年代，威力、小霸王、爱多、乐百氏等品牌风行一时。中山智能家居行业拥有"华帝"智能厨电、"奥马"智能冰箱、"固力"智能锁、"华艺"智能照明、"顶固"智能衣柜、"香山"智能秤、"乐芯"智能手环等一大批知名品牌，TCL、长虹、美的、格仕士、欧普等一大批知名企业，还有"中山美居""古镇灯饰"等区域品牌（法律上分别为集体商标、普通商标）。

#### 3. 技术创新持续推进

先后出台新一轮技术改造、事后奖补、传统产业转型升级三年行动计划等系列政策，加大财政扶持力度，极大地激发了企业技改积极性。"十三五"期间（2016—2020 年），中山市共安排省市技改资金 16 亿元，扶持技改项目 2000 多个③。成功争取广东省产业链协同创新试点，出台推动特色产业集群产业链协同创新实施方案等系列政策，重点围绕五金、家电、灯具、板式家具等特色产业集群，推动企业实施智能化转型升级，促进大中小企业协同创新和融通发展。

#### 4. 服务产业生态丰富

2020 年，新认定第三批 6 家中山市工业和工业互联网类公共技术服务平台，全市累计已有该类平台企业 18 家。联合 43 家智能制造、检验检测、工业互联网等各

---

① ② 资料来源：中山市统计局工作总结。
③ 资料来源：中山市工业和信息化局工作总结。

类公共技术服务单位，37 家高职院校、银行、协会组建企业全生命周期公共技术服务平台联盟，共同举办系列活动，累计为全市超 1 万家次企业提供全生命周期服务[①]。

## (二) 中山发展智能家居产业的劣势

### 1. 行业龙头企业不足

中山以民营企业起家，发展活力足，但也一直面临星星多、月亮少、太阳缺的困境。中山与周边地市相比，缺乏华为、美的、格力等千亿级企业。中山与珠海相比，少了格力，与顺德相比，少了美的，与惠州相比，少了 TCL，与东莞相比，少了 OPPO、伟鹏（VIPPO），与深圳相比，少了华为、腾讯。特别在智能家居行业，中山市没有百亿级制造企业，"缺芯少核"现象比较突出，拥有自主知识产权、自主核心技术的大型企业寥寥无几。

### 2. 知名品牌数量不多

家居行业中，爱浪、好太太、欧意等驰名商标因企业扩张发展而迁出，小霸王、爱多等品牌因企业关停而消失，威力、乐百氏等品牌因企业转让而成为下属品牌。以灯饰行业为例，灯饰产业集群虽号称产值过千亿元，较为知名的品牌仅有琪朗、华艺、胜球等。据中山市照明电器行业协会数据，古镇的灯具中约 90% 出口灯具都是原始设备制造商（OEM）代工贴牌生产[②]。企业没有品牌，只能站在"大牌"背后做"附属品"，成了外地品牌贴牌和代工的生产基地，被锁定在产业链的低端环节。区域品牌建设积极性不高，目前只注册了"中山美居""古镇灯饰"，但商标运营效果欠佳，没有形成真正的区域品牌。

### 3. 产业链位于中低端

进入 21 世纪，中山至少错失了 2 次新一代信息技术产业发展的机会。第一次在 2000 年前后，珠江东岸抓住时机大力发展半导体、平板电脑等产业，第二次在 2008 年金融危机前后，珠江东岸发展手机、智能手机，而珠江西岸一直在发展家电到后来的智能家电。而中山一直跟在周边城市的后面，没有发展本土的平板、手机等智能家居产品和生产企业。2020 年疫情期间，周边城市都纷纷给中山市发函，要求解决与龙头企业配套的中小企业开工问题，也从侧面反映了中山市产业的从属配套地位。其中，格力在中山的配套企业有 50 多家，美的有 70 多家，而中兴、华为的只

---

① 资料来源：中山市工业和信息化局工作总结。
② 资料来源：中山市照明电器行业协会工作总结。

有 2~3 家[1]。

### 4. 资源要素比较短缺

中山缺乏高水平研究型大学和大院大所，只有电子科技大学中山学院一所民办本科学校，没有进入广东省"高水平理工科大学"和国家"双一流"大学建设行列，没有硕士点、博士点。而周边的东莞理工学院、佛山科技大学、江门五邑大学都已经有硕士学位授予权，珠海更有大学城。火炬区是中山市创新发展的主引擎，但其引导带动作用持续下降。据中山市科技局数据，火炬开发区在全国高新区的排位也从 2014 年的 25 位下降到 2019 年的 56 位。中山市现有第 1 至第 6 层次高端人才 1154 人，深圳是 6 万余人、珠海 3000 余人、东莞 2000 余人，差距明显[2]。缺少人才成为中山发展的重大制约因素。目前中山土地开发强度接近 40%[3]，是全省唯一建设用地规模减量规划的地级市，加之可供开发土地碎片化，大量"三规"不符、未开发闲置用地，严重影响中山市土地的集中开发、连片开发。

### （三）中山发展智能家居产业面临的机遇

#### 1. "双区驱动"历史机遇

粤港澳大湾区和深圳中国特色社会主义先进示范区建设，给中山带来了重大历史机遇。中山位于珠三角地理几何中心，周边环绕着广州南沙、深圳前海、珠海横琴三大自贸片区，与深圳一海相隔，只有 20 多海里。当前，十年磨一剑的深中通道正在加快建设。2024 年通车后，中山将与深圳直接连通，中山去前海比深圳人去前海还近，中山作为珠江口东西两岸整合互动发展支撑点的战略地位空前凸显。

#### 2. 各级政策持续引领

智能家居是国家关注的重点新兴产业，近十年来，政府不断出台推动智能家居健康快速发展的政策举措，涉及加快产品智能化、促进消费升级、降低生产税费等方面。政府也在各种场合鼓励、支持、引导智能家居行业快速步入正轨，面向市场。从 2010 年到 2020 年，国家不断推动新一代信息技术发展，为智能家居产业持续制定相关利好政策。

#### 3. 信息技术蓬勃发展

物联网（IOT）、人工智能（AI）、云计算、第五代移动通信技术（5G）……这

---

[1] 资料来源：中山市工业和信息化局工作总结。

[2] 资料来源：中山市科技局工作总结。

[3] 资料来源：中山市自然资源局工作总结。

一系列新兴科技是智能家居行业蓬勃发展的巨大驱动力。随着海尔、360、腾讯等知名大企业的进入，他们投入大量资金研究智能家居的尖端技术，推进了相关技术的发展，带动了行业内专利申请数量呈递增趋势。越来越多的智能家居产品不断推出，使各类智能家居产品"走进寻常百姓家"。

### 4. 消费升级创造需求

中华人民共和国成立 70 多年来，中国居民收入快速增长，2020 年居民人均可支配收入 32189 元，比 1949 年实际增长 67 倍。节节攀升的收入水平大大提升了居民消费能力。居民人均消费支出从 1956 年的 88 元跃升至 2020 年的 21210 元①。智能家居的潜在用户群体随之逐渐扩大，会有数以亿计的消费者为了拥有更安全、更便捷、更舒适、更智能的生活而选择智能产品。这对每一家智能家居企业来说，都是巨大的机会。

### （四）中山发展智能家居产业面临的挑战

#### 1. 业内竞争十分激烈

智能家居市场是一个新兴的蓝海市场，国内各大智能家居企业都在跑马圈地，行业内竞争十分激烈。不仅有美的、海尔、格力为代表的传统家电制造商，以百度、阿里巴巴为代表的互联网巨头，以华为、中兴代表的手机制造商，以移动、联通、电信为代表的网络运营商，还有万科、恒大、碧桂园为代表的房地产巨头。这些企业要么拥有强大的品牌号召力，要么拥有先进的科技研发能力，要么拥有受众广大的平台和渠道。国外智能家居行业比我们国内更成熟，市场规模更大，产品种类更齐全。随着国外市场逐渐饱和，国内智能家居市场逐渐扩张，国外企业势必带着先进技术和巨额资金抢占中国市场。

#### 2. 技术融合难度较大

在技术上要完成对智能家居最好体验的布局，必须实现图像和语音的技术融合，技术融合的难度不言而喻。目前，智能家居行业企业和产品大多各自为政，自成体系，缺乏统一的技术标准体系指导产业规范化发展，导致市场上出现了几十个甚至上百个互不兼容的智能家居产品标准，同时阻碍了行业协同发展和市场大幅增长。各类智能家居产品采取的无线连接协议不尽相同，导致产品之间的兼容性较差。如射频用于窗帘电机、卷帘门、门铃控制。红外用于红外家电设备的控制和管理。无

---

① 资料来源：中山市统计局工作总结。

线通信技术（Wi-Fi）和蓝牙由鼠标、手机等各种消费电子产品所使用。若想实现跨品牌产品之间的互联，需要非常复杂的设置和权限予以认证。

### 3. 疫情后期不稳增多

新冠肺炎疫情的爆发，严重扰乱了人们正常的生产、生活节奏，对世界经济带来了严重冲击，给我国乃至全球市场带来了诸多不确定性。根据国际货币基金组织（IMF）的数据，因新冠肺炎疫情导致全球陷入最严重的经济衰退中，2020 年全球经济增长同比下降了 3.3%，远低于金融危机时期的经济后果（2009 年 –1.3%）。一方面，疫情造成人们经济收入下滑，一定程度抑制了人们家居产品升级需求和对智能家居产品的需求。据市场研究机构 Omdia，受新冠肺炎疫情影响，2020 年全球智能家居的市场收入比预期下滑 14% 左右。另一方面，疫情的隔离，让人们的注意力由线下转移到线上，"互联网＋"应用场景激增，跑步进军智能家居行业的企业大幅增加。

### 4. 普通居民认知不足

智能家居在我国发展了 20 多年，消费者对这个新概念还处在起步阶段，整体认知度较低。根据新思界产业研究中心发布的《2018—2022 年中国智能家居市场分析可行性研究报告》显示，家中没有任何智能家居产品的城市居民占六成左右，四成左右城市居民对智能家居"基本不了解"，农村居民的认知更少。叠加智能家居较高的生产成本使产品价格明显高于传统家居产品，个别产品"假智能""微智能"、售后服务必须由专业技术人员进行、售后服务跟不上等诸多不良体验，使智能家居的销路长期难以拓宽。

综上所述，中山市智能家居产业 SWOT 分析如表 1 所示。

表 1　　　　　　　　中山市智能家居产业 SWOT 分析

| 内部优势（strength） | 内部劣势（weakness） |
|---|---|
| 传统产业基础雄厚<br>品牌建设起步较早<br>技术创新持续推进<br>服务产业生态丰富 | 行业龙头企业不足<br>知名品牌数量不多<br>产业链位于中低端<br>创新资源要素短缺 |
| 外部机会（opportunity） | 外部威胁（threat） |
| "双区驱动"历史机遇<br>各级政策持续引领<br>信息技术蓬勃发展<br>消费升级创造需求 | 业内竞争十分激烈<br>技术融合难度较大<br>疫情后期不稳增多<br>普通居民认知不足 |

### 三、国内外发展智能家居产业的做法和启示

#### （一）国内外发展智能家居产业的举措综述

美国最早提出将科技和家居设计相结合的设计理念，为智能家居发展奠定基础。美国智能家居产品的突出特点是拥有简便的安装流程，既来自设计者的设计思路，也得益于整个智能家居系统在互联互通中使用统一标准。

现在日本普及的智能住宅，强调舒适性和安全性。日本政府通过加强政策引导、制定发展规划、推动研究应用、推广标准化等措施，实施了一整套的政策和措施，加速了智能住宅的发展。

浙江省高度重视智能家居产业的发展，以智能家居产业为主抓手和着力点，大力推进家居企业数字化、家居产品智能化、智能单品集成化，支持平台企业推广全屋智能，扎实有序提升产业链提升，促进数字经济产业高质量发展。

近年来，合肥市先后出台了推进智能家电、智能家居发展的扶持政策，编制国内首家智能制造地方标准，制定国内智能家居首个行业标准，发布中国智能家居行业发展白皮书，建立智能家居产业链链长调度机制，举办中国互联网大会，打造"中国声谷"。2018 年，合肥提出要把产业定位从此前的"家电之都"走向全国智能家居研发生产中心①。

佛山市推动新一代信息技术与泛家居产业深度融合，实施"百企智能制造提升工程""千百万工程"和加快智能装备技术改造，支持龙头企业"上云上平台"，巧用工业设计赋能，打造"科技—设计—产业"创新链条。在全国首次提出"城市棕线"的概念，将产业用地约 350 平方公里的保护纳入控规管理②。

#### （二）发达国家和地区发展智能家居产业的重要启示

借鉴先进地区的做法，中山市应坚持政策先行，筑牢产业发展根基，坚持统一标准，促进产业规模发展，坚持技术创新，加快产学研智结合，坚持统筹谋划，推行产业链链长制，坚持以人为本，提高产品便利程度。

---

① 资料来源：合肥市经济和信息化局工作总结。
② 周春，王伟楠，王澍，等. 我市打出深化土地管理工作"组合拳" 350 平方公里产保区不得新增商业房地产项目［N］. 佛山日报，2019 - 09 - 05.

# 四、加快推进中山市智能家居产业发展的对策建议

## （一）深化行政改革，促进城市发展

借鉴三亚、东莞、深圳、杭州等城市区划调整或区域统筹的做法，积极推动行政区域调整，加强市级统筹，建立高效的管理体制。对现有镇街进行撤销合并，降低行政管理幅度，提高行政管理效率。以石岐、小榄、三乡、黄圃等大镇区为依托，在全市设立 4~6 个市辖区，赋予每个区县级管理权限。借鉴深圳的坪山、光明、龙华、杭州的钱塘新区做法，以重大平台为基础，设立功能区，以功能区统筹行政区发展。5~10 年后，待这些功能区经济比较发达，再争取成为行政区。提高镇街的税收分成比例，提高镇街发展实体经济的积极性。将房地产收入全部纳入市财政统筹，扭转部分镇街的土地财政局面。改革镇街考核机制，改变现在"一刀切"的考核机制，科学制定考核指标体系。把干部的精力放在发展上，而不是应付考核上。要以建设岐江新城—总部经济区为契机，将岐江新城片区打造成为城市未来新客厅，提高城市中心首位度。

## （二）立足本地实际，明确发展定位

聚焦优势产业资源，引导南头、东凤、小榄、古镇、黄圃等西北部家电重镇形成错位发展、优势互补格局，带动新兴产业链延伸及产业集群加快形成，形成中山市智能家居产业优势根基。坚持《广东省培育智能家电行业产业集群行动计划（2019—2025 年）》中省委、省政府对中山"核心制造网络"的定位，着力打造冰箱、冷柜、厨电等智能家居产业基地，培育配套五金、模具等零部件制造企业。聚焦数字转型，发力数字经济，推动家居行业向产业数字化发展。发力全屋智能，提供智能家居产品的全套方案。发力泛连接，提升连接效率。

## （三）拓展平台载体，打造产业载体

按照"一年规划、五年建设、十年成型"的要求，科学有序推进七大平台建设。结合目前智能家居企业的分布，西部产业园、北部产业园应将智能家居产业作为重点发展方向。培育建设一个甚至多个产业特色鲜明、产业集中度较高、具备产业核心竞争力的家居产业园，擦亮中山智能家居产业"金字招牌"，进一步促进招

商引资，增强产业集群发展能级。以整治传统家居企业"小散乱污违"为契机，大力推进镇村低效工业园改造，开展产业集聚区连片规划建设和改造提升，为产业高质量发展搭建好平台载体。

### （四）狠抓项目落地，增强发展后劲

推动智能家居工业项目落地建设取得成效，特别对华帝、皮阿诺、欧普、威力、TCL、长虹等智能家居龙头企业的新建和增资扩产工业项目，要加强市、镇两级项目调度，推动相关问题及时研究解决，确保按计划节点实现动工。加快布局中山市5G、人工智能、工业互联网等新一代信息基础设施建设，推动"新基建"赋能智能家居发展。组建招商专人专班，设立驻深圳、长三角重点城市的专业化招商团队，全面提升招商水平。加快出台中山市新一轮推进招商引资工作的政策文件，健全项目分类准入评价和会审机制。集中力量引进一批投资规模大、科技含量高、市场前景好、带动能力强的重大高端智能家居产业项目。

### （五）壮大市场主体，提升发展能级

组建智能家居产业"总链长"，统筹家居产业各细化产业的协同发展、跨产业间的互惠合作和模式创新，以及整个家居产业生态的打造，在宏观层面定规划、理思路，中观层面抓项目、建平台，微观层面优服务、强保障。要不惜重本、敢下血本，支持企业做大做强，推动智能家居产业集群实现良性、健康、有序的升级发展，助力智能家电产业实现蝶变腾飞。抢抓"双区驱动"发展机遇，立足于现有的产业资源和优势，主动融入深圳产业生态圈。重点推动企业向高端产业链延伸，持续提升中山智能家电产业生态圈层次和能级。

### （六）构建核心优势，提高竞争能力

认定一批家居数字化设计智能制造试点示范项目，总结经验做法，并在全市推广。打造智能电器、智能锁具、智能灯饰等智能单品，焕发产业活力。支持智能家居制造业创新中心、企业技术中心、工程中心、实验室等创新载体建设，开展产业共性技术研究，形成有效的技术扩散机制。不断完善"1＋1＋9＋N"企业全生命周期公共技术服务平台体系（打造"1个平台体系，1个平台联盟，围绕9大板块，引育N个公共技术服务单位"），为智能家居中小企业技术研发、智能化改造等提供支撑。

### （七）提升质量品牌，融入新发展格局

培育一个智能家居协会，构建一个中国人尺寸标准、一个产品节能环保标准、一个统一的技术接入标准。外国企业只有采用了符合这个协会认证，符合相关标准，才能在中国上架销售。鼓励和扶持中山市企业积极参与国际标准、国家标准、行业标准和地方标准制修订，不断提高中山市在标准化活动中的主动权和话语权。实施重点产品与国内外标杆产品的执行标准和质量指标"双比对、双提升"行动，深入对比分析产品标准、质量、品牌和技术性贸易措施等，提升智能家居产品标准和品质。重点打造一批有特色、有实力、有名气的智能家居名牌名标，不断提升中山品牌影响力。要鼓励创新设计，丰富品牌差异化定位。将"以人为本"的思想融入当代设计，加强工业设计创新应用。加速融入国内大循环，稳步开拓"一带一路"沿线国家市场，积极融入新发展格局。

### （八）加强资本运作，吸引优势资源

建立资产规模超百亿元的大型国有资本运作平台，以合资合作、基金投资、股权管理及其他形式的资本运作形式进入并发展智能家居产业。以企业为主体，坚持政府引导和市场运作相结合，综合运用经济、法律和必要的行政手段，加强服务，通过企业兼并、联合、重组等方式进行资源整合，充分发挥规模效应，实现家居企业发行上市，通过资本市场加速家居企业发展。设立专项基金或政府特别奖，奖励上市企业。在财政补贴、税费、工商登记、土地房产、专利、商标等方面制定出台优惠政策，吸引企业上市。充分利用好现有上市公司，通过合理化的资本运作，采用并购重组、资产注入、股权置换等方式，利用资本市场做优做强智能家居产业。利用资本市场的倒逼机制，促进企业建立健全现代企业制度。

### （九）优化营商环境，全力稳企安商

借鉴西方时尚行业的做法，以西方形式展现中国文化软实力，创立一家智能家居时尚媒体，办一本智能家居时尚杂志，每年举办智能家居展览会，宣传智能家居中山造，提高人们对智能家居的审美和认知程度。建立健全清理收费、综合降本、政府补助的"清""降""补"三位一体的长效机制，对智能家居企业用电、用水、用气费用进行补贴，全力减轻企业负担。借鉴上海浦东、杭州余杭等人才港的做法，在翠亨新区规划建设中山人才港，重点建设一个国际人才服务中心、集聚一批创新

创业配套机构、建成一套更加完善的人才服务体系等，吸引高端人才在中山聚集。推进中山科技大学、澳门科技大学（中山）等高水平综合性大学建设。建立智能家居人才需求目录，实施高端引智行动，大力培育优秀技能型人才。放宽合法稳定居住就业入户政策，简化投资入户、纳税入户政策。对标深圳、东莞等周边城市，推进公办学校新建改建扩建，实施民办教育分类管理，优化基本公共卫生服务供给，加快建设高水平医院，打造一流引才育才留才环境。

# 肇庆市新能源汽车及汽车零部件
# 产业发展研究报告

肇庆市投资促进局

　　按照市委、市政府关于实施产业招商落地攻坚年"八大行动"的工作部署，今年以来，全市各地进一步聚焦北上广深、江浙闽等重点区域，围绕肇庆市"4＋4"制造业发展格局，重点关注新能源汽车及汽车零部件领域，做大做强全市新能源汽车及汽车零部件产业。

## 一、基本情况

　　肇庆市先后引进了小鹏智能网联汽车、宁德时代等重大项目，新能源汽车及汽车零部件产业粗具规模。截至 2021 年 12 月，肇庆市新能源汽车及汽车零部件产业拥有规模以上工业企业 72 家，实现工业总产值 443 亿元，同比增长 48％，连续两年平均增速为 34％，其中产值超 100 亿元企业 1 家，产值超 10 亿元企业 6 家，产值超亿元企业 39 家。肇庆大旺产业转移工业园（智能网联新能源汽车）列入广东省首批特色产业园①。一些汽配企业已是国内的行业"领头羊"、全球优质产品供应商，如高要鸿图科技和鸿泰科技、鼎湖鸿特科技、端州动力金属的汽车铝合金精密压铸件，怀集登云汽配的汽车发动机气门，四会实力连杆生产的汽车发动机连杆等产品，在国内同行中享有龙头地位，成为大众、通用、福特、沃尔沃、丰田、本田、日产等世界著名汽车企业的重要供应商。另外，肇庆市与汽车零部件产业相关联企业 53 家，主要包括生产汽车车身钢的宏旺金属公司、生产汽车压铸件铝材的中亚铝业等企业。2021 年 10 月 30 日，由南都智能汽车产业生态研究课题组出品的《广东

---

　　① 资料来源：肇庆市工信局。

智能汽车产业吸引力报告（2021）》指出：经各项指标综合打分，广州、深圳、肇庆三座城市总分达 80 分以上，共同位列热力值第一梯队（4 级），成为发展产业冲劲最强劲城市。

## （一）整车制造形成了以小鹏汽车为龙头的良好态势

引进投资 100 亿元的小鹏智能网联汽车，是"中国造车新势力"，上榜"中国独角兽企业"、福布斯中国"2018 中国最创新力企业榜"，工业和信息化部 2020 年第 329 批公告小鹏 P7 续航里程 706 公里，成为全球续航最长的智能电动汽车。该企业集自动驾驶研发与示范、智能网联大数据平台打造、汽车研发、零部件制造、供应链合作、整车生产及试制试验等多业务为一体，已于 2019 年建成试产，2020 年小批量生产，2021 年肇庆小鹏新能源公司整车产量 8.5 万辆，交付量达到 9.8 万辆，产值超 200 亿元。肇庆市拥有规模以上整车企业 2 家（小鹏新能源，代表产品为新能源乘用车；玛西尔电动车，代表产品为低速电动汽车，车型包括观光车、环卫车、警车等）；改装汽车制造企业 1 家，为宝龙汽车（主要生产改装运钞车、警用防爆车等）。

## （二）汽车零部件配备完善

全市有规模以上汽车零部件企业 68 家，2021 年产值 272 亿元，涵盖汽车铝压铸件、电池、电机、轮胎等产品，是全国重要的汽车零部件制造聚集地和汽车零部件重要生产及出口基地。具体企业名单及产品如表 1 所示。

表 1　　　　　　　　　　全市规模以上汽车零部件代表企业

| 序号 | 投资方名称 | 产品类型 |
| --- | --- | --- |
| 1 | 肇庆小鹏汽车有限公司 | 新能源汽车用电池制造 |
| 2 | 肇庆理士电源技术有限公司 | 其他电池制造 |
| 3 | 广东鸿劲金属铝业有限公司 | 有色金属合金制造 |
| 4 | 广东鸿图科技股份有限公司 | 汽车零部件及配件制造 |
| 5 | 广东肇庆爱龙威机电有限公司 | 其他电子元件制造 |
| 6 | 肇庆本田金属有限公司 | 内燃机及配件制造 |
| 7 | 广东肇庆动力金属股份有限公司 | 汽车零部件及配件制造 |
| 8 | 肇庆市恒隆铸造有限公司 | 金属结构制造 |

| 序号 | 投资方名称 | 产品类型 |
|------|-----------|---------|
| 9 | 肇庆骏鸿实业有限公司 | 汽车零部件及配件制造 |
| 10 | 广东鸿泰科技股份有限公司 | 金属结构制造 |
| 11 | 广东鸿特精密技术肇庆有限公司 | 汽车零部件及配件制造 |
| 12 | 广东嘉利车灯有限公司 | 汽车零部件及配件制造 |
| 13 | 肇庆东洋铝业有限公司 | 汽车零部件及配件制造 |
| 14 | 广东四会实力连杆有限公司 | 汽车连杆、精密锻件 |
| 15 | 合普动力股份有限公司 | 电动机制造 |

资料来源：肇庆市工业和信息化局整理。

### （三）形成了以宁德时代为龙头的新能源汽车动力电池系统、储能系统的研发、生产和销售

2021 年全球动力电池龙头宁德时代在华南首个动力及储能电池生产基地设在肇庆高新区，一期项目投资 120 亿元，实现当年签约当年主体结构封顶，新能源汽车及汽车零部件千亿级产业集群呼之欲出。宁德时代是全球领先的动力电池系统提供商，主要业务为动力电池、储能系统、锂电池材料。宁德时代动力电池系统采用三元锂离子电池、磷酸铁锂电池等路线，主要应用于乘用车、商用车和其他出行工具，能够满足启停、快充、长寿命、长续航里程等多种功能需求，产品具有能量密度高、循环寿命长、安全可靠等特点。宁德时代将引领肇庆市新能源动力电池产业实现跨越式发展。

### 二、新能源汽车产业引进情况

2020—2021 年，全市共引进新能源汽车及汽车零配件项目 112 个（如表 2 所示），计划投资额 412.58 亿元，产业主要分布在肇庆市的高要区、高新区、四会市。电池类项目投资额最大，包括投资 120 亿元的广东瑞庆时代项目（一期）、投资 52 亿元的上海璞泰来隔膜涂覆生产和设备制造项目、投资 20 亿元的广东飞南资源利用股份有限公司新建年产 50000 吨锂离子电池三元前驱体、投资 18.5 亿元的肇庆市金晟金属实业有限公司新能源产业项目、投资 12.5 亿元的吉阳智能装备制造基地、投资 10 亿元的肇庆小鹏新能源智能驾驶测试及配套等项目；汽车车用配件项目最多，

包括投资 6.1 亿元的南玻集团汽车玻璃生产项目、投资 7 亿元的小鹏新能源汽车配套零部件产业园项目、投资 7 亿元的高端轮胎研发生产项目等①。

表 2　　　　2020—2021 年全市引进新能源汽车及汽车零配件部分项目

| 序号 | 投资方名称 | 产品类型 |
|---|---|---|
| 1 | 宁德时代新能源科技股份有限公司 | 广东瑞庆时代项目（一期） |
| 2 | 肇庆小鹏新能源投资有限公司 | 肇庆小鹏新能源汽车配套零部件产业园项目 |
| 3 | 广州橙行智动汽车科技有限公司 | 小鹏智能新能源汽车二期项目 |
| 4 | 广州橙行智动汽车科技有限公司 | 肇庆小鹏新能源智能驾驶测试及配套项目 |
| 5 | 上海璞泰来新能源科技股份有限公司 | 上海璞泰来隔膜涂覆生产和设备制造项目 |
| 6 | 广东飞南资源利用股份有限公司 | 广东飞南资源利用股份有限公司新建年产 50000 吨锂离子电池三元前驱体项目 |
| 7 | 肇庆南玻节能玻璃有限公司 | 南玻集团汽车玻璃生产项目 |
| 8 | 肇庆市会正新材料科技有限公司 | 广东艾森汽车零部件生产项目 |
| 9 | 肇庆骏鸿实业有限公司 | 高端轮胎研发生产项目 |
| 10 | 深圳市图门新能源有限公司 | 广东图门碳基电容电芯生产项目 |
| 11 | 广东东沁新材料科技有限公司 | 东沁高分子新材料科技产业项目 |
| 12 | 深圳吉阳智能科技有限公司 | 吉阳智能装备制造基地项目 |
| 13 | 宁波震裕科技股份有限公司 | 震裕科技新能源动力电池结构件生产基地项目 |
| 14 | 肇庆市金晟金属实业发展有限公司 | 肇庆市金晟金属实业有限公司新能源产业项目 |
| 15 | 深圳市捷讯实业发展有限公司 | 深圳捷讯汽车零部件生产项目 |

资料来源：肇庆市投资促进局。

## 三、新能源汽车产业扶持政策情况

目前，肇庆市印发了《关于印发〈肇庆市支持新能源汽车及汽车零部件产业发展的若干措施〉的通知》，该通知对新能源汽车及汽车零部件产业优惠政策主要体现在五个方面：研发奖补、收入奖励、产业链配套奖励、引进奖补、金融政策。具体如下所列。

研发奖补：每公告 1 款新能源汽车整车产品且实现 100 辆以上销售，分别给予乘用车 200 万元/款，客车、货车 100 万元/款，专用车 50 万元/款的一次性奖励。

---

① 肇庆市投资促进局整理。

收入奖励：对新能源乘用车整车生产企业、汽车零部件企业年度主营业务收入首次突破 100 亿元的，给予 1 亿元奖励；对新能源纯电动商用车、专用车整车生产企业年度主营业务收入首次超过 10 亿元的，给予 1000 万元奖励。

产业链配套奖励：采购配套零部件总额达到 1 亿元以上的，按照实际采购零部件总额 1% 给予奖励（整车企业与汽车零部件企业按 6:4 的比例分配），每家企业奖励总额不超过 2000 万元。

引进奖补：引进固定资产投资额 2000 万元以上项目在肇庆市落户投产的，按已形成固定资产（不含购地款，下同）总额 1% 的标准分别给予引荐和被引进企业一次性奖励，每家企业每年最高奖励不超过 300 万元；对于投资额超 100 亿元的重点项目，按照 20% 标准奖补。

金融政策：对企业上一年度开展技术改造或增资扩产项目的贷款贴息一次，贴息额度按贷款利息的 50% 计算，单个项目贴息额不超过 500 万元。对于投资额超 100 亿元的，按照固定资产投资实际贷款（借款）利息发生额给予贴息，期限不超过 10 年。

## 四、新能源汽车产业主要工作措施

### （一）强化"链主"招商，激发产业集群活力

瞄准盯紧北上广深、江浙闽等地，围绕小鹏、宁德时代等"链主"企业上下游，加快引进一批见效快、造血足、科技含量高、附加值高的建链、强链、补链、延链项目，推动招商引资成果转化为实实在在的经济效益。例如，肇庆市通过电池龙头企业宁德时代引进上海璞泰来新能源科技股份有限公司（计划投资 52 亿元建设隔膜涂覆生产及锂电设备项目），通过链主企业"以商引商"来激发产业集群活力。

### （二）强化要素保障，破解产业发展难题

统筹"7+4 大专班"，充分发挥土地、金融、代办、企业家接待、用工等专班作用，协调专班各司其职，提升效能，主动对接产业项目，强化全方位要素保障，着力解决土地、资金、行政审批等要素制约，全力做好项目从签约落户到动工投产的"一条龙"闭环跟踪服务。如市土地工作专班完成土地整理 2613.33 公顷（3.92万亩），完成全年目标任务 2000 公顷（3 万亩，奋斗目标 3.94 万亩）的 130.64%。

2021 年全市使用各类用地指标 1159.93 公顷（17399 亩），满足了宁德时代、万达国家度假区项目、中车交通粤港澳大湾区星舰项目等 202 个产业招商项目的用地指标需求。市金融工作专班收集梳理有效融资需求 440 个，融资需求 1340.6 亿元，已获金融机构审批贷款项目 377 个，金额 1258.8 亿元，有效需求解决率 94%。市审批验收代办专班为全市 667 个产业项目提供了代办服务，其中，新增"双容双承诺"直接落地产业投资项目 247 个，总投资 1388.13 亿元。市用工保障专班实现全市城镇新增就业 45605 人，城镇失业人员再就业 11797 人，就业困难人员实现就业 2080 人；新引进项目注册企业的新增就业人数 19589 人。全市 1337 家规模以上工业企业实际缴费人数 141236 人，较 2020 年增长 5.42%；925 家"主导 + 特色"产业企业单位参保缴费人数 111375 人，较 2020 年增长 6.06%[①]。

### （三）强化产业研究，高位谋划发展路线

坚持"规划先行、统筹推进"的原则，加强"4 + 4"产业链发展规划，制定新能源汽车及汽车零部件产业招商全景图，深度开展研究剖析肇庆市"4 + 4"产业链状态，明确产业定位，选取适合肇庆市发展、具有较好发展前景的赛道。根据研究成果，筛选一批符合肇庆市产业导向的优质企业，形成重点招商企业名录（《新能源汽车及汽车零部件产业招商手册》），为驻外招商队伍提供智力支持，做到精准招商、有效招商。

### （四）强化闭环服务，推动项目建设投产

一是构建服务流程的闭环。充分发挥市招商委员会办公室牵头抓总、统筹协调作用，完善市县两级产业招商落地联动机制，突出市级统筹和县级主体作用，由市统筹重大项目招引、土地资源、项目流转等重点要素，健全落实"1 + 4 + 7"工作机制、项目落地直通快车制度、在谈项目跟踪服务制度、产业项目预动工制度等一系列制度机制，日趋形成了体系完善、相互衔接、运作高效的工作闭环。二是完善项目管理的闭环。制定《肇庆市招商委员会办公室关于规范招商项目退出管理工作的通知》，从退出对象、退出情形、退出流程和退出结果运用等方面，规范招商项目退出管理，大力开展"精准招商""有效招商""诚信招商"，盘活闲置资源，推动土地资源集约高效利用，形成招商项目"可进可出"的闭环管理。

---

① 资料来源：肇庆市土地、金融、审批验收代办、用工保障等工作专班整理。

## 五、存在问题

### (一)产业园区配套不完善

肇庆市园区规划起点较低、建设水平不高、生产生活设施配套不够完善。肇庆市高新区和高要区金利镇作为肇庆市汽车产业重要发展载体,外来务工人员较多,工厂聚集,但附近缺乏商业配套,缺乏公共交通配套,难以招引和留住高管和员工,大部分高管选择到邻近的佛山进行消费。

### (二)产业集聚发展水平低

肇庆市汽配产业布局呈现分散和自发状态,发展至今,除高要正在打造广东肇庆(高要)汽车零部件产业园外,全市其他区域均甚少有专门规划布局的汽配产业园区(基地),且大部分产品主要供给广州、佛山的整车企业,本地企业间彼此联系较少,产业链缺乏集群效应,没有形成"内产内销"的上下游产业链。

### (三)招工难,留人也难

肇庆市汽车及汽配专业人才部分来源于本地职业学校、大中专以及高校,但由于汽车及汽配相关专业起步晚、投入大、见效慢等特点,仅凭相关教育单位自身力量发展汽车及汽配专业相对缓慢,人才培养质量和数量尚未完全满足肇庆市汽车及汽配企业需求,未能形成有效的专业人才培训体系。汽配企业的高管人员、研发人员、技术工人都较难引进,即使企业采取了总部派遣轮换管理人员、包车接送上下班、开通定期往返圩镇班车等积极措施,但仍难以留住高尖端人才,影响落户企业发展。

### (四)"熟地"储备不足

部分地区拿出的"熟地"仍然存在征地拆迁未完成、基础设施不配套等问题,不能做到马上供地的"熟地"标准,未能做到"地等项目"。

### (五)疫情等外部因素削弱市场终端需求

新冠肺炎疫情暴发以来,我国疫情防控平稳后,全球疫情持续暴发,导致全球经济迅速受到重创，企业倒闭潮引发工人失业率不断飙升，集中体现在个体收入严重不足，市场消费紧缩应对经济寒冬。在当前经济危机边缘，汽车市场受到较大冲击，终端市场需求不断萎缩，企业外贸订单数量下降，市场行情预期不容乐观。

## 六、发展建议

### （一）扎实开展土地整理工作，充分保障重点企业产业链企业落地需求

一是以建设大型产业集聚区为契机，开展产业用地整理提升专项行动为抓手，全面规划并平整2个市管片区和5个起步区的土地空间，迅速清理低效用地，充分盘活超期未建土地，有效地增加"熟地"储备。及时跟进汽车及汽车零部件产业招商引资项目土地供应需求，优先保障符合条件项目的用地需求，做到"宁可备而无用、不可用而无备"，强化"熟地"招商。二是要提升园区承载力。推进园区"七通一平"等基础设施建设和环保、生活等配套设施建设，夯实园区发展硬基础；研究优化园区规划，在园区中心或周边等适当地块规划设置小规模商业用地，同步进行园区商业配套开发，改善园区投资环境，做优园区软环境。优化调整园区与附近商业区的公交路线，满足园区工人生活、休闲娱乐等基本需求，促进员工安居乐业，反哺本地第三产业。

### （二）牢固树立产业链招商新理念，加快形成优势产业集群

"单丝不成线，独木难成林"，只有配套成链的产业才具生命力和抗压力。因此，要改变传统招商模式，树立产业链招商理念，推进肇庆市汽车产业集群化发展。瞄准广州、深圳等大湾区核心城市，盯住日本等主要汽车生产商的产业转移需求，加速引进布局新能源汽车产业链上下游企业，发展智能网联电动汽车、汽车关键零部件、汽车轻量化、充电设施等领域。着力打造以小鹏汽车、动力金属、合普动力、嘉利车灯、广东鸿图等为代表的一批细分行业领军企业，形成涵盖整车和电池、电机、轮胎、底盘、传感器、照明系统、轻量化材料等新能源汽车产业集群，形成龙头带动、优势发挥、规模效应的产业格局。

### （三）积极拓宽招商渠道，实施精准招商

积极开展中介招商、以商引商、产业基金招商和新媒体招商等，构建"政府+

95

商（协）会""政府＋科研机构""政府＋企业"等联合招商模式，一是与当地企业进行多角度、多层次的互动和交流，摸清企业供货商的近地生产需求，支持新能源汽车企业引进核心汽车零部件企业，尤其是积极与小鹏汽车开展供应链合作招商，引进以小鹏汽车为核心的上、中、下游产业配套企业，补全肇庆市新能源汽车产业链；二是与有影响力的重点商（协）会建立招商合作关系，借助年会、换届、供应商大会等活动大力推介肇庆市投资环境，进一步集合社会资源，多点发力，打好招商引资的"组合拳"；三是鼓励现有汽车零部件企业结合自身优势实施增资扩产，把增资扩产作为最好的招商引资。常态化开展暖企惠企稳企行动，积极协调解决现有企业在增资扩产过程中遇到的土地、资金、人才等问题，推动现有企业做大做强。

### （四）强化政策引导，加快推进产业发展

一是尽快出台汽车产业的招商引资鼓励政策，加快研究制定激励肇庆市居民购买小鹏汽车等新能源汽车的专项政策，帮助企业增加订单，扩大生产规模，加速形成龙头企业对产业链上下游企业的虹吸效应。二是指导和帮助企业用好用足疫情防控期间国家和省出台的金融扶持、税费减免、重大项目建设保障等优惠政策，争取省、市科技研发专项、先进装备制造、智能制造、技术改造、工业互联网、企业"上云上平台"、产业共建、促进消费等相关扶持政策，对符合条件的项目给予重点支持；落实好肇庆市实体经济10条、营商环境38条等扶企惠企措施，切实增强企业家投资信心，推动新能源汽车企业加速发展。三是加强金融服务，改善融资环境。鼓励银行及金融机构调整信贷结构，创新金融产品和服务，以风险可控、商业可持续为前提，对新能源汽车重点产业重大项目优先给予信贷支持，并在贷款额度、贷款期限及贷款利率等方面予以倾斜。四是各地要积极配合本地区重点企业开展产品推介活动，尤其是供应给警务、安保、医疗等特殊行业的产品，可优先采购本地产品。

### （五）加强校企合作，用好用足肇庆市技校资源

目前，肇庆市已有技师学院、理工学校、工贸学校等多所职业教育培训基地，每年毕业生逾万人。各地应充分用好用足人力资源，压实相关市直部门的主体责任，督促相关学校优先安排学生到本地企业实习，积极举办本地企业入校招聘活动；支持企业推行订单培养、顶岗实习等人才培养模式，出台本地就业奖励政策，实现培养与产业需求的精准结合，逐年提高到本地企业实习人数、就业人数。

### （六）狠抓统筹协调，构建产业招商落地"一盘棋"新格局

一是以出台产业招商落地闭环服务机制为抓手，进一步明确招商引资到项目落地建设全流程工作指引，压实产业招商落地主体责任，做优做好产业招商落地服务管理工作，推动项目快启动、快建设、快投产、快见效。二是对接省内有关产业行业协会（重点是深圳、东莞，兼顾广州、佛山），统筹各地选派人员到协会挂职，精准对接招商资源，加快引进一批优质造血型项目，提升招商效率。三是会同市工业和信息化局出台《肇庆市新能汽车及汽车零部件产业链培育发展实施方案专题调研》，分析研判产业链发展现状，摸清招商载体，明确未来产业招商定位和方向，细分新能汽车及汽车零部件产业行业，切实增强招商引资的针对性、可操作性。

### （七）狠抓督导考核，强化项目落地建设效率

一是完善项目全流程生命周期监测管理。会同市政数据进一步完善优化肇庆市涉企服务一网通管平台建设为抓手，对肇庆市新能汽车及汽车零部件产业招商项目从首谈到竣工，从入统到入规（限）实现全流程动态管理，建立全链条电子信息档案库，加强项目全生命周期把关和管理。二是抓好"巡查日"活动质量。进一步优化"巡查日"活动机制，以"巡查日"工作指引为抓手，由固定日开展巡查调整为按需开展，坚持问题导向，压实县级主体责任，全面推行倒排工期、挂图作战，精准、高效解决产业招商落地中的困难和问题，确保新能汽车及汽车零部件入库项目加快开工竣工，提高建设速度。三是加强落地建设督导整改。统筹指导各地对已供地（含交付厂房、租地）未开工及已动工但建设进度缓慢的项目加强督促（必要时对项目投资方进行约谈）。对能推进的，全力做好保障服务。四是狠抓项目转化达产效益。加强与发改、工信、统计等部门的协调联动，定期分析研判转化达产情况（投产情况、实现产值、已纳税、"上规"等），倒逼各地推动项目快投产、快建设。

# 03

# 集群建设篇

# 企业升级与政策保障共同推动的产业集群迭代发展实践及政策启示

## ——以深圳智能手机产业集群为例

综合开发研究院（中国·深圳）

## 一、深圳世界级智能手机产业集群现状特征

深圳拥有华为、小米、OPPO、vivo、真我、传音等世界级品牌的手机跨国公司，2020 年深圳手机出货量占全球市场 45%（按深圳手机品牌总部计算）以上，占全国 85%（按深圳手机品牌总部计算）以上，手机市场占有率巨大。深圳聚集了全球最密集、最完善的手机产业链，形成了全球手机"一站式"综合配套交易基地，已经成为世界级智能手机产业集群。深圳智能手机产业企业在不同领域突破技术瓶颈形成核心竞争力，在不同细分市场占据有利地位，深圳智能手机企业目前已经拥有芯片开发和设计的核心技术，主导了国际第五代移动通信技术（5G）标准制定，形成了国际市场品牌竞争力，完全具备了世界级产业集群的特征。

### （一）拥有全国甚至全球最多的智能手机品牌

深圳拥有全国甚至全球最多的智能手机品牌公司。据全球技术研究机构 Omdia 发布的智能手机市场报告显示，2020 年世界智能手机出货量排名前 10 位中，有 6 家中国公司，其总部（含国际总部）均位于深圳（如表 1 所示）。

表 1　　　　2020 年全球智能手机出货量前 10 名品牌

| 排名 | 品牌 | 国别 | 出货量（百万台） | 当年市场份额（%） |
|---|---|---|---|---|
| 1 | 三星 | 韩国 | 257 | 20 |
| 2 | 苹果 | 美国 | 204 | 16 |

| 排名 | 品牌 | 国别 | 出货量（百万台） | 当年市场份额（%） |
|---|---|---|---|---|
| 3 | 华为 | 中国 | 189 | 15 |
| 4 | 小米 | 中国 | 148 | 11 |
| 5 | vivo | 中国 | 108 | 8 |
| 6 | OPPO | 中国 | 105 | 8 |
| 7 | 真我 | 中国 | 39 | 3 |
| 8 | 摩托罗拉 | 美国 | 33 | 3 |
| 9 | LG | 韩国 | 30 | 2 |
| 10 | 传音（Tecno） | 中国 | 23 | 2 |
| | 其他品牌 | | 158 | 12 |
| | 总计 | | 1294 | 100 |

资料来源：全球技术研究机构 Omdia。

### （二）智能手机自主品牌占有全球高市场份额

Omdia 的数据显示，2020 年中国智能手机主要品牌华为、小米、vivo、OPPO、真我、Tecno 在世界市场的总份额为 47%，华为列居全球第三，占有 15% 的市场份额。2021 年第二季度，华为手机因受美国制裁排名跌至第八，但小米却跃居到第二，占 17% 的市场份额，同时，荣耀手机也进入前十。在非主流手机市场，深圳传音控股生产的 Tecno 手机 2020 年出货量 2300 万台，居全球第十，在非洲手机市场份额位居第一。此外，小米、三星、vivo、真我、OPPO、一加等深圳品牌智能手机在印度的市场占有率超过 70%。值得一提的是深圳天珑，该公司原主要业务是为欧洲中高端本土品牌进行代工（OEM）或贴牌（ODM），后通过与法国公司合作推出了自营品牌 Wiko，深圳天珑是总部，负责手机的研发制造推广，目前 Wiko 成为法国市场排名第三的品牌。

### （三）以整机制造带动的产业关联效应和配套能力极强

深圳以整机制造带动的智能手机产业关联效应和配套能力极强，是全球最完善的智能手机"一站式"综合配套基地。除了国产手机以深圳作为运营总部以外，国外主要手机品牌也以深圳及其周边地区作为代工和研发基地，例如，苹果在深圳设立研发中心。深圳汇聚了全世界最完整的电子通信产业配件供应、销售网络，此外，软件和信息技术服务业等基础支撑能力在国内领先，在深圳，90% 以上的智能手机零部件都能得到配套。在显示屏领域，拥有华星光电、柔宇科技等优质企业；在电池领域，拥有比亚迪、欣旺达等行业领先企业；在光学模组领域，拥有欧菲光等领先企业；在芯片模组领域，拥有华为海思、汇顶科技等领先企业；在元器件及印制电路板（PCB）面板领域，拥有华为、信维通信、深南电路、鹏鼎控股等头部企业；在周边配套领域，拥有领益智造等骨干企业。最重要的是拥有一批优秀的电子制造服务（electronics manufacturing service，EMS）企业，为客户提供包括产品设计、代工生产、后勤管理、产品维修、物流等全程服务，富士康、立讯精密、比亚迪等多家全球知名企业使深圳成为世界最重要的 EMS 基地（如表 2 所示）。

表 2 深圳智能手机产业链主要配套厂商

| 上游产业链 | 产品种类 | 主要厂商 |
| --- | --- | --- |
| 电子制造服务 | 制造全程服务 | 富士康、立讯精密、比亚迪 |
| 光学模组 | 光学镜头 | 欧菲光 |
| | 指纹识别模组 | 汇顶科技 |
| 显示模组 | 有机发光半导体（OLED）面板 | 柔宇科技、华星光电、深天马 |
| 射频组件 | 天线 | 信维通信、立讯精密 |
| | 滤波器 | 麦捷科技 |
| | 数字放大器（PA） | 国民飞骧 |
| | 基带芯片 | 华为 |
| 芯片模组 | 人工智能（AI）芯片 | 华为海思 |
| | 无线网络通信技术（Wi-Fi）/蓝牙微控制单元（MCU） | 汇顶科技 |
| PCB | 柔性电路板（FPC）、服务定位协议（SLP） | 鹏鼎控股、深南电路、兴森科技 |
| 被动元件 | 电容、电阻、电感 | 顺络电子、宇阳科技 |
| 散热模组 | 液冷、铜片、石墨烯 | 飞荣达 |

资料来源：课题组整理。

## （四）智能手机核心技术研发和国际标准制定不断获得突破

深圳的智能手机综合制造技术、处理器技术、显示屏和摄像头技术及其国际标准制定不断获得突破，极大提升了深圳智能手机国际市场竞争力。在综合制造能力方面，电子制造服务提供商富士康、立讯精密、比亚迪为国际、国内手机品牌作代工生产。在处理器技术方面，华为具有自主知识产权的麒麟系列芯片不仅在性能、效能、移动通信连接等方面领先全球业界，同时增强了 AI 运算力及丰富了 AI 应用场景；小米、vivo、OPPO 等手机品牌商正着手开发系统级芯片（SoC）。芯片模组方面，深圳汇顶科技已成为全球安卓手机市场排名第一的指纹芯片供应商；小米、vivo 均推出了自主研发的图像信号处理器（ISP）芯片。在显示屏、摄像头模组和指纹模组技术方面，华星光电、深天马等均是年销售额百亿元级别的深圳面板厂商；欧菲光在指纹模组领域全球领跑，是小米等多家手机企业的供应商。在国际标准制定方面，华为主导了国际 5G 标准制定。

## 二、深圳智能手机产业集群演化路径

### （一）第一阶段——加工贸易电子企业为主体的产业集中阶段（1978—1987 年）

深圳特区成立后从零开始发展电子工业，在十年间完成工业化进程，建立起外向型的轻工体系，并进入中国电子工业第一方阵，构筑起未来智能手机产业集群的发展基础。

偏隅边陲的深圳远离国家工业重心，发展基础几乎完全空白，改革开放通过外引内联搭建起深圳电子工业的早期框架。深圳是全球第三次产业大转移的主要承接地，1978 年，第一家港资企业宝安无线电厂——香港环球电子投资 20 万港币的电子厂开业，特区优惠政策符合资本逐利本性，驱动以港资为主的大批外资的进入。从 1979 年起，广东省电子工业局对省内的"小三线"厂进行调整和改革，由省内小三线企业改制的电子企业陆续成立中国航空技术进出口公司深圳办事处（即现深圳中航集团）、广东光明华侨电子工业公司（现深圳康佳集团股份有限公司）、总参通信兵部洪岭电器加工厂（后改深圳电器有限公司）、第四机械工业部的深圳电子装配厂（即深圳爱华电子有限公司）等，标志深圳电子工业的起步。

中国强制性产品认证（"3C"）推动消费电子爆发式发展，毗邻香港的地缘优势使深圳获得又一个发展机遇。20 世纪 80 年代，世界进入"3C"消费时代，我国紧跟发展形势，调整电子工业产品结构，以"三机"（电视机、收录机、收音机）为主的消费类电子产品是发展重点。中国周边的东亚地区是全球消费电子产品的研发、制造、消费中心，毗邻深圳的香港更是全球市场、渠道、品牌与制造资源的交汇点，逐渐实现来料加工和自主开拓产品并重、消费类电子产品和应用类电子产品并重、出口与内销并重以及元器件国产化比重增加、高科技高增值产品增加的转型发展。深圳形成粗具规模的、产品门类齐全的、技术较内地先进和以生产视听产品为主的现代电子工业体系，并广泛集聚了一大批生产企业、设计企业、零部件配套商和销售商，形成庞大的熟练生产工人和产品开发设计人员群体，这种产业特征为深圳在下一阶段能形成手机产业集群打下了最基本的配套基础。

## （二）第二阶段——以国产整机厂商崛起为特征的产业集群形成阶段（1988—2009年）

深圳在电子产业强势崛起后，开始实现从主要来料加工加速往高新技术产业转型，全面向通信产业、计算机产业、集成电路产业、高端消费类电子发展，国内外的企业、资本、技术和人才也加速进入深圳。同时期，华强北电子市场诞生，极大地完善了深圳电子产业的配套环境，华强北电子市场使得手机产业集群关联效应不断提升，一定程度上标志着深圳手机产业集群效应形成，这中间经历了引进外国品牌（1988—1998年）和学习模仿制造创新（1999—2009年）两个阶段。

在国外品牌垄断手机市场时期，深圳企业在狭缝中顽强萌芽发展民族手机。诺基亚、摩托罗拉、爱立信三家当时占有中国80%的手机市场，国外主要品牌厂商在中国建立了12家合资工厂，而国产手机厂商仅5家。直到1998年，中国第一台国产手机才面市，来自深圳的科健公司。科健最初发展依靠半散装件（SKD）生产模式，之后从产品的研发到产品的市场推广，从销售到售后服务，都按照国际化通信企业制定的标准进行，并且强调发展自主研发，拥有专属的芯片公司，致力于全球移动通信系统（GSM）基带芯片的研发和生产。科健在国外品牌层层市场重压下寻找国产手机发展空间。

生产审批制和核准制政策出台，有效地保护和促进了深圳手机产业集群的生存和发展，"山寨手机"标志着深圳手机产业进入学习模仿制造创新阶段。1998年，国家移动通信产品实行生产审批制和核准制政策出台，遏制了国外手机巨头抢占中国市场的步伐，有效地保护和促进了深圳手机产业集群的生存和发展。一时间，除科健外，桑达、国威、康佳、中兴通讯等凭借"制度资源"的手机种子企业获得"受保护"的生存环境，中国品牌手机厂商市场占有率从1999年的3%快速成长至2002年的30%，深圳手机产业历经SKD模式以及贴牌模式的初级阶段逐步成长。但手机生产审批制和核准制也带来明显的负面影响，部分有牌照但生产能力不强的企业靠出租牌照为主要收入。同时，2005年台湾联发科推出的高度集成手机芯片，使手机生产制造的技术门槛大大降低，造就了"山寨手机"特殊的模块化生产方式，华强北电子市场更提供极低门槛的生产配套条件，以深圳为核心的"山寨手机"时代必然发生。2007 年核准制取消，靠牌照租借为主要收入的手机企业迅速亏损甚至倒闭，短时间内，市场上出现大量手机新品牌，从而带动手机市场的兼并、整合，中、低端手机市场竞争加剧。

"山寨手机"对以后深圳手机产业集群的发展有其一定的历史作用，或者说有其存在的合理性：一是在以"山寨手机"为标志的模仿学习制造阶段，形成了由整机厂商带动的新一轮产业集聚。深圳手机产业集群聚集了大量的生产企业、方案解决商、手机设计商、模具商、配件生产商、代工企业、集成商、渠道商、销售商等，奠定了不久的将来深圳手机制造集群成为世界性集群的基础。二是"山寨手机"并不一定是完全模仿或者质量低劣，部分"山寨手机"通过学习实现超越，具有突破常规的创新性，如太阳能手机，带手电筒、放大镜老人手机等，这也是现在深圳手机产品创新性高的前期预演。随着集群的壮大成熟，深圳手机供应链延伸到全球主要品牌。

### （三）第三阶段——品牌商集聚共同成就供应链的产业集群品牌化阶段（2010—2021 年）

2010 年全球手机消费结构由传统功能型手机向智能型手机过渡，以苹果为代表的智能手机正抢占手机市场，"山寨手机"进入尾声。部分"山寨手机"厂商转为正规厂商并开始品牌运作，大批采用"山寨"解决方案和生产体系的厂商注重品牌建设和品质，彻底告别"山寨"时代。

开源系统重新瓜分全球市场，安卓（Android）联盟为深圳手机产业再启发展机会。2008 年安卓系统的开放，促使智能手机产业生态链开始形成。2010 年前后，深圳形成以中兴、华为、酷派为龙头，聚集基伍、金立、康佳、创维为骨干，高新奇、天时达、港利通等逾百家手机品牌厂商集聚的集群，手机产业及相关配套产业链的从业人数超过 100 万。深圳初步形成了一条以手机为中心，集研发设计、零部件制造、整机集成和批发销售于一体的完整产业链，成为全球重要的手机研发制造基地和交易集散中心。

移动互联网的"井喷式"发展又一次创造发展机遇，深圳最终确立手机产业集群的世界级地位。全球进入移动互联网时代，国产智能手机小米和米柚操作系统（MIUI OS）的出现，使手机应用软件（App）爆炸式取代电脑互联网（PC Web）。高度市场化的深圳手机以消费者需求为导向的经营模式再一次助推行业的变革和发展，一些具备技术、资本等优势的领先企业逐渐形成自己的品牌，向产业价值链高端延伸。2012 年，深圳向国家市场监督管理总局提出把手机企业最集中的南山区打造为"全国移动电话研发制造产业知名品牌示范区"的申请，通过加大政策引导力度，促进手机产业增长方式转型，当年，深圳采用自有品牌的手机出货量达到85%。深圳手机产业集群发展呈现以自有品牌为主导，OEM/ODM 并存，以品牌价值、应用功能、手机设计、价格、渠道、速度为利基的综合服务水平的竞争时期。

智能手机品牌商在深圳加速聚集，共同成就国内供应链、产业链晋阶集聚，推动深圳智能手机产业集群走上世界前列。随着以华为为代表的国内终端巨头的崛起，深圳智能手机产业链本土化配套成为趋势。深圳加大总部经济支持政策后，OPPO 国际、vivo、小米国际等智能手机品牌总部相继落户深圳，与之相随，一些原本将中国总部设在北京、上海的全球供应商，也陆续将业务重心、研发中心放到了深圳，供应链企业实现相互成就。例如，在指纹识别芯片领域，深圳汇顶科技反超瑞典FPC，成为华为、vivo、小米、魅族等公司的供应商，打破了中高端主流安卓品牌手机 FPC 一家独大的局面；微型电连接器及互联系统供应商电连技术，在进入华为供应链后相当于获得了信用背书，进入了小米、vivo、三星等的供应链；摄像头模组供应商欧菲光，打败了中国台湾大厂光宝科技，成了华为、OPPO、苹果、三星等手机供应商；除了生产制造外，深圳还衍生出一批供应链服务企业，专门解决手机产业链中各分工环节间的协调问题，小微手机企业的融资困难，以及与海关等协调等问题。品牌整机厂商催生了庞大的供应链体系，一部智能手机由上千个组件构成，背后是遍及全球、极度专业化同时又环环相扣的供应链企业，围绕深圳智能手机产业集群的中国本土的供应商日益壮大。2020 年财报显示，智能手机产业链相关的 A 股上市公司中，营业收入超过 300 亿元人民币的就有立讯精密、欧菲光、闻泰科技、歌尔股份、蓝思科技、深天马 A 等 6 家。

## 三、对促进广东省产业集群发展的政策启示

总体上看，深圳世界级先进智能手机产业集群发展模式，其核心在于抓住全球技术进步带来的发展机遇，通过政府在产业发展关键时期正确引导，遵循市场发展规律和迎合市场需求，不断推动知名品牌商落地和企业升级，并引导供应链体系建立和发展，最终奠定智能手机世界级产业集群的地位。深圳智能手机产业集群的演进过程对广东省打造世界级先进产业集群带来多方面启示。

### （一）政府在集群发展不同阶段跟进产业政策以适应市场需求

产业集群的演变一般经历产业集中、集群形成及集群成熟三个阶段，不同阶段

不同要素对其重要程度也不一样，政府应伴随集群演变对产业政策进行动态调整。深圳手机产业集群发展过程中，在不同阶段除市场无形之手的作用外，都有政府有形之手的助推（如图1所示）。产业集中阶段，深圳凭借毗邻香港所具有的地缘优势，借助国家开放改革的政策，在电子产业强势崛起，深圳市政府为基础设施建设和电子工业市场的支持提供了良好的保障。集群形成阶段，在经历了OEM和ODM阶段后，中国手机生产审批制和核准制为中国手机产业形成短暂的保护缓冲期，深圳市政府抓住窗口期，出台了支持计算机、通信、微电子及新型元器件等高新技术产业发展的系列政策，对深圳手机集群发展产生了巨大的影响。集群成熟阶段（品牌化阶段），深圳市历时五年将手机企业最集中的南山区打造成为"全国移动电话研发制造产业知名品牌示范区"，通过加大政策引导力度，促进智能手机品牌商集聚，并形成庞大的智能手机供应链体系。与此同时，深圳市政府推动建立了全国唯一一个国家数字电子产品质量监督检验中心，帮助企业解决参与国际分工时在不同区域市场上所遇到的产品质量问题，同时也帮助示范区企业进入全球市场；在手机产业高度聚集的南山区成立了由50家重点企业发起的手机产业联合会（南山区手机产业联盟），提升深圳手机品牌知名度，促进了手机产业示范作用外溢；建立了云计算和大数据的新一代移动智能终端研发总部基地；与国家共建分时长期演进（TD-LTE）国家级重点实验室，助力产业创新。因此，在培育世界级产业集群的过程中，政府应充分依据市场需求，推出相应引导政策，着重解决市场不能解决的问题，否则企业可能难以打破路径依赖，被锁定在价值链的低端环节。

**图1　深圳智能手机产业集群发展中的政策、市场与企业**

资料来源：课题组整理。

## （二）包容审慎的监管政策为企业的成长提供了宽容型市场环境

市场的选择一定程度上决定产业发展的方向，政府政策应跟进市场选择，实施包容审慎的监管，进行适度容忍或合理引导，创造能有效激发市场原动力的宽容型市场环境。深圳手机产业集群发展初期，政府合理容忍或引导"灰色做法"以及"放水养鱼"策略创造了能激发市场原动力的宽容型市场环境，对于形成深圳电子工业的集聚效应发挥了重要作用。华强北电子市场前身是中国电子工业集团的几栋楼，源于市场的自发行为，很多商家租用了工业用地楼房，慢慢产生电子交易市场，而且还利用正常的、灰色的渠道，为深圳甚至中国电子产业解决了中小企业元器件采购的困难，改善了产业配套环境。同时在此基础上，深圳逐步将工业区改造为华强北电子商圈，造就了华强北"国际电子交易第一街"的美誉。反之，有"韩国硅谷"之称的大德科技园，政府通过一系列的战略布局和优惠政策使科技园成为多产业研发机构的集群，但是大德科技园集群内部企业非常少，市场的原动力没有得到很好的激发，距离生产实践环节和市场需求有一定距离，制约了大德科技园的发展。因此，对于世界级产业集群的培育，政府应尊重企业源生动力和创新需求，对有其合理性的新生事物实施包容审慎监管，以尊重市场选择。

## （三）合理规范的市场规则和法律化体系是维护企业长期利益和创新积极性的保障

经历产业集中阶段后，深圳手机产业集群能快速转向创新驱动，与制度性地探索创新激励机制有着密切关系。深圳智能手机产业集群发展路径表明，合理的政府行为，不是取代市场机制的作用，而是以法治化为基础，规范市场行为，推动市场机制加快发育成熟。中国手机生产牌照许可制度，是国家保护国内刚刚起步、处于幼稚时期的手机产业的一项必要政策，有效遏制了国外手机巨头抢占中国市场的步伐，为国内手机生产厂商生存成长构筑一道防火墙。深圳手机产业集群的形成与发展都得益于手机生产准入制度，比如，桑达、科健、国威、康佳、中兴通讯等中资企业开始涉足手机市场，一批凭借"制度资源"的手机种子企业获得"受保护"的生存环境，后来适时取消手机牌照许可制度为手机产业发展创造了良好的竞争环境，促进了手机市场竞争力的提升。在产业集群成熟阶段，法律法规的完善是保障市场主体利益、促进市场主体创新积极性的重要条件，形成了可实施、有威慑力的知识产权保护制度，充分地发挥了市场经济在资源配置中的决定性作用。

### （四）以公共服务助企业融入国际创新体系是集群实现全球价值链"高端突破"的关键一环

深圳手机产业相关企业是通过融入国际创新体系提升竞争力并创造优质品牌的样板。深圳手机产业集群创新发展经历了引进、模仿、自主创新三个阶段。在 1993 —1999 年的引进阶段，手机产业由国外主要品牌厂商主导，深圳手机企业仅有科健一家，基本采取 SKD 模式进行生产；"山寨手机"阶段，深圳手机产业依托良好的电子产业配套能力，进入了学习模仿阶段，并为自主创新积累了经验、打下了良好的基础；2010 年后，深圳市的手机产业进入了自主创新的阶段。深圳市在南山区打造的"全国移动电话研发制造产业知名品牌示范区"，以及推动建立的国家数字电子产品质量监督检验中心，都是政府通过搭建公共服务平台支持企业融入国际创新体系的重要举措。华为掌握了芯片等核心技术，在法国等国家设立实验室，主导国际5G 标准的制定，占领了智能手机的先机，这种成就是在深圳开放的国际创新体系中取得的。解决企业拓展海外手机市场中的质量认证等问题，实际上支持了企业不断提高全球市场份额，并在竞争中掌握最先进的技术和营销手段。支持企业研发核心技术、参与国际标准制定等创新活动，掌握国际市场话语权，是产业集群实现全球价值链"高端突破"的必经之路。

### （五）高效协同的"产业公地"是产业集群根植的最佳土壤

产业集群作为企业集聚化、配套化的产业组织形态，能够使制造商和服务提供商共享资源，这些共享资源就构成了产业公地，也就是产业共享的知识资产与有形设施，包括专业设计、制造、服务等。产业公地是产业集群长期竞争优势的根本源泉，强大的产业公地可以向其成员提供强劲的竞争优势，促使成员间的高效合作。相反，产业公地的解体必然使公地上的所有产业和竞争主体都面临生存危机，竞争主体或是走向倒闭，或是被迫迁移。自 20 世纪 60 年代以来，发达国家产业公地的发展经历了"破坏、觉醒、收复"的阶段，最为典型的是美国。40 年前，消费电子制造从美国外迁日本，导致消费电子产业链研发环节迁往日本；光伏电池组件的制造环节转移到亚洲，美国本土的太阳能技术提供企业难以与其制造互动共享，只好撤出美国，其根本原因就是产业公地的生态遭受破坏。深圳智能手机产业集群之所以能成为"地球手机中心"，得益于深圳完备的手机生产链和极度细化的生产分工，并且这些企业之间形成了良好的合作机制，也就是有一个高效协同的产业公地，能够满足市场需求的快速变化。而且，对市场需求变换迅速的手机产业而言，离开了配套完备的产业公地则难以生存，因为土地、劳动力等成本的下降难以抵消供应链反应速度下降的负面影响，这种情况下，真正意义上的产业转移难以发生。因此，广东产业集群的发展，要注重产业公地的营造，鼓励建立起完备的产业链及公共服务平台。

# 广州市先进制造业集群竞争力评价研究

广州市工业和信息化局[*]
中国电子信息产业发展研究院[**]

党的十九大报告提出"培育若干世界级先进制造业集群","十四五"规划纲要提出"推动先进制造业集群发展",这为新时期推动我国制造业高质量发展、加快制造强国建设指明了新方向新路径。广州作为国家重要的先进制造业基地之一,坚持产业集群化发展,初步培育形成了智能网联汽车、智能装备、新型显示等先进制造业集群。赛迪研究院基于国家工业和信息化部(以下简称"工信部")建立的先进制造业集群评价模型,对广州市参与集群竞赛的 7 个先进制造业集群进行了评价,并结合国内外对标分析,指出了集群发展存在的问题与短板,提出了提升先进制造业集群竞争力的对策建议。

## 一、广州市 7 个先进制造业集群竞争力评价

### (一)评价模型

先进制造业集群竞争力,是指先进制造业集群各要素(企业、机构、要素资源、基础设施)基于高度集聚和专业化分工,围绕共同目标所形成的规模经济、网络协作、协同创新、开放包容的能力,以及在全球产业链、创新链中推动集群统一行动和提升集体效率的竞争优势,综合体现在集群产业基础、集群协同创新、集群要素支撑、集群网络化协作、集群开放发展和集群组织实施六个方面。赛迪研究院在参考帕德莫和吉布逊(Padmore and Gibson)的基础—企业—市场(GEM)模型,陈险峰产业集群竞争力评价指标体系设计方法,以及哈佛商学院、美国商务部等自

---

[*] 广州市工业和信息化局作者:王玉印、龙建雄。
[**] 中国电子信息产业发展研究院作者:侯彦全、谢振忠。

2014 年联合实施的集群测绘工程中产业集群竞争力评价指标体系的基础上，综合考虑指标数据的可获得性、可靠性和计算成本，构建了确定包含 6 个层次的 20 个具体评价指标的先进制造业集群竞争力评价指标体系，如表 1 所示。

表 1　　　　　　　　　　　先进制造业集群竞争力评价指标体系

| 一级指标 | 权重 | 二级指标 | 权重 |
|---|---|---|---|
| 产业基础 | 15 | 1. 集群产业总产值（亿元） | 4 |
| | | 2. 集群产业总产值占全国该产业总产值的比重（%） | 5 |
| | | 3. 主导产品市场竞争力 | 3 |
| | | 4. 企业结构和发展质量 | 3 |
| 网络化协作 | 25 | 5. 集群发展促进机构的组建与运行 | 9 |
| | | 6. 产业链协作水平 | 6 |
| | | 7. 高校、科研院所和企业合作情况 | 5 |
| | | 8. 集群成员共同开展的活动情况 | 5 |
| 技术创新 | 25 | 9. 产业技术水平 | 8 |
| | | 10. 国家级技术创新载体数量（家） | 4 |
| | | 11. 集群企业平均研发投入强度（%） | 8 |
| | | 12. 上年度新增授权发明专利数（个） | 5 |
| 要素集聚 | 15 | 13. 上市和挂牌企业数量（家） | 5 |
| | | 14. 金融服务效率和水平 | 3 |
| | | 15. 集群产业从业人员占该产业全国从业人员比重（%） | 3 |
| | | 16. 基础设施互联互通和信息资源共享情况 | 4 |
| 开放合作 | 10 | 17. 利用外资总额（亿元） | 3 |
| | | 18. 企业国际化水平和集群品牌国际影响力 | 7 |
| 组织实施 | 10 | 19. 培育发展集群的规划、政策体系及工作推进机制 | 5 |
| | | 20. 培育发展集群的工作推进机制 | 5 |

资料来源：工业和信息化部规划司 2020 年先进制造业集群项目招标文件，赛迪研究院整理。

## （二）评价对象

考虑到数据可获得性，我们对近两年参与国家先进制造业集群竞赛的集群进行了梳理，选取了广州市 7 个先进制造业集群作为评价对象。这 7 个集群分别是广州智能装备集群、广州新型功能材料集群、广州生物医药集群、广州区块链集群、广州定制家居集群、广州超高清视频及新型显示集群、广州智能网联汽车集群。集群有关情况如表 2 所示。

表 2 　　　　　　　　　　　广州市 7 个先进制造业集群竞争力简介

| 序号 | 集群名称 | 集群简介 |
|---|---|---|
| 1 | 广州智能装备集群 | 广州智能装备集群规模超过 600 亿元，拥有企业 2100 家，其中规模以上企业 302 家、高新技术企业 1273 家。初步形成以广州黄埔区为轴心，以增城区、南沙区、番禺区、花都区和中心城区为依托的布局，由上游（数控机床及关键基础零部件）、中游（整机及成套装备、系统集成应用）、下游（检验检测、共性技术研发等公共支撑服务）组成的产业链完整，上中下游结构合理，大中小企业融通发展，已形成集群企业相辅相成、共同发展的良好局面 |
| 2 | 广州新型功能材料集群 | 广州新型功能材料集群规模超 2700 亿元，现有企业 1000 余家，规模超亿元企业 320 家，拥有 19 个国家级创新平台、153 个省级创新平台及 238 个市级创新平台，形成了以高分子功能材料和新型金属功能材料为主体，以粉末冶金材料、汽车新材料、光学电子材料等领域竞相发展的良好态势 |
| 3 | 广州生物医药集群 | 广州生物医药集群规模超 600 亿元，形成了以现代中药、医疗器械、健康服务等为主导，以再生医学、精准医疗、体外诊断等优势产业为辅的产业体系，构建起从技术研发、临床研究和转化中试到产业化的完整产业链，形成以广州科学城、中新广州知识城、广州国际生物岛"两城一岛"为核心，健康医疗中心、国际健康产业城、国际医药港等产业特色园区协调发展的"三中心多区域"的生物医药产业格局 |
| 4 | 广州区块链集群 | 广州区块链集群初步集聚了网融信息、方欣科技、秒钛科技等一批优质区块链企业，黄埔区获工业和信息化部批复创建全国首个以区块链为特色的中国软件名城示范区，培育了区块链国际创新中心、中关村 e 谷区块链产业园等四大产业载体，在区块链 + 政务服务、社会治理、实体经济等方面，涌现一批全国领先的应用场景 |
| 5 | 广州定制家居集群 | 广州定制家居集群规模超 1200 亿元，集聚了设计、软件、制造、物流等定制家居产业链上下游企业 1000 余家，世界定制家居企业营业收入前五强广州占三（欧派、索菲亚、尚品宅配），国内定制家居核心上市企业有 5 家。2019 年，联合国工业发展组织发布首批"定制之都"案例城市，广州荣膺全球"定制之都"称号 |
| 6 | 广州超高清视频及新型显示集群 | 广州超高清视频及新型显示集群总产值约占广东省的 55%、全国的 35%，是全国规模最大、最具竞争力的家电生产基地，全国最大的家用空调、电冰箱、热水器生产基地，也是全球最大的微波炉、电饭锅和电风扇供应地，已形成全国乃至全球规模最大、品类最齐全的家电配件产业链，拥有企业 6000 余家，新型显示面板产能已跃升至全球第一，显示模组市场占有率全球第一，4K 电视产量全国第一，4K 芯片出货量全国第一 |
| 7 | 广州智能网联汽车集群 | 广州智能网联汽车集群规模超过 5000 亿元，产量 290 万辆左右，约占全国总产量的 11%，形成日系品牌、欧美品牌和自主品牌共同发展的多元化汽车品牌格局，拥有汽车行业国家级企业技术中心 1 个、省级企业技术中心 9 个、省级工程中心 2 个 |

资料来源：先进制造业集群 2019 —2021 年投标文件，赛迪研究院整理。

（三）评价结果

参照评价模型，我们运用德菲尔法对 7 个参赛集群进行了综合评价。评价结果
如表 3 所示。

表 3　　　　　　　　　广州市 7 个先进制造业集群竞争力评价结果

| 集群名称 | 产业实力 | 网络化协作 | 技术创新 | 要素集聚 | 开放合作 | 组织实施 | 竞争力综合指数 |
|---|---|---|---|---|---|---|---|
| 广州智能装备集群 | 6.76 | 18.00 | 20.38 | 9.72 | 7.00 | 10.00 | 71.86 |
| 广州新型功能材料集群 | 4.68 | 4.50 | 4.03 | 4.42 | 2.59 | 5.00 | 25.22 |
| 广州生物医药集群 | 1.48 | 3.25 | 4.99 | 8.30 | 3.00 | 5.00 | 26.02 |
| 广州区块链集群 | 1.22 | 0.00 | 8.00 | 4.89 | 0.00 | 1.67 | 15.78 |
| 广州定制家居集群 | 9.37 | 21.75 | 13.09 | 3.00 | 5.18 | 3.33 | 55.72 |
| 广州超高清视频及新型显示集群 | 8.77 | 22.00 | 14.70 | 7.41 | 7.15 | 10.00 | 70.04 |
| 广州智能网联汽车集群 | 8.83 | 14.50 | 10.66 | 6.69 | 4.75 | 8.33 | 53.76 |

总体来看，广州智能装备集群和超高清视频及新型显示集群实力较强，智能网
联汽车集群和定制家居集群次之，区块链集群竞争力最弱。从分维度指标看，定制
家居集群、超高清视频及新型显示集群和智能网联汽车集群产业实力、网络化协作
能力和技术创新能力较强，智能装备集群在网络化协作、技术创新、要素集聚和开
放合作上都具有较强竞争力。反观区块链集群在网络化协作、开放合作等层面基础
薄弱，组织实施推进力度还有很大的空间需要提升。

## 二、广州先进制造业集群发展存在的问题和短板

综上所述，广州市制造业发展实力位居全国前列，在产业规模、质量效益、产
业体系、创新能力和智能化水平等方面取得了突出成效，为培育世界级先进制造业
集群创造了良好的产业条件。但对标国内外先进制造业强市以及世界级先进制造业
集群建设要求，结合上述集群竞争力分析可以看出，广州市先进制造业集群发展仍
存在一些问题。重点体现在以下几个方面：

## （一）集群规模效应有余，聚变效应不足

部分集群整体已经处于成长壮大阶段，但整体规模偏小。集群龙头企业数量不多，品牌效应不突出，产业凝聚力不够，集聚发展的支撑能力不足。部分集群内企业只是在地理聚集，没有形成集群成员间的良好互动和配套服务，产业链上下游企业合作不紧密，各个环节单兵突破突出，但系统合力和抱团发展较为缺乏，部分集群呈现"散而不聚"的现象。

## （二）集群价值链地位不高，产品竞争力尚需增强

部分集群处于产业链中低端，集群主导产业产品整体附加值不高，中低端产品产能过剩、高端产品比率不高。例如，智能装备集群内机器人的控制器、伺服电机、减速器三大核心部件虽已实现自主研发，但产品的稳定性、精度、效率等指标和国际知名企业仍有较大差距，均存在产品可靠性偏低的情况，市场竞争力较弱。

## （三）集群产学研合作不深入，创新能力有待提升

部分集群核心技术缺乏，在关键核心技术领域缺乏重大科技成果，自主创新能力不高，并未实现从"跟跑"到"领跑"的实质性转变。例如，广州超高清视频及新型显示集群有机发光半导体（OLED）电视、高可靠智能家电、虚拟现实（VR）/增强现实（AR）等新型高端产品竞争力弱，4K图像传感器芯片、主控微控制单元（MCU）、超高清摄像机等依赖进口。集群内产业创新链还未耦合，产学研体系仍然以传统的校企合作模式为主，受制于国内高校人才培养、技术人员聘用机制，高校、科研院所的研发效率与企业相比较慢等问题，导致对研发资源未能有效利用、研发成果与企业需求脱节。

## （四）集群发展促进机构发育不足，治理机制尚不健全

对照工业和信息化部集群培育发展要求，专业服务于集群的第三方集群发展促进机构发育尚不成熟，自身建设和"造血"功能还需进一步提升，整合集群上下游、产学研等各方资源，协调解决各方问题的能力还不够强。如有的集群还是简单的以行业协会、联盟来承担，但自身组织架构和功能并没有适时转变。部分集群公共治理能力薄弱，缺乏相关规划、政策的指导支持，知识产权保护机制和审慎的市场监管机制尚不健全，公平竞争的市场环境仍需加快营造。

## 三、对策建议

面向"十四五"和中长期，广州市应围绕世界级先进制造业集群培育目标，加大统筹协调全市集群培育发展工作的推进力度，充分发挥集群引领作用，推动产业、企业、技术、人才和品牌集聚协同融合发展，加快构建具有国际竞争力的大湾区现代产业体系，力争在促进产业由集聚发展向集群发展全面提升，促进产业链由稳定性向现代化提升更好地发挥广州作用，体现广州担当。为此建议如下：

### （一）坚持系统谋划，构建"万千百"集群梯队格局

在《广东省人民政府关于培育发展战略性支柱产业集群和战略性新兴产业集群的意见》指导下，深入实施《广州市关于加快培育发展先进制造业集群的行动计划（2020—2025 年）》，瞄准国际国内先进水平，聚焦基础好、优势强、潜力大的重点产业，培育一批具有全国乃至全球竞争力的产业集群。聚力打造智能网联和新能源汽车、生物医药与健康两个万亿级产业集群，全力建设绿色石化、现代高端装备、半导体与集成电路、超高清视频和新型显示等超千亿级产业集群，积极培育纺织服装、美妆日化、食品饮料等若干百亿级产业集群，形成"万千百"集群梯队格局。依托有实力集群，强化省内跨区域协调，共同做好国家级先进制造业集群申报参赛工作，奋力培育世界级先进制造业集群。

### （二）强化创新驱动，深化集群产学研用协同创新

按照"一集群一创新平台"要求，开展制造业创新中心提升行动，大力推进企业技术中心、重点企业研究院、产业创新服务综合体等平台建设，实现重点集群创新平台全覆盖。加快健全以企业为主体、市场为导向、产学研相结合的技术创新体系，精准遴选一批产业上下游核心技术、关键零部件和重大装备攻关需求，编制发布集群重点产业关键基础技术和产品创新目录。强化政府对关键技术的支持力度，针对关键技术设立专门攻关项目，或者通过政策方面的倾斜，采取"揭榜挂帅"等方式，鼓励集群内企业、科研机构、高等院校等联合开展关键技术的研发，解决一批"卡脖子"短板问题。在集群内搭建成果转化信息平台，推动科技成果与企业技术需求有效对接，培育和引进高端技术转移转化服务机构。

### （三）注重企业发展，构建大中小企业融通发展生态

聚焦集群做大做强，在集群内深入实施企业创新能力和质量效益倍增计划，支持重点企业开展兼并重组，壮大一批"两高四新"企业。完善支持中小企业发展的政策机制，重点培育一批主营业务突出、竞争能力强、成长性好、专注于细分市场、具有一定创新能力的专精特新"小巨人"企业，引导成长为制造业单项冠军。进一步深化产业链垂直整合和产业间协同联动，培育一批"链主"企业和生态主导型企业，构建线上线下相结合的大中小企业创新协同、产能共享、产业链供应链互通的新型产业生态。

### （四）拓展平台赋能，推动集群线上线下融合发展

实施制造业数字化转型行动，构建以工业互联网平台型企业为主导的产业生态圈。支持集群搭建行业级的工业互联网平台，积极引导企业"上云上平台"，加快数字化、网络化、智能化升级，实现规模以上企业数字化、网络化、智能化技术改造全覆盖。深化虚拟空间与实体空间的融合，提升集群设计、生产、运行和服务全面集成能力，促进产业链融通发展。

### （五）完善集群治理，推动集群发展促进机构蓬勃发展

参照国家工信部竞赛要求，进一步调动全市有关新型研发机构、行业协会学会、科研院所等第三方机构积极性，加快培育一批专业能力强、市场化运营、可持续发展的集群发展促进机构。搭建集群促进机构的学习和交流平台，支持促进机构学习国际先进集群发展经验，探索良性运行机制和造血功能建设，持续增强机构的资源整合能力，更好地支撑产业集群高质量发展。

### （六）创新支持方式，形成集群培育发展政策工具箱

创新资源配置方式优化配置效率，分类施策，引导用地、用水、用电、能耗、人才和金融等各类资源向集群内优质制造业企业和产品集中。实施积极的财政金融政策，通过投资倾斜、设立引导基金、政府采购等积极财政政策，支持集群薄弱领域和关键环节发展。鼓励金融机构面向集群发展需要，加快创新产业链供应链金融产品，建立集群企业白名单，做好针对集群的"一带一"信贷支持。针对重点集群，完善集群企业债券"直通车"机制，建立集群上市培育池。

# 东莞市构建"三链一网"产业集群生态推动智能终端产业自主可控

## ——东莞智能移动终端产业集群高质量发展促进模式

### 广东华中科技大学工业技术研究院

《粤港澳大湾区发展规划纲要》（以下简称《纲要》）提出，东莞是国家在珠江东岸打造具有全球影响力和竞争力的电子信息等世界级先进制造业产业集群的核心城市之一。广东省全面贯彻落实《纲要》要求，出台《广东省人民政府关于培育发展战略性支柱产业集群和战略性新兴产业集群的意见》，并制订了《广东省发展新一代电子信息战略性支柱产业集群行动计划（2021—2025年)》。依托电子信息制造业基础，东莞市智能移动终端产业已呈现了显著的规模优势，拥有华为、OPPO、vivo三大世界级终端企业，智能手机制造规模全球第一，承担打造具有全球影响力电子信息世界级产业集群的重任。与此同时，也面临着中美贸易摩擦和技术封锁新挑战。

广东华中科技大学工业技术研究院（以下简称"华中科大工研院"）是东莞智能移动终端产业集群发展促进机构，探索了"三链一网"集群促进模式（"打造技术创新链""优化产业发展链""建设人才引育链""构建开放合作网"），通过实施集群示范建设实现产业自主可控，抢占新一轮科技革命和产业变革的制高点。

## 一、集群促进机构简介

华中科大工研院是由华中科技大学和广东省东莞市政府采用全新体制建设的公共科技创新平台，是"三部两院一省"（工业和信息化部、科技部、教育部、中国科学院、工程院、广东省）产学研结合示范基地，形成了"团队建设专职化、平台运营实体化、服务产业链条化、体制机制新型化"的特色。

## （一）团队建设专职化

华中科大工研院目前拥有 800 余人的研发团队，其中包括千人计划专家 4 人，长江学者 7 人，国家杰出青年 6 人，海外创新人才 70 余人，共获批国家重点领域创新团队 1 支（2019 年全国 50 家之一①）、广东省创新团队 7 支（占东莞市 18.4%②）。由长江学者特聘教授、国家重点领域创新团队带头人、国家万人计划科技创新领军人才张国军教授担任院长，华为前高级副总裁李晓涛担任副院长，北京机床所产业公司原总经理倪明堂担任副院长，佛山市委组织部原副部长刘元新担任副院长，以上人员均全职在研究院工作。

## （二）平台运营实体化

华中科大工研院是省属事业单位，拥有 3.8 万平方米研发基地，52 万平方米产业园区。先后获批国家创新人才培养示范基地（2018 年全国 30 家之一③）、4 个国家级科技企业孵化器、国家专业化众创空间（全国首批 17 家之一）、国家技术转移示范机构，作为股东发起单位联合建设了国家数字化设计与制造创新中心（全国第 9 家④）。

## （三）服务产业链条化

华中科大工研院构建了"技术创新—技术服务—产业孵化—投资融资"的产业服务链条。牵头建设了广东省智能机器人研究院，拥有 2 个研发基地，打造了"华科城"品牌系列孵化器，已建成 10 个孵化园区（国家级科技企业孵化器 4 家）。其中，松湖华科产业孵化园连续 5 年获评国家级 A 类（优秀）科技企业孵化器。累计孵化企业 1184 家，创办投资企业 73 家，其中创业板、科创板上市及过会企业 10 家，上市后备企业 10 家，新三板挂牌企业 8 家，服务企业超 20000 家。2021 年度"华科城"园区企业总产值约 85.69 亿元（不含基金公司投资企业的产值）⑤。联合东莞市产业投资母基金、广东省粤科松山湖创新创业投资母基金及其他社会资本发起成立了规模 10 亿元的长劲石智能制造专项基金，致力于发展、投资并服务以粤港

---

① 资料来源：《科技部关于公布 2018 年创新人才推进计划入选名单的通知》。
② 资料来源：东莞市科学技术局统计数据。
③ 资料来源：《科技部关于公布 2017 年创新人才推进计划入选名单的通知》。
④ 资料来源：工业和信息化部关于国家制造创新中心建设的系列批复文件。
⑤ 资料来源：单位内部统计整理。

澳大湾区为核心区域的智能制造产业。

### （四）体制机制新型化

华中科大工研院积极进行科技体制机制创新尝试，形成了"事业单位、企业化运作"平台体制，其特色可以用"三无、三有"概括，即"无级别、无编制、无运行费"，但是"有政府支持、有可持续发展能力、有激励机制"。

华中科大工研院在我国制造领域国家重大工程中发挥了重要作用。牵头发起了国家数控一代机械产品创新应用示范工程，完成数控系统推广10000多台，成果获吴邦国委员长批示。建设了全国电机能效提升示范点，注塑机改造全国占有率领先，东莞占有率60%，成果获广东省科技进步特等奖，得到李克强总理批示。建设了国家首批智能制造示范点并被选为交流会唯一示范现场，在前两批152项国家智能制造专项（新模式）中有58项采用华中科大工研院产品，占比38.16%。建立了吉利、格力等示范车间，马凯副总理、苗圩部长现场考察。成为国家首批先进制造业集群发展促进机构，助力东莞培育智能移动终端先进制造业集群。

华中科大工研院建设成果形成了良好的社会影响，被《人民日报》《焦点访谈》誉为全国新型科研机构的典型代表。得到刘延东（时任国务院副总理）、中共十九届中央政治局常委汪洋（时任广东省委书记）、马凯（时任国务院副总理）、全国政协副主席万钢（时任科技部部长）等国家领导人关注，胡春华、马兴瑞等广东省领导人多次现场考察指导。刘延东在刊登有华中科大工研院建设成效和体制机制创新工作的《2011计划简报（2012年第五期)》（2012年10月5日）上批示"华中科大面向区域重大需求与广东东莞合作，推进高端制造业发展，这些经验值得推广"。

## 二、"三链一网"集群促进模式

华中科大工研院以打造世界级智能移动终端先进制造业集群为目标，以"用规模优势打造创新力量，用创新力量保障产业安全"为工作思路，探索设置了"集群规模优势—质量效益强势—自主可控稳势"的发展路径，即，从发挥现有产业基础优势，做大产业规模、做强产业基础能力，到推动产业向高端化迈进，提高发展的质量效益，再到充分发挥龙头企业和产业链关键企业作用，开展核心技术攻关，确保供应链安全，不断增强国际话语权。探索了"三链一网"集群促进模式，采取"打造技术创新链""优化产业发展链""建设人才引育链""构建开放合作网"等举措，打造高质量集群产业生态圈，促进集群创新发展。

### （一）打造技术创新链，突破了系列关键技术

在技术创新方面，华中科大工研院按照"规划牵引—问题导向—协同攻关"的思路开展工作：

#### 1. 规划牵引

华中科大工研院以联盟智能移动终端领域专家咨询委员会为核心，开展了全球智能手机、智能可穿戴设备、服务机器人、智能网联汽车等产业调研，支撑集群制定产业规划，发布了《世界智能手机及移动终端产业发展白皮书（2019）》《东莞市5G产业调研分析报告（2019）》，并以此为支撑，推动、参与制定系列行业政策10余项，为打造世界级集群提供政策保障。

#### 2. 问题导向

针对基础材料、芯片、通信模组、软件开发等技术短板，华中科大工研院规划实施了技术攻关项目。一是支撑东莞市开展产业整体规划布局，初赛以来围绕应用基础研究、核心技术攻关、产业技术改造、重点平台建设、重大公共活动等累计推动实施529项项目，总投入72.27亿元①。二是规划了集群促进专项，实施自身条件建设、公共服务活动、服务平台、实体项目4类项目，计划总投资25712.08万元，实际完成投资26280.46万元，其中国家财政资金支出4455.83万元，省级财政资金支出1437.00万元，市级财政资金支出4522.03万元，单位自筹资金支出15865.6万元②。

#### 3. 协同攻关

华中科大工研院联合基础研究平台、工程技术平台及企业创新平台，围绕产业技术短板开展核心技术协同攻关。在新材料领域，全国第一覆铜板制造企业生益科技，完成了第五代移动通信技术（5G）通信用高频覆铜板的研究及产业化，可完全替代美国罗杰斯同类产品，已应用于华为、中兴、铁塔等5G建设核心企业的基站建设工程。在芯片制造领域，国内第一存储芯片制造企业记忆存储开发了逻辑存储芯片，填补了国内存储器封测技术的空白。产品已应用于联想、惠普等知名品牌手提电脑及OPPO、小米等智能手机中。在核心器件领域，国内迷你/微型发光二极管

---

① 资料来源：东莞市工业和信息化局、东莞市科学技术局统计数据。
② 资料来源：工业和信息化部先进制造业集群项目审计报告。

（Mini/MicroLED）领域领军企业中麒光电，开发了 Mini/MicroLED 超高清显示模块，开发出国内首款板上芯片封装微间距 MiniLED 显示面板。在终端整机领域，全球高端无线耳机/虚拟现实（VR）头显设备第一制造商歌尔集团开发了智能无线耳机及 VR 头显设备，研发成果应用于苹果无线耳机（AirPods）和索尼 PS4VR 设备的设计制造中。

### （二）优化产业发展链，建设了高质量公共服务平台

在产业发展方面，华中科大工研院按照"服务强链—投资补链—升级优链"的思路开展工作：

#### 1. 服务强链

华中科大工研院组织东莞服务机构、产业资源为集群企业提供工业设计、产品检测、品牌营销、产业孵化等产业综合配套服务。例如，工业设计方面，协调组织国内第一原始设计制造商（ODM）企业华勤牵头建设了智能移动终端工业设计研究院，获批广东省首批工业设计研究院资格，并成为全国首批 8 家培育国家级工业设计研究院之一，为行业企业提供战略咨询、设计验证、样品试制、产品测试、数据库支撑等服务，已在手机、笔记本、智能穿戴以及服务器智能终端领域为品牌客户提供设计服务。检测方面，建设的智能终端产品验证平台获批国家信息技术设备质量监督检验中心，开展产品检测服务，获得 5 项国家质量监督检验中心认证，162 项认可标准授权，194 个检测对象，1982 个参数，高温变速检验能力居华南地区首位，支撑华为 5G 网络建设元器件制造，出具 1550 份检测报告。

#### 2. 投资补链

一是壮大本土龙头，打造世界领先品牌。东莞通过引进投资推进重大项目落地的方式支持龙头企业的持续性发展，如推进歌尔股份华南智能制造生产中心规划落地，用于虚拟现实、智能穿戴、智能耳机、智能音箱等产品研发、生产。二是招引关键环节，补齐产业短板。2020 年举办的东莞全球先进制造招商大会上，推进签约紫光国微高端芯片封装测试、阿里云华南区总部项目等重大项目 216 项。三是成立投资基金，培育中小企业。华中科大工研院联合粤科创投、OPPO、vivo 成立 10 亿元产业基金，投资了 23 家智能移动终端上下游企业，其中达瑞电子、东微半导体、冠宇科技等 5 家企业已经上市，英集芯、莱特光电、中微半导体、川股份、比亚迪半导体等 5 家企业过会，补充了东莞智能移动终端产业集群在集成电路、芯片半导体等方面的短板。

### 3. 升级优链

一是实施智能制造，提升产业效率。东莞开展了 4 个国家级智能制造示范项目，10 家企业项目创建省级示范，21 家企业项目创建市级示范，华中科大工研院联合长盈精密、华贝、德普特、生益电子等龙头企业建设了智能工厂。二是开发"上云上平台"，实现网络协同。例如，集群研发机构广东省智能机器人研究院开发的"广智云"，服务华贝电子等集群企业 89 家。三是推广绿色制造，推动工业节能。累计推动 1452 家企业清洁生产验收，产生综合经济效益约 19 亿元。

## （三）建设人才引育链，营造了招才引智良好产业环境

在人才引育方面，华中科大工研院按照"环境引才—政策聚才—平台育才"的思路开展工作：

### 1. 环境引才

充分发挥东莞智能移动终端集群产业规模大、产品配套全、龙头企业强的优势，推动引进高校资源，吸引高端人才落地，营造招才引智良好产业环境。

### 2. 政策聚才

服务智能终端相关产业，推动政府相关部门探索建立分类精准施策的人才政策体系，形成"1＋N"人才政策机制，参与制定 10 余项人才政策，如"十百千万百万人才工程""东莞市高层次人才""东莞市特色人才"等。

### 3. 平台育才

参与人才培育平台建设，推动院校落地，完善本科生、研究生人才培养链条，培育本土高层次创新人才队伍。目前正在推动大湾区大学、香港城市大学（东莞）的规划建设。

## （四）构建开放合作网，树立了集群良好品牌

在开放合作方面，华中科大工研院按照"平台布点—联盟连线—活动织网"的思路开展工作：

### 1. 平台布点

整合高校、科研院所、企业优势资源，重点布局产业合作交流平台，推动新增建设产学研院士工作站 8 个，累计建设国家技术转移示范机构数量 4 个，海外人才工作站数量 8 个。

### 2. 联盟连线

成立产业联盟，推动终端整机、供应商、基建运营商及服务机构等优势整合、能力互补、互利共赢。累计推动建立、联动 19 家行业、产业协会联盟参与到集群建设工作中来，覆盖智能终端、智能装备、5G 信息技术等领域。

### 3. 活动织网

举办了行业展会、对外考察、产业交流、技术论坛等 43 场集群公共活动，包括 5 场高峰论坛，6 次国内调研考察，17 场人才团队引进及培养活动，15 场技术、管理咨询服务，吸引 5000 余家企业参与，受益人数超过 30000 人次。如中国（东莞）智能终端产业博览会、湾区智能终端设计论坛、粤港澳大湾区院士峰会等。

## 三、集群促进成效

华中科大工研院探索的"三链一网"集群高质量发展促进模式应用于推动东莞智能移动终端产业集群发展，在技术创新、产业服务、人才引育、开放合作等方面取得成效：

### （一）核心技术有突破

华中科大工研院联合基础研究平台、工程技术平台及企业创新平台，开展了 5G 移动通信聚对苯二甲酸（PCT）基介电复合材料、5G 高效 PCT 基天线材料、5G 通信用高频覆铜板研发，三维（3D）曲面玻璃屏和陶瓷精密构件研制，Mini/MicroLED 显示模组制造，逻辑存储芯片分装和高能量密度及快充锂电池等技术攻关，研发出可替代美国罗杰斯（Rogers）公司向我国禁售的同类产品覆铜板，开发出我国首款 MiniLED 微间距显示模组 Mini/MicroLED 显示模块，性能指标媲美三星、索尼等同类产品。

### （二）产业服务上水平

联合广东省智能机器人研究院、广东省东莞市质量监督检测中心和广东湾区智能终端工业设计研究院有限公司搭建了智能移动终端人才培训基地、智能移动终端智能制造协同创新中心、智能终端工业设计公共创新平台、智能移动终端验证平台，以及面向智能移动终端先进制造产业的工业大数据服务平台五大公共服务平台，为集群企业提供检测、设计、技术咨询、大数据等服务，服务企业 1600 余家。

### （三）人才引育成规模

对接高校资源，引进人才落地，新增引进超过 4000 名硕士以上集群人才，引进技术人才总数约 18.84 万人。参与人才培育平台建设，推动院校落地，推动大湾区大学、香港城市大学（东莞）等平台的规划建设。

### （四）开放合作树品牌

东莞智能移动终端产业集群以粤港澳大湾区建设为牵引，坚持"引进来"和"走出去"并举，推进集群开放合作。在"引进来"方面，2021 年，东莞统筹 60 平方千米土地高规格规划，设立 100 亿元产业引导基金，形成 500 亿元母子基金群，向全球开放招商，产业项目签约投资总额达 1483 亿元。在"走出去"方面，东莞依托粤港澳大湾区的发展战略机遇，努力打造粤港澳大湾区的国际制造中心，进一步强化了城市的科技创新成果的转化功能、扩大开放合作的示范功能，形成了与香港、广州、深圳更高水平协同联动发展的新格局。

## 四、下一阶段工作方向

### （一）技术创新往深处走，实现自主可控

深入实施创新驱动战略，依托国家和省的支持推动集群内部协同创新，探索组建产业链协同创新中心，以实现自主可控为目标，围绕芯片制造、第三代半导体、软件系统等技术短板开展产业链核心技术攻关。

### （二）平台建设往强处走，打造产业生态

紧抓大湾区综合性国家科学中心先行启动区（松山湖科学城）建设机遇，积极争取国家和省的重大创新平台、国家重点工程化平台布局支持，重点推进基础研究平台、技术创新平台、产业服务平台、人才培养平台的规划建设。

### （三）开放合作往远处走，推动内外循环

持续推动集群网络协同组织向外拓展，从融合广州、深圳科研创新以及惠州产业配套等区域资源，到协同长三角集成电路、京津冀人工智能等国内优势产业集群，再到深度参与国际产业合作分工，由内及外提升产业开放合作水平。

# 2013—2020 年广东省大型骨干企业发展情况评估报告

赛迪顾问股份有限公司

广东省大型骨干企业是指注册在广东省内的营业收入总额在 100 亿元人民币（含）以上的企业和营利性组织。当前，党中央、国务院高度重视优质企业培育工作。国家"十四五"规划纲要也明确提出，要"实施领航企业培育工程，培育一批具有生态主导力和核心竞争力的龙头企业"。大型骨干企业作为优质企业的中坚力量，是广东省经济稳增长、调结构、促改革的中坚力量。多年来，广东省把培育大型骨干企业置于经济发展的战略高度，在保障用地、加大财税支持力度、实施能源资源倾斜、促进创新提质发展、加强金融服务、强化人才支撑等方面形成"一揽子"支持大型骨干企业发展的政策体系和配套措施。

## 一、广东省大型骨干企业培育工作成效显著

### （一）企业数量规模稳步提升，行业分布持续优化

在数量规模上，2020 年，广东省共有 310 家大型骨干企业，较 2013 年增长 129 家，年均增长 18 家以上（见图 1）。在经营效率上，大型骨干企业整体营业收入规模从 2013 年的 7.5 万亿元增长至 2020 年的 19.3 万亿元[①]；户均企业营业收入规模从 2013 年的 400.8 亿元增长到 2020 年的 622.4 亿元，整体及平均单个企业规模呈扩大趋势。企业净利润从 2013 年的 2073 亿元增至 2020 年的 7039 亿元，户均企业净利润从 50.6 亿元增至 71.8 亿元，经营效率不断优化。在产业分布上，2020 年第一产业仅有 1 家大型骨干企业，与 2013 年持平；第二产业 163 家，较 2013 年增长 74 家；第三产业 146 家，较 2013 年增长 55 家。在行业分布上，分布于制造业的大

---

① 少数骨干企业主营业务收入采用预估数。

型骨干企业共计 136 家，较 2013 年增加 63 家（见图 2），占整体企业数量 43.9%，占比较 2013 年增长 3.6 个百分点，发展较为迅速。其次，金融业，信息传输、软件和信息技术服务业、房地产业企业数量分别较 2013 年增长 1.9 倍、2.9 倍和 3.6 倍，

图 1　2013—2020 年广东省大型骨干企业数量

资料来源：广东省工业和信息化厅，赛迪顾问整理，2021 年。

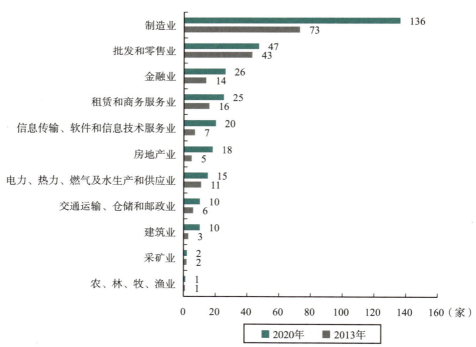

图 2　2013 年、2020 年广东省大型骨干企业行业门类对比情况

资料来源：广东省工业和信息化厅，赛迪顾问整理，2021 年。

也反映出过去近 10 年来这三类行业的快速发展。在制造业中，电子信息、家电合计比重超过六成，体现广东省产业特色。2020 年，全省 136 家制造业大型骨干企业中，计算机、通信和其他电子设备制造业企业 64 家，较 2013 年增加 39 家；以家电为主的电气设备和器材制造业 13 家，较 2013 年增加近 2 倍，两大行业合计占全省制造业大型骨干企业数量 65%，比重较 2013 年增长 22 个百分点。

### （二）企业区域分布不均，企业规模两极分化

在区域分布上，广东省大型骨干企业主要集中在珠三角地区，2020 年，珠三角地区共有大型骨干企业 296 家，较 2013 年增加 123 家，占全省大型骨干企业总数的 95.5%。粤东、粤西和粤北地区大型骨干企业仅占 1%、2.5% 和 1%。其中，广州和深圳分别拥有大型骨干企业 112 家，总计占全省大型骨干企业总数的 72.3%。在营业收入结构分化方面，头部大型骨干企业整体营业收入和规模不断增大，呈现较为明显的"马太效应"。2020 年 500 亿元以上大型骨干企业 86 家，较 2013 年增长 40 家；占整体企业数量 27.7%，较 2013 年上涨 2.3 个百分点。2020 年全省大型骨干企业前 10% 数量的企业规模总计 10.3 万亿元，占整体规模总量 53.2%，较 2014 年增长 12.6% 个百分点。

### （三）民营企业逐渐成为中坚力量，上市企业数量规模持续扩大

在民营企业上，民营企业整体数量实力不断提升。2020 年，民营大型骨干企业 135 家，较 2013 年增长 89 家，占整体企业数量自 2013 年的 25.4% 增长至 2020 年的 43.5%，并于 2020 年首次超过国有大型骨干企业数量。而 2020 年广东省外商投资企业和中外合资大型骨干企业数量分别为 14 家和 6 家，且呈现下降的趋势，凸显民营企业的强劲实力。上市企业数量逐年增长，规模持续扩大。广东省营业收入达百亿元以上的上市大型骨干企业数量从 2013 年的 41 家逐年增长至 2020 年的 98 家[①]；户均企业规模从 2013 年的 497 亿元增至 2020 年的 644.8 亿元，高于全省大型骨干企业营业收入（622.4 亿元）平均水平。

---

① 包含未进广东省大型骨干企业名单但符合条件的上市公司。

## （四）研发创新实力强劲，社会带动效应稳步提升

在研发投入产出上，上市大型骨干企业①研发投入自 2013 年的 222.3 亿元增至 2020 年的 1201.5 亿元，增长 5.4 倍（见图 3）；其中，制造业企业研发投入 1049.3 亿元，占营业收入比重 4.37%。制造业大型骨干企业的研发活动人员数量从 2015 年的 9.5 万人增至 2020 年的 23.7 万人（见图 4），占全省规模以上工业企业研发活动人数从 17% 增至 26%，均位于全国前列。2020 年，广东省制造业大型骨干企业共有专利 25.5 万件，其中，有效发明专利 10 万件，占全省规模以上工业企业有效发明专利 23%，是广东省研发创新的中坚力量。在社会效应上，全省上市大型骨干企业纳税总额②从 2013 年的 1719.1 亿元逐步增至 2020 年的 4600.3 亿元，根据测算③，2020 年广东省所有大型骨干企业纳税总额达 1.16 万亿元。与全省纳税总额相比，2020 年大型骨干企业是全省税收收入④的 57%。企业就业人数从 2013 年的 136.9 万人增至 2020 年的 338.2 万人，其就业人口是全省就业人口总数的 4.8%，较 2013 年提升 2.6 个百分点。

图 3　2013—2020 年广东省超百亿元上市企业研发投入规模及户均投入情况

资料来源：Wind，赛迪顾问整理，2021 年。

---

① 全省 55 家上市大型骨干企业中，40 家有研发投入。无研发投入主要集中在金融业、房地产业以及批发和零售业。

② 纳税总额统计口径为企业财报、现金流量表中"支出的各项税费"，其中包括增值税、所得税等。

③ 根据上市大型骨干企业营业收入与纳税总额的关系做出平均估算。

④ 数据来自广东省税务局 2020 年税费收入情况，其中税务部门组织国内税收收入 20274 亿元，增至 0.2%。

图 4  2015—2020 年制造业上市大型骨干企业研发人员

及占制造业上市大型骨干企业就业人员比重

资料来源：Wind，赛迪顾问整理，2021 年。

### （五）产业链带动不断提升，在重点行业已形成产业生态

广东省大型骨干企业通过专业化分工和资源调配，有效带动和吸引关联性较强的企业集聚。在新一代电子信息产业集群中，华为拥有产业链直接上游供应商 149 家，为华为提供包括软件与服务，半导体设计与生产代工，存储器等软硬件产品及服务，带动市场规模约 5000 亿元。在绿色石化产业集群中，以中海石化（惠州）、中石化（茂名）和中石化（广州）等大型骨干企业为中心，形成了惠州、茂名、广州为主要承载地的产业集群，这些企业发展出直接上游供应商合计 50 家，直接下游企业合计 666 家，带动产业链上下游约 2400 亿元。在汽车产业集群中，广汽集团、比亚迪、东风汽车等营业收入合计近 8600 亿元，占全省规模以上汽车制造业营业收入九成以上。在智能家电领域，珠三角地区以美的、格力、海信科龙、格兰仕等一批全国乃至全球知名家电品牌为代表，形成世界级的家电产业集群，吸引带动珠三角、长三角等多地企业聚集配套。

## 二、面临困难和存在问题

通过分析 2013—2020 年大型骨干企业提出的诉求以及对地市负责大型骨干企

业引导培育的相关部门的走访调查，发现多年来制约企业发展的主要因素仍然是成本上涨以及要素资源短缺等困难。

## （一）生产综合成本居高不下，核心零部件短缺严重

调研中发现近年来我省多行业大型骨干企业均面临不同程度的生产成本攀升的问题，而制造业大型骨干企业除了面临生产成本上涨的压力外，还存在核心零部件短缺问题。在生产成本上涨方面，2020年受到新冠肺炎疫情与国际经贸摩擦的双重影响，广东省以外贸出口为主的大型骨干企业压力骤增，且内销市场竞争激烈，营业收入与市场份额出现收缩。多家制造业企业反映一方面原材料价格大幅上涨，成本剧增，供应链中断时有发生，企业盈利空间大幅压缩。另一方面，以芯片为主的零部件供应受阻，对广东省电子信息产业链下游企业以及智能装备、新能源企业等造成较为严重的产业链"断链"压力，尤其是"缺芯少核"问题较为严重，高端芯片和元器件难以找到国产替代，严重制约了企业的发展。如广汽集团2020年初遭遇省内外零部件供应受阻等问题，芯片紧缺问题严重制约企业产能。

## （二）产业结构升级有待加快，企业数字化转型带动能力不足

从全国水平上看，广东省产业转型升级走在全国前列，但是相较于美国、日本、德国等发达国家，仍然存在明显的短板。一方面，随着新一代科技革命和产业革命的不断推进，工业经济将进入转型阵痛期，广东省大型骨干企业的传统产品线增长乏力，新项目新产品形成龙头带动作用需要一定周期，短期内企业新老业务交替接续断档问题不容乐观。如格力电器的空调业务进入发展的红海市场，再加之近年来房地产市场收缩，家用空调需求整体营业收入增长缓慢，依靠销售返利的经营模式触及销售"天花板"，但是格力电器的空气净化机、小家电、装备等新产业目前还处于市场扩张阶段，且面临严重的同质化竞争，对企业发展的支撑作用尚不明显。广汽集团和比亚迪集团同样面临传统燃油汽车的营业收入大幅下降的困境。虽然新能源汽车销量不断提升，但市场竞争激烈，且受到"芯片荒"和购车补贴的下滑，比亚迪等新能源汽车龙头企业出现连续的业绩下滑。另一方面，大型骨干企业带动产业链上下游中小企业数字化转型能力不足，其中原因包括生产环节的装备或软件多为定制化，难以推广，而骨干企业在建立数字化行业标准和打造数字化转型标杆方面意识不强，故数字化转型知识溢出未形成。

## （三） 要素供需矛盾仍然突出，企业增值扩产资源不足

调研中发现，制约大型骨干企业发展的要素资源主要是发展空间、人才与资金和能源。在发展空间方面，广州、深圳、佛山、东莞等珠三角地区发展空间日益饱和，新增建设用地规模和计划指标有限，加之村级工业园改造、盘活存量用地推进较慢，难以全面解决土地供求矛盾，而云浮、河源、清远等粤东西北地区受限于严格的环评标准，大量项目难以实现省内转移，大型骨干企业增资扩产面临限制。在人才方面，除了一线普工短缺外，技能型研发型人才的供需缺口也在不断增大，其中最主要的原因在于广东理工类教育较为落后，难以满足前沿领域大型骨干企业打造产业链生态主导型企业实际需求。在资金方面，企业普遍反映技改或研发项目资金申报验收规则烦琐，且存在评审不专业，资金下达周期长等问题。部分企业也反映存在资金紧张，融资难、融资贵的问题，如广州城投承办项目来源多是金融机构融资，利息负担重。在能源方面，近年来"用电荒"问题时常困扰企业，尤其是对于制造业企业，因为限电所导致的停工停产严重地影响了企业的正常生产经营，对于按时交货、合理排班造成了较大的压力。

## （四） 企业发展不平衡，均衡化发展能力不足

从大型骨干企业发展现状和趋势看，整体呈现出较强的分化态势。区域方面，大型骨干企业主要集中在珠三角地区特别是广州、深圳两地，粤东、粤西、粤北无论是企业数量还是企业规模均大幅落后于珠三角地区。这既是经济发展遗留下来的历史问题，也是区域分化形势进一步加深的结果。行业方面，金融、房地产等行业的企业其发展规模也明显高于其他行业。而企业内在也呈现加深两级分化的发展态势，调研中也发现，大型骨干企业往往获得较多的政府支持与市场订单，而中小企业往往在生存线上"挣扎"，整体上呈现"强者恒强"的态势，若在大型骨干扶持发展中不注重引导中小企业的健康发展，这容易造成垄断现象的出现，也不利于产业链健康持续的发展。

## 三、对策建议

### （一） 依托战略性产业集群建设，打造大型骨干企业引领的优质企业集群

一是将大型骨干企业培育与引进工作与战略性产业集群培育建设相结合。围绕

战略性产业集群培育建设"立柱"工程，鼓励采用灵活招商政策加快大型企业引进，支持和引导大型骨干企业积极开展强强联合、上下游整合等多种形式的并购重组。二是完善由大型骨干企业为引领的产业生态。鼓励大型骨干企业发挥行业引领作用，通过开展上下游产业链梳理与研究工作，明确产业链"补短板"重点，积极引进上下游配套企业。三是鼓励大型骨干企业加强研发，打造品牌效应。鼓励大型骨干企业聚焦产业集群建设中重点领域和环节的基础零部件、基础材料、基础工艺、基础软件方面的布局，着力突破关键技术，带动产业集群实现工程化、产业化发展，引领实现"短板突破"。引导大型骨干企业加强产品创新与品质提升，打造品牌效应。

### （二）优化企业梯队培育机制，形成大中小企业融通发展机制

一是鼓励企业增资扩产，实现规模晋升。政府需要保持存量企业的活力与推动其加快转型升级的步伐，通过深挖内潜，出台激励措施，鼓励引导大型骨干企业在当地扩大规模再投资。鼓励大型骨干企业加快向高端化、智能化、数字化、绿色化转型。二是推动激发市场主体活力，鼓励后备骨干企业做大做强做优。创建公平法治社会环境，不断激发市场主体活力。对推动后备骨干企业晋升为大型骨干企业制定相应奖励政策。三是加快形成优质企业梯队培育的机制与发展氛围。以领航企业、单项冠军企业、专精特新"小巨人"为重点，分梯队出台相应的培育政策。

### （三）优化资源要素供给，强化对优质企业优质项目资源配置

一是强化对企人才智力支撑，推动各市区均衡引才。根据广东省产业特色，加快理工科教育的学科建设与规模质量提升，尤其是围绕微电子、新材料等领域开展学科建设与人才培养。二是强化对优质企业、优势项目的产业用地与空间保障。推广建设用地分类管理先进经验，引导各地探索设立新兴产业用地。鼓励大型骨干企业积极盘活存量用地，促进存量资源集约高效利用。三是支持企业开拓国内外市场。支持大型骨干企业加强研发设计与提升管理和销售能力，提升产品市场竞争力，抓住 RCEP 机遇和"一带一路"建设，引导企业积极开拓国际市场。

### （四）全面优化对企服务质量，打造世界一流营商环境

一是优化完善对企服务机制。继续深入开展省、市领导挂点服务企业活动以及优化"直通车"的制度，为大型骨干企业提供"一对一"专门服务。推动各部门涉

企数据信息的公开和共享，提高"一网通办"服务能力，加强政府部门内部联动协调。二是加强企业周边基础设施建设。优化大型骨干企业周边交通、治安、文化娱乐等生活配套设施及公共服务，重点解决企业员工基本生活需求。加强企业员工住房、子女就学、就医等保障，建设宜居宜业的产业新城。三是创建企业沟通交流平台，打造高质量展会、论坛平台，为大型骨干企业之间开展研发创新、管理、销售领域的合作对接创造优势条件。

# 培育壮大单项冠军企业群体
# 推动广东省制造业高质量发展

北京市长城企业战略研究所[*]

制造业单项冠军企业是指长期专注于制造业某些特定细分产品市场，生产技术或工艺国际领先，单项产品市场占有率位居全球前列的企业。单项冠军企业在制造业产业链中居于引领地位，是制造业创新发展的基石。当前，我国制造业单项冠军企业已成为解决"卡脖子"问题、提升制造业产业链供应链韧性的中坚力量。《中华人民共和国国民经济和社会发展第十四个五年规划和2035年远景目标纲要》明确提出，推动中小企业提升专业化优势，培育制造业单项冠军企业。国家工信部于2016年启动制造业单项冠军企业培育工作，截至目前，已累计遴选六批共计848家单项冠军企业[①]，其中，单项冠军示范企业455家、单项冠军产品393家。新时期，培育制造业单项冠军企业已成为推动制造业高质量发展的重要手段。

## 一、广东省制造业单项冠军企业发展概况

### （一）广东省单项冠军从业年限平均超过20年，超六成集中在新一代电子信息、高端装备制造、先进材料三大产业领域

单项冠军企业数量位列全国第四，全国占比逐年增加。广东省共有85家制造业单项冠军企业，其中，37家单项冠军示范企业、48家[②]单项冠军产品。广东省单项冠军企业数量占全国总量的比重从第一批的5.88%增加至第六批的13.51%，企业数量实现倍增（见图1）。从全国范围来看，广东省单项冠军企业总量排名第四，位居浙江（155家）、山东（153家）、江苏（130家）三省之后。

---

&ast; 本文作者：侯晓月、纪维谦、孔伟强。

① 根据工信部公布名单统计，前三批为复核后数据。

② 深南电路股份有限公司、中国南玻集团股份有限公司2家企业分别入选2项冠军产品。

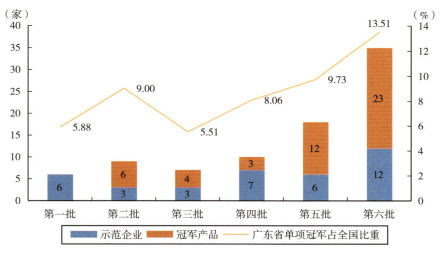

图 1　广东省单项冠军数量及全国占比情况

　　长期聚焦细分领域发展，从事主营产品年限平均超过 20 年，部分"年轻"企业创新开辟新赛道，成就新一代"国货之光"。85 家单项冠军企业从事主营产品年数平均为 21.8 年。其中，10～20 年的企业数为 34 家，占比 40%；20 年以上的企业数 47 家（见图 2），其中，中船黄埔从事主营产品年数更是超过 40 年。这些冠军企业长期专注特定细分产品市场，产品市场占有率位居全球前列，例如，视源电子位居全球液晶显示主控板卡行业第一、金发科技是全球出货量领先的改性塑料研发生产企业、广电运通保持自动取款（ATM）机国内市占率第一、珠江钢琴在钢琴品类中产销量位居全球首位；5～10 年的企业数为 4 家，包括华大智造、Insta360 等"独角兽"企业。其中，Insta360 成立于 2015 年，成立当年即率先推出全球首款 4K 级全景相机，通过不断技术及产品创新，凭借其图像处理技术优势在全景相机行业中逐步抢占市场份额，2020 年全景相机全球市场占有率 35%，排名第一[①]，成为全景相机细分赛道冠军企业，以一流的技术产品重新定义了"中国制造"，成就"国货之光"。

　　超六成企业集中在新一代电子信息、高端装备制造、先进材料三大产业领域。广东省单项冠军企业分布在新一代电子信息、高端装备制造、先进材料、智能家电、生物医药与健康等 12 个产业领域（见图 3）。新一代电子信息、高端装备制造、先进材料三大产业领域聚集 56 家企业，占广东省单项冠军总量的 65.9%。其中，新

---

　　①　根据 Greenlight Insights 的数据。

一代电子信息领域企业 24 家，包括广电运通、海能达、欧菲光等国内外知名企业，涵盖通信设备、智能终端、半导体元器件、物联网传感器等产品领域。

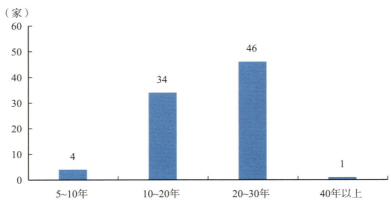

图 2 广东省单项冠军企业主营产品从事时间分布情况

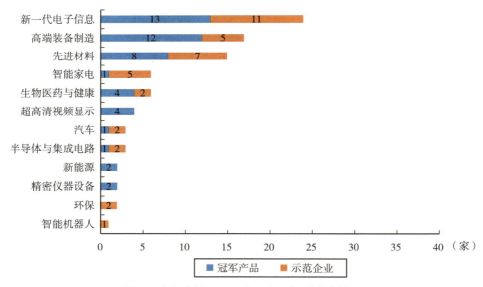

图 3 广东省单项冠军企业产业领域分布情况

深广佛三地集聚近九成企业，东莞等三地首次出现单项冠军。广东省单项冠军企业分布于 8 个地市，广深佛三地共聚集 75 家单项冠军企业，占比 88.2%（见图 4）。其中，深圳入选 15 家示范企业和 32 家冠军产品，数量居全省第一。东莞、肇庆、江门 3 个地市于 2021 年（第六批）均首次出现 1 家单项冠军企业。粤东、粤西、粤北地区仅潮州市拥有 1 家单项冠军企业。

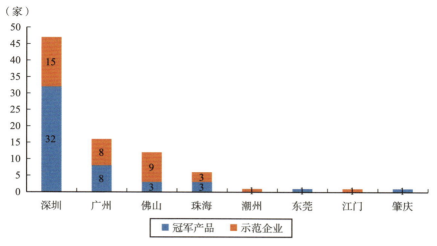

图4　广东省各地单项冠军分布情况

## （二）广东省单项冠军创新投入与产出水平显著高于浙鲁苏三省，盈利能力等发展质效指标位居全国前列

广东省单项冠军中上市企业比例高于浙、苏、鲁三省。广东省单项冠军企业中国内主板上市企业45家，占比52.9%，上市企业比例高于浙江（79家，51.0%）、江苏（50家，38.5%）、山东（41家，26.8%）三省（见图5）。

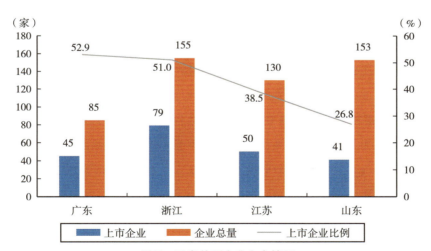

图5　四省单项企业上市情况

广东省单项冠军企业创新投入、产出均高于浙、苏、鲁三省，突破"卡脖子"核心技术，打破国外技术垄断。在创新投入方面，2020 年 45 家主板上市的单项冠军企业平均研发经费投入 6.13 亿元、研发投入强度 4.66%，高于其他三省（见图6）。在创新产出方面，广东省单项冠军企业平均拥有有效专利超过 1675 件，远高于山东（460 件）、浙江（356 件）、江苏（352 件）三省。广东省单项冠军企业通过不断研发创新，打破国外技术垄断，占领细分市场领域。其中，华大智造是国内唯一、全球第三家①能自主研发并量产临床高通量基因测序仪的企业，其研发的测序仪不仅能够比肩美国同级产品，还在部分关键指标上有所领先，使得测序仪真正实现了"中国智造"，打破了国外公司的垄断。

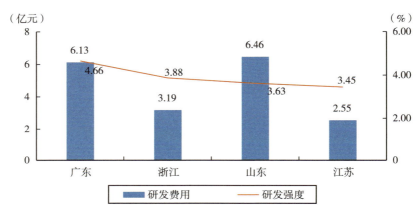

图 6　四省单项冠军上市企业 2020 年研发经费投入情况

广东省单项冠军企业营业收入规模、盈利能力均位居全国前列。2020 年，广东省 45 家主板上市的单项冠军企业平均营业收入 131.55 亿元，是浙江省、江苏省单项冠军上市企业平均营业收入的 1.65 倍、1.98 倍（见图7）。其中，格力电器 2020 年营业收入超 1500 亿元，欧菲光、传音控股、金发科技、鹏鼎控股等 7 家企业营业收入超过 200 亿元。企业平均净利润 13.5 亿元、净利润率 10.26%。其中，健帆生物、金溢科技、科安达、潮州三环、迈锐生物 5 家企业净利润率超 30%。

① 目前在全球范围内，具有自主研发并量产临床级高通量基因测序仪能力的企业主要是三家：因美纳（Illumina）、赛默飞世尔（Thermo Fisher）及华大智造。

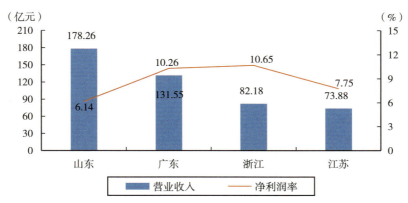

图7　四省单项冠军上市企业 2020 年经营情况

　　广东省单项冠军企业出口额高于浙、苏两省。2020 年 45 家国内主板上市的单项冠军企业平均出口额 45.40 亿元，占营业收入总额的 34.51%，仅次于山东省（72.35 亿元，40.59%）（见图 8）。在新冠肺炎疫情爆发之际，广东省部分单项冠军企业及时调整国际化道路布局，有序推进各项工作开展，出口额创新高。其中，昊志机电于 2020 年初收购瑞士瑞诺（Infranor）集团，将产品横向拓展至运动控制器、伺服电机和伺服驱领域，大力开拓海外市场。在疫情期间，开发了具有自主知识产权的超声波焊接系统等口罩机核心部件，替代传统人工焊接方式，提高了口罩机生产效率。公司 2020 年实现营业总收入 8.7 亿元，同比增长 148.8%；出口额 2.35 亿元，同比增长 1852%。

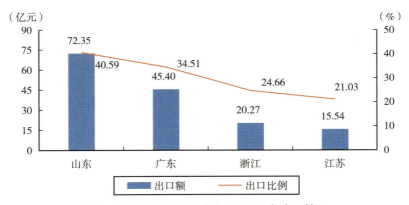

图8　四省单项冠军上市企业 2020 年出口情况

**（三）广东省单项冠军企业总量偏少、挖掘不充分、扶持政策不足等问题仍较为突出**

一是单项冠军企业总量少，与广东省制造业大省地位不符。2020 年，广东省规模以上制造业企业数量超过 5 万家，居全国第一；年营业收入超百亿元制造业企业达到 115 家；家电、电子信息领域部分产品产量全球第一，汽车、智能手机、4K 电视等产品产量位居全国首位。但广东省单项冠军企业仅 85 家，占全国总量的 13.5%，仅为浙江省总量的 54.8%。

二是单项冠军企业挖掘不充分、不深入。例如，东莞 2020 年规模以上工业总产值 2.2 万亿元，但其单项冠军企业仅 1 家。反观淄博，2020 年规模以上工业总产值 4685 亿元，拥有单项冠军企业 17 家；佛山于 2020 年开展"隐形冠军"企业培育，挖掘隐形冠军企业 147 家，佛山高新区连续多年开展"单打冠军"企业培育，2019—2021 年累计挖掘"单打冠军"超过 145 家，但国星光电、伊之密、开利暖通等行业龙头仍处于"隐形"状态，未入选全国单项冠军企业名单。

三是省、市层面单项冠军扶持政策不足。全省层面尚未出台单项冠军企业专项扶持政策，地市层面仅广州、深圳、佛山、惠州出台了单项冠军培育相关政策，政策扶持力度不足。反观浙江、山东和江苏等兄弟省份，纷纷投入"真金白银"支持单项冠军企业发展。例如，江苏省于 2017 年初提出"单项冠军"企业培育提升计划，对国家级单项冠军企业，省级相关专项予以不超过 100 万元奖励，并在政府采购和各项工程招标中对相关企业产品给予适当加分；山东省财政从 2017 年起，把单项冠军示范企业和培育企业奖励标准提高 1 倍，分别达到 200 万元、100 万元，两年共安排激励资金 4000 万元；宁波市已累计兑现奖励资金 3.29 亿元，并对单项冠军培育企业的技改投资项目等方面予以优先支持。

## 二、先进地区培育单项冠军企业的经验做法

**（一）浙江省：强化技术支撑、加强省区市协同，双链路推动"单项冠军之省"建设**

浙江省高度重视单项冠军培育工作，出台《浙江省建设制造业"单项冠军之省"实施方案》，加快实施"关键核心技术—产品—企业—产业链—产业集群"和

"冠军企业—冠军企业群体—单项冠军之城（县）—单项冠军之省"双链路培育计划。打造核心技术驱动的冠军成长模式，着力提升企业自主创新能力。设立省级专项资金，优先支持冠军企业开展重大科技攻关、产业链协同创新、生产制造方式转型、首台（套）和新产品研发推广应用；依托省人才服务云平台，建设"高精尖"人才库，为单项冠军及培育企业免费提供人才招聘、技术难题揭榜挂帅等服务；每年支持实施一批引领性首台（套）工程化攻关项目，形成一批首台（套）装备、首批次新材料、首版次软件。构建省区市联动的企业发现培育机制，形成单项冠军企业培育合力。建立单项冠军省级培育库，定期遴选一批企业入库培育，加强入库企业的监测评估，形成省级层面"科技型中小企业—隐形冠军和专精特新"小巨人"企业—单项冠军企业—高市值上市企业—世界级领军企业和链主企业"五企培育体系；支持各市县结合本地优势产业，加强单项冠军企业培育，适时适度发布各地单项冠军培育情况，争创"单项冠军之城""单项冠军之县"，以点带面形成竞相发展、比学赶超的发展格局。

**（二）山东省：深化企业精准培育，启动全国首个省级单项冠军培育提升计划**

山东省把培育制造业单项冠军作为推动制造业转型升级、培育制造业发展新动能、提升发展质量和效益的重要抓手。率先在全国启动省级单项冠军培育提升工作。2016 年，山东省在全国率先出台单项冠军企业扶持政策。2017 年，发布升级版《山东省制造业单项冠军企业培育提升专项行动实施方案》，对经认定的单项冠军示范企业和培育企业奖励标准提升至 200 万元、100 万元并开展企业精准培育服务。开展全省单项冠军遴选及动态管理，形成山东省制造业单项冠军企业集群。2017 年起，山东省启动全省制造业单项冠军企业遴选工作，形成全省冠军企业库，并开展动态管理，每 3 年开展一次企业评估，截至目前全省已入库企业达到 557 家[①]；组织冠军企业跨行业横向交流，共同探讨影响行业企业发展的共性关键问题，向政府反映企业诉求，加强跨界融合和产业链配套。开展企业精准培育，推动企业对标对表单项冠军发展。总结归纳国家级单项冠军企业的成功经验，每年选择一批典型经验，通过编写案例集、组织培训班、召开经验交流会、企业现场会等多种形式进行

---

① 资料来源：山东举行制造业高质量发展情况发布会，http://www.scio.gov.cn/xwfbh/gssxwfbh/xwfbh/shandong/Document/1717544/1717544.htm。

示范推广；组织培育企业开展同行业单项冠军企业对标活动，明确 2～3 家同行业竞争力强的对标企业，找准影响本企业发展的关键性问题，提出应对策略；组织专家对培育企业在质量、技术、创新等方面开展一次全面诊断，帮助企业整改提升。

### （三）江苏省：充分挖掘冠军企业后备军，推动专精特新"小巨人"成长为单项冠军企业

江苏省将制造业单项冠军企业培育列入年度重点工作，按季度督导工作进展和目标任务完成情况，重点引导中小企业专精特新发展，推动企业做大做强，争创制造业单项冠军。专精特新培育工作实现设区市覆盖，挖掘培育冠军企业后备军。江苏省印发《江苏省"千企升级"三年行动计划（2020—2022 年）》，在全省 13 个设区市范围内全部组织开展专精特新"小巨人"企业培育认定工作，建立上下互通的单项冠军企业储备库，支持专精特新"小巨人"企业成长为单项冠军。加大政策扶持力度，支持单项冠军企业发展。出台《关于加快发展先进制造业振兴实体经济若干政策措施的意见》，对国家认定的单项冠军示范企业给予 100 万元奖励，并在政府采购和各项工程招标中对相关企业产品给予适当加分，对于企业建设创新中心、重大技术攻关等方面给予最高 3000 万元专项资金支持。加强宣传推广，形成冠军企业品牌影响力。江苏省联合《新华日报》共同开展持续 6 个月的"走进制造企业，问道榜样力量"系列宣传报道，对全省单项冠军企业进行专题采访，扩大单项冠军企业知名度和影响力。编撰《江苏"单项冠军"成长之路》，免费赠送至全省千家专精特新"小巨人"企业，示范引领全省制造业单项冠军培育提升工作。

## 三、对壮大广东省单项冠军企业群体的建议

### （一）构建单项冠军梯度培育体系，建立省市协同培育机制

在全省层面建立分类分级、动态跟踪、省市协同的单项冠军企业梯度培育体系，系统推进单项冠军企业的挖掘、遴选、认定、培育工作。一是省工信厅牵头制定《广东省制造业单项冠军企业遴选管理办法》，明确制造业单项冠军企业遴选认定要求及入库管理程序，提出培育入库奖励、技术创新奖励、数字化发展奖励、融通发展奖励等方面扶持政策举措。二是建立"专精特新'小巨人'企业—单项冠军企业—链主企业"的梯度培育体系，支持专精特新"小巨人"企业成长为单项冠军企

业，引导单项冠军企业发展成为具有生态主导力、国际竞争力的"链主"企业，构建大中小企业融通创新发展产业生态。三是鼓励各地市结合自身发展情况，因地制宜开展企业遴选培育工作。支持珠三角城市做大培育企业群体，培育若干具有全球影响力的冠军企业。支持粤东、粤西、粤北城市深入挖掘优质企业资源，实现国家级单项冠军企业数量"破零"。四是指导各地市持续开展企业调研、跟踪服务，组织全省单项冠军培育企业开展对标活动，精准把握企业发展问题，高效对接企业发展资源，推动企业加快成长为单项冠军企业。

### （二）建立单项冠军"揭榜挂帅"模式，突破重点领域"卡脖子"技术

着力强化企业自主创新能力，突破一批"卡脖子"技术、打造一批关键核心零部件及产品，走出一条技术创新引领的"冠军企业"发展道路。一是系统梳理新一代电子信息、高端装备制造等重点产业领域的关键核心技术、"卡脖子"技术、前沿引领技术等，制定关键核心技术攻关计划清单，实施"单项冠军出题、政府立题、创新资源协同破题"的"揭榜挂帅"创新模式，重点支持填补国内空白、国产替代、突破"卡脖子"的重大创新项目，加快推动一批重大科技成果转化与产业化。二是支持单项冠军企业加大研发投入，联合高校院所建设新型研发机构，聚焦制造业高端环节，强化技术创新再造与关键核心技术攻关，培育一批"杀手锏"技术和产品。

### （三）加强产业数智化赋能，打造全球智能制造标杆

全面推进单项冠军及培育企业数字化、智能化转型，深入落实《广东省制造业数字化转型实施方案》，全面深化产业互联网运用，打造若干智能制造标杆，提升制造业数字化竞争力。一是支持单项冠军及培育企业加强数字化顶层设计，推动生产设备与信息系统的全面互联互通，促进研发设计、生产制造、经营管理等业务流程数字化升级，推动若干单项冠军企业进入全球"灯塔工厂"榜单，打造全球智能制造标杆。二是支持单项冠军企业牵头建设工业互联网平台，开放先进技术、应用场景，将数字化转型经验转化为标准化解决方案向行业企业辐射推广，数字化赋能产业链各环节单项冠军培育企业。

### （四）强化资源要素与服务供给，构建冠军企业培育生态

围绕单项冠军企业个性化需求，强化人才、金融等方面的资源要素和服务供给，

推动更多培育企业成长为单项冠军。一是强化人才智力支撑，建立"单项冠军"人才库，为冠军企业提供人才对接等服务，重点推动"高精尖"技术创新人才和"智能制造"复合型人才向单项冠军及培育企业集聚。二是加强金融支持，优先将单项冠军及培育企业纳入上市后备企业名单，优先安排省级产业投资基金，支持单项冠军及培育企业围绕主业做大做强。三是开展企业精准培育，围绕企业发展过程中面临的问题和痛点，邀请相关领域资深专家、企业家等开展会诊交流，多角度提出解决方案。四是强化单项冠军品牌影响力，加大宣传推广力度，依托"大手拉小手"系列活动，联合央视网、《南方日报》、广东电视台等媒体开展粤冠军企业系列报道，举办广东省单项冠军企业年度论坛活动，打造全省单项冠军企业发现培育热潮，提高单项冠军企业的影响力。

# 04

# 转型升级篇

# 关于以产业集群数字化转型为关键路径提升广东省产业竞争力的机制改革研究

广东省工业和信息化厅工业互联网处

《广东省数字经济促进条例》明确提出：县级以上人民政府及工业和信息化等有关部门应当结合本地实际，推动产业集群利用工业互联网进行全要素、全产业链、全价值链的连接，通过信息、技术、产能、订单共享，实现跨区域、跨行业资源的精准配置与高效对接。产业集群是广东省产业发展的基础与特色，但仍存在结构性产能过剩和产业创新能力不足等问题。产业集群数字化转型可加速效率变革、有效解决广东省结构性产能过剩问题；可推动质量变革、动力变革，助力解决广东省产业创新能力不足问题，是新发展阶段广东省产业竞争力提升的关键路径，对广东省打造新发展格局战略支点具有重要意义。建议将产业集群数字化转型纳入省综合改革试点，系统集成、协同高效予以推进，具体对策包括优化部门协同管理体制、强化顶层设计、开展立法试点、加快培育数据要素市场、加速行业共建共治共享、设置数字化与税收不挂钩的过渡期、打消企业上平台顾虑、改革财政支持机制、集中培育平台型组织、改革复合型人才培训机制、促进产教深度融合、强化平台经济新业态的宣传培训与智库支撑等。

改革开放以来，广东凭借在全国先行一步的政策优势和毗邻港澳的区位优势，抓住国际产业转移和要素重组的历史机遇，大力推进工业化，迅速扩大产业规模，形成了门类齐全、规模庞大的制造业体系，奠定了建立世界先进制造业基地的雄厚基础。全省拥有规模以上工业企业超 5.8 万家、市场主体超 1300 万家（其中企业主体 500 多万），覆盖工业门类 40 个。省级以上工业园区达 153 个，形成深莞惠电子信息产业集群、珠江西岸装备制造产业带、广州及周边地区汽车产业集群、佛山家电和建材集群、东莞服装产业集群等具有国际影响力的制造业基地。广东省产业竞争优势主要来源于产业上下游紧密联系产生的协同经济、产业高度集群化发展所产生的范围经济和规模经济，以及过去 40 年在全球产业链供应链分布格局中所塑造的吸附力。产业集群是广东省产业发展的特色与基础，但仍存在结构性产能过剩和产业创新能力不足两大问题，在全球产业链布局重构加速和我国进入新发展阶段的时代背景下亟须提升产业竞争力。

## 一、产业集群数字化转型是广东省产业竞争力提升的关键路径

### （一）产业集群数字化转型加速效率变革，可有效解决广东省结构性产能过剩问题

全球工业发展历史表明，工业经济时代的标准化生产和大规模制造特征，可以快速以更低的成本生产出更多的产品，但容易带来供给侧的产能过剩。广东省通过劳动力、土地等比较成本优势获得国际产业外包、投资拉动等，实现了快速工业化，享受了改革红利，但同时也出现低端产能结构性过剩，如纺织服装、塑胶日用品、五金制品、家电、家具建材等行业，产品附加值低、品牌效益不明显、库存积压等问题日益突出，而日益增长的小众新品和个性化、高品质产品等需求却难以与生产匹配。

对此，需顺应消费需求变迁趋势，从供给侧解决结构性失衡问题，针对产业生产体系循环不畅通和供求脱节等进行体系化改造，减少低端无效供给，培育发展新动能。产业集群数字化转型就是充分发挥数字技术在传统产业发展中的赋能引领作用，从全产业链整体视角系统性推进数字化转型，培育高工业特征、富软件生态的工业互联网平台。工业互联网平台成为指挥实体集群经济运行的"中枢"，产业链所有的生产要素、所有业务对象在平台上有机协同匹配，构建供给、需求、流通、分配的精细化协作机制和高效组织体系，形成开放的生态连接，大大提升供求匹配效率，大幅降低供给侧成本，推动效率变革。平台通过数字化重构经济运作方式，实现从供给推动向需求拉动转变，避免库存积压的无效生产与大量浪费，重塑微观经济体活力，充分激发传统产业的新活力。

### （二）产业集群数字化转型推动质量和动力变革，可助力解决广东省产业创新能力不足问题

广东省高端制造和创新能力不足，制造业质量竞争力指数连续 6 年居全国第六，

产品质量品牌建设上存在不少差距。不少产业关键环节和关键零部件仍然掌握在国外企业手中，制造业"缺芯少魂"问题突出，高端芯片90%依赖进口，高端自动控制系统高档数控机床80%依赖进口。智能手机85%以上的元器件、汽车电子用95%以上元器件依赖进口。广东省拥有超11万亿元的地区生产总值，却没有孕育出世界级的工业软件企业。

广东省产业创新能力不足的重要原因是原来更多定位于世界制造基地，优秀的供应链制造资源更多在为外贸或国际品牌服务。从制造到创造、贴牌到品牌，并非难以跨越，新发展阶段随着消费者的代际变迁，出现了许多新变化，以用户体验为中心的本土设计和原创品牌等创新创业类中小微企业层出不穷。与原来大众化品牌所需的规模化标准化生产不同，新消费品牌更需要柔性化、智能化、快速响应需求的配套产业链支撑。产业集群数字化转型可精准聚集大湾区优质供应链资源、高效对接设计和品牌创新团队试错创新，为广东省质量和动力变革提供强有力支撑。随着产业链基于工业互联网平台生态不断丰富完善，品牌的迭代越来越快，试错和创新成本越来越低，越来越多的创新创意品牌将相继产生。同时，基于工业互联网平台的产业集群数字化转型，可有效加速产业链上产品、设备、工艺流程、管理等数据和知识的融合创新，促进集群企业间的价值链相互交叉、深度互动，有效连接创新链和产业链、贯通科技成果转化全流程，是产业链构建创新生态网络系统、以集体行动的市场化新机制解决"卡脖子"问题的重要路径。

## 二、广东省产业集群数字化转型推进情况与主要问题

### （一）推进情况

广东于2019年在全国首创提出"产业集群数字化转型"试点，按照"坚持系统思维、供需双向互动"的导向，从产业链集群一体化协同出发，先后推动了电子信息、小家电、箱包皮具、模具等16个产业集群试点，探索出一条按产业链供应链整体数字化转型的创新路径。如揭东日用塑料品产业集群对标中小微企业生存现状，在2020年疫情期间用了5个月时间打造了中央工厂先进制造模式，盘活集群区域存量设备，聚合小散微企业协同创新，相对于传统生产经营模式，中央工厂生产成本降低25%、质量提升15%，以每平方米产出提升2.2倍的优势大大超越同行，验证了工业互联网让制造更简单、更高效的使命价值。肇庆大旺高新园区智慧用能服务

产业集群以工业园区为入口，构建面向双碳的能源互联网园区数字化新基建模式。通过市场化的力量，不到半年数字化服务覆盖了肇庆市高新区 75% 的规模以上企业，满足了园区超过 100 家企业的能源服务需求，以及园区管委会的统筹管控与产业培育需求。

通过近 3 年的探索实践，广东在产业集群数字化转型这场数字化改革中不断践行"有效市场 + 有为政府"的指导原则，形成了"生态主导、智库指导、政府引导"共建共治共享的产业转型新工作模式，创造了"一行业、一园区、一平台、一站式"的产业链协同转型与制造业创新中心建设新路径，积累了体制机制、组织方式、手段工具等方面全方位、系统性改革的操作经验，为推进广东数字经济与实体经济的融合发展初步探索出了改革路径。

### （二）主要问题

#### 1. 数字化改革意识亟须突破

产业集群数字化转型本质上是产业整体转型的升维换道，是供给侧结构性改革推动产业高质量发展的具体实践，需要坚持系统思维，面向集群转型需求，梳理产业链图谱，一盘棋考虑顶层设计。目前部分政府职能部门容易受到以往企业技术改造、信息化等工作影响，局限于打造单个企业标杆等传统方式，理念和意识与数字经济重构产业的变革逻辑还不能很好匹配。浙江省委于 2021 年 2 月提出数字化改革的"1 + 5 + 2"战略思路，在数字经济领域聚焦浙江的块状经济和产业集群采取揭榜挂帅方式打造"产业大脑"等产业链新型链主，其做法值得借鉴。

#### 2. 产业集群数字化的深层次问题仍有待深入挖掘

产业集群数字化转型既需要找到产业发展存在的大问题，也需要发现产业升级的小细节。目前制造业场景较为封闭，如产业链云平台、工业软件、智能装备的研发和迭代，需要制造业开放场景和工艺数据，与数字化技术服务商企业共同找到共性问题和共性需求，开发形成工业机理模型。目前产业的需求调研还不深入、行业共性提取凝练得不够，亟须集群典型企业、行业协会、数字化服务商、工业互联网平台商、智库咨询机构等开展联合调研，分行业领域梳理产业痛点、问题清单和业务场景，通过科学决策形成真正推动产业转型的任务清单。

#### 3. 产业创新联合体对接机制尚不完善

产业创新联合体是推动产业集群数字化转型的生态变革型组织，是产业链平台的建设和运营者，同时也是产业链协同创新的实践者，既需要各行业领域"懂行人"的引领、产业变革型企业的场景，也需要数字化平台商、服务商的技术支撑。目前推进的产业集群数字化转型大多靠"碰运气"发现和联结产业创新联合体，亟须建立常态化的精准对接机制来发掘、培育和孵化各细分领域的联合体组织。

## 三、加快产业集群数字化转型的机制改革对策

产业集群数字化转型要按照"有效市场 + 有为政府"原则，坚持系统思维，面向集群企业转型需求，梳理产业链图谱，组建平台型组织，制定产业数字化实施方案，建设工业互联网平台及构建创新生态网络。产业集群数字化转型是对产业链进行全方位、系统性的标准和制度重塑，是广东省发展数字经济的关键策略，本质上是供给侧结构性改革推动产业高质量发展的具体实践，意义重大、复杂度高、前瞻性强。建议将产业集群数字化转型列入广东省综合改革试点、"十四五"期间予以重点推进。

### （一）优化部门协同管理体制，强化顶层设计

产业集群数字化转型是涉及数据要素、技术创新、平台企业、产业生态、制度标准的系统工程，是产业链新旧动能转换、涉及整个行业生产力和生产关系的变革。不能简单套用建园区、搞招商、上项目的传统工业化思路，不能简单采取大型企业或企业内数字化转型标杆推动模式。一方面要避免"九龙治水"的老问题，形成"纵向到底、横向到边"的组织领导格局，建议在省制造强省建设领导小组下设立产业集群数字化转型专题组，统筹市县政府、业务部门的组织协调机制，统筹部署重大改革、重大政策、重大工程；另一方面要避免"各吹各调"的老问题，突出块上集成、业务集成与政策集成，形成系统集成、协同高效的规划发展格局，要坚持"资金跟着项目走、项目跟着规划走"，落实产业集群数字化转型实施方案，一张蓝图干到底，形成路线图、任务书、时间表，强化实施刚性约束，及时总结经验，形成可复制可推广的重大制度成果。

### （二）开展立法试点加快培育数据要素市场，加速行业共建共治共享

党的十九届四中全会将数据作为新的生产要素提出，充分体现了数据的重大价值，彰显了数字经济背景下我国分配制度的与时俱进。产业中的高价值数据大多是工业知识的沉淀，需明确数据的产权归属，制定严格的数据产权保护制度，建立数

据利益分享机制、数据安全保护机制，实现数据的有效合法流动等。建议依托产业集群数字化转型开展立法试点，加快培育数据要素市场，在试点中完善数据产权制度。通过数据产权保护和利用新机制，保证集群企业核心数据的安全和隔离，数据在云端分区管理，各自拥有其访问权限，一套多用户、多种权限、专有和共享并存，充分实现一次开发、行业共享。通过行业共建共治共享、深度挖掘数据资源，不断提高数据赋能水平，精准对接产业链市场主体需求和服务资源，提升产业运行中供需匹配的精准性、充分性和均衡性，把潜在的数据资源转化为高效服务力和现实生产力。

### （三）设置数字化与税收不挂钩的过渡期，打消企业上平台顾虑

数字经济对现行税收制度提出了新问题，以数据为基础的数字经济突破了经济活动的空间限制，使生产要求跨区域流动更为便捷，对传统上属地化的税收征管体系带来较大影响。交易活动具有强虚拟性，不需要接触即可完成产品和服务贸易，从而使税收征管变得困难。平台上生产者与消费者规模的海量化、两者界限的模糊化以及共享经济模式的兴起，更进一步加剧了确定税收主体和税基的困难。推进产业集群数字化转型、培育工业互联网平台的过程中，广大企业特别是中小微企业普遍担心上平台后经营数据透明化而导致税负加重或受到事后惩罚，阻碍了企业数字化转型的进程。建议在平台经济培育初期，设置数字化与税收不挂钩的过渡期，对上平台的中小微企业免税或者减免一定税额，鼓励这些"中小微"敢于"浮出水面"，走上"个转企""小升规"的规范经营，实现专精特新的高质量发展新路径。过渡期结束、工业互联网平台实现良性发展后，则可进一步研究考虑对平台企业征收数字税等。

### （四）改革财政支持机制，集中培育平台型组织

产业集群数字化转型培育孵化的各行各业工业互联网平台是产业链竞争力提升的新基建设施，平台培育初期，应加强财政引导扶持。关键是要改革财政资金支持使用机制，改变传统的项目申报与专家评审方式，建议采取政策性种子基金的创新方式，联合社会资本支持产业集群数字化转型试点。种子基金重点投向平台型组织，支持其开展工业互联网平台研发、现代园区行业平台标杆工程建设、集群企业体系化技术改造（含工艺、设备、软件、网络等）、产业协同创新中心建设、展示体验中心建设等。种子基金由第三方专业性组织机构管理，由产业技术委员会负责规划

计划、项目立项、过程管理及验收评估等全流程管理。

### （五）改革复合型人才培训机制，促进产教深度融合

数字经济对劳动者的知识和技能提出更高的要求，低技能、重复性、程序性的就业岗位正在并将继续被机器和智能技术大幅替代，同时高技能、复合型人才成为企业的新需求，知识型线上线下持续提升成为培训的新形式。要以适应产业发展需求和促进就业为核心导向，坚持市场化机制的改革导向，让各类认证标准接受市场和社会检验，筛选出职业技能人才认证的广东品牌。建议依托产业集群数字化转型的平台型组织牵头组建职业技能人才培养共同体、开展改革试点，根据产业真实场景需求，按照企业规模、行业领域、企业发展阶段等差异性设计职业技能人才方案。从产业数字化的标准出发引出职业技能人才标准，确保产业代表性、评价专业性和行业权威性。统筹职业技能人才培训、评价、用工、激励等全流程周期，融合集成全价值链各个环节，统一规划、统一开发、统一服务，连接职业培训与人力资源各环节的断点，推动人口红利变为工程师红利，实现广东产业转型升级与人力资源提升相互促进的良性局面。

### （六）强化平台经济新业态的宣传培训与智库支撑

工业互联网平台是数字经济时代下各行各业产业链的"新链主"，是产业集群"企业群落"的核心资产，对于依附平台之上的广大企业降低成本、提升竞争力具有系统性的重要作用。建议加大平台经济新业态的宣传推广，加快树立产业集群数字化转型的行业标杆，梳理商业经济模型、技术协同体系与产业治理模式，每年发布广东省产业集群数字化转型行业白皮书，让各界看得见、看得懂，跟得上新技术、新业态、新模式。加大对全省领导干部和企业的业务培训，强化数字化转型意识。发挥好专业智库的支撑作用，为产业集群数字化转型提供高质量、精细化的技术咨询和商业指导。建议围绕广东省二十大战略性产业集群和各地市、县区、专业镇的特色产业集群，系统性地组织开展产业深调研，分行业领域梳理产业图谱，为各个行业的数字化转型提供材料配件供应链、装备生产运维链、数字化服务链等系统性的诊断支撑。

# 关于大力推进更加全面、更加深入的制造业数字化转型的意见建议

### 广东省制造强省建设专家咨询委员会

党中央、国务院高度重视制造业高质量发展，多次强调要以智能制造为主攻方向推动产业技术变革和优化升级。2021年10月18日，中共中央政治局就推动我国数字经济健康发展进行第三十四次集体学习，习近平总书记再次强调，把握数字化、网络化、智能化方向，推动制造业等产业数字化，利用新技术对传统产业进行全方位、全链条的改造，提高全要素生产率，发挥数字技术对经济发展的放大、叠加、倍增作用。当前我国制造业数字化转型取得阶段性成就，重点领域关键工序数控化率、数字化研发设计工具普及率、企业"上云上平台"占比大幅提高，总体具备了开启全面制造业数字化转型的基本条件。2021年4月14日，工业和信息化部会同有关部门起草了《"十四五"智能制造发展规划（征求意见稿）》（以下简称《规划》），向社会公开征求意见。《规划》指出，到2025年，规模以上制造业企业要基本普及数字化，标志了我国将进入下一阶段更加深入、更加全面的制造业数字化转型阶段。

广东省是全国乃至全球制造业重要基地，2020年规模以上制造业增加值达3.01万亿元[①]，2021年，两化融合水平、生产设备数字化率、数字化研发工具普及率、关键工序数控化率和智能制造就绪率分别达到61.5%、51.8%、80.9%、55.2%和12.9%，在制造强国建设中具有重要的战略地位[②]。建议要充分利用好广东省庞大制造业体量和信息技术产业基础优势，抢抓"十四五"制造业全面转型升级的关键窗口期，加快推进更加全面、更加深入的制造业数字化转型工程，大规模、普及性地推进数字化技术改造，引领我国制造业高质量发展。

---

[①] 资料来源：2021年8月《广东省制造业高质量发展"十四五"规划》新闻发布会公布数据。
[②] 资料来源：根据两化融合公共服务平台公布数据整理。

## 一、当前推进更加全面、深入的数字化转型的必要性

### （一）数字技术赋能作用更加凸显

随着全球新一代信息技术的高速发展，信息化和工业化深度融合，数字技术加快向产业链全周期赋能，并在互联互通、融合共享、系统集成领域持续创新，催生了一批基于数字技术的新产品、新模式、新业态。数字工厂与传统车间逐渐形成代际差距，同时伴随着数字技术在设计、支付、物流、交易等关键环节的快速普及，传统制造模式生存空间将不断被压缩，企业数字化转型已经从"可选项"向"必选项"阶段转变。

### （二）产业协同亟须数字技术驱动

为了提高产业整体效率，降低要素资源流动成本，增强产业韧劲和竞争力，产业集群各主体间、产业链上下游之间的联系正在变得愈发紧密，一体化发展趋势不断增强。数字技术是产业集群、产业链组织协同的基础技术，起到桥梁和纽带作用。产业集群、产业链中各主体的数字化水平，以及集群、产业链数字化资源调配能力，将直接决定产业集群、产业链的覆盖范围、组织效率、发展水平和竞争能力，全面的数字化转型对推动产业协同转型不可或缺。

### （三）国际产业竞争聚焦数字经济领域

近年来，美国、德国、日本等发达国家相继出台政策，加快本国制造业与新一代信息技术融合，加快推动制造业数字化转型发展。中美全面战略博弈中，美国更是将制造业和新一代信息技术作为打击的重点，企图阻断我国制造业数字化、网络化、智能化发展进程，将中国制造限制在产业链中低端。习近平总书记指出，我们迎来了世界新一轮科技革命和产业变革同我国转变发展方式的历史性交汇期，既面临着千载难逢的历史机遇，又面临着差距拉大的严峻挑战。需要认识到我国制造业数字化转型的紧迫性，加快推进、深入实施，尽快开启制造业高水平全面数字化转型发展的新阶段。

## 二、广东省推进更加全面、深入的数字化转型的挑战

广东省是制造大省、网络大省、装备大省，在制造业数字化发展方面启动早，

总体水平国内领先，产业数字化发展成果突出：截至 2020 年，推动超过 1.5 万家工业企业运用工业互联网技术实施数字化转型，带动 50 万家企业"上线用云"降本提质增效，涌现出了华为、富士康、广汽等一批数字化、网络化、智能化领军企业。但也要清醒地看到，发展水平差距较大、集群和产业链数字化模式不清、数字化供给体系不健全、数字化要素体系不优仍阻碍着制造业数字化转型的全面、深入推进，应提起高度重视。

**（一）数字化总体水平领先，但发展不平衡问题较为突出，阻碍数字化转型全面发展**

在制造业数字化发展相对领先的同时，广东省行业间、区域间和不同规模企业间的制造业数字化水平差距较大，是开启全面数字化转型关键堵点。传统与新兴产业数字化发展不平衡，以简单机械加工、纺织、食品、日用陶瓷为代表的传统产业，在数字化转型整体水平、意愿和能力上较战略性新兴产业有较大差距；珠三角核心区与粤东西北数字化发展不平衡，粤东、粤西、粤北地区的制造业规模、数字化基础设施、数字化供给能力、政府财政扶持力度较为薄弱，本地企业数字化转型较为困难，与珠三角核心区拉开了较大的差距，且呈扩大趋势；龙头企业与中小企业数字化发展不平衡，在华为、美的等一批先进制造业企业加快向工业 4.0 转型的同时，全省制造业总体仍处于机械化向自动化、数字化转型的"工业 2.0～3.0"阶段，中小企业对制造业数字转型的思路缺乏、路径不清、能力不足，大大拖累了制造业数字化水平的整体提升。

**（二）产业集群范围大、产业链长，全面推进数字协同发展具有挑战**

广东省委、省政府从实际出发，高标准谋划布局了 20 个战略性产业集群。广东省近期发布的《广东省制造业数字化转型实施方案（2021—2025 年）》明确要聚焦战略性支柱产业集群和战略性新兴产业集群，推动制造业数字化转型升级，且已取得了一定的建设成果。广东省是制造业大省，制造业集群范围大、产业链长，协同数字化转型工作庞杂，难度较大。产业集群数字化协同模式仍需进一步探索，全省集群数字化转型还处于企业级向园区级过渡发展的阶段，而 20 个战略性产业集群普遍跨园区、跨地市，推动更大规模、更加深入的集群式数字化协同转型仍需进一步探索；产业链数字化协同面临诸多挑战，广东省是改革开放的前沿，产业链高度嵌入国内、国际两个循环当中，整体产业链结构复杂，企业分布较为分散，产业链上游中小企业较为密集，"链主"企业和第三方机构利用数字技术打通产业链关键环节的主要模式各自存在一定的局限性，且作用的产业链环节及采用的技术标准、平台工具、功能模块间不统一，实现产业链协同转型仍有较大挑战。

### （三）数字化产业基础仍有短板，供给体系亟待深入完善

当前，关键核心技术短板和应用服务平台短板已形成深刻制约，数字化供给体系亟待完善。关键核心技术短板阻碍数字化转型发展，芯片、高端电子元器件、高端数控装备、数据算法、工业软件、平台系统等制造业数字化关键领域与国际先进水平存在较大差距，且缺乏充分的应对策略，在数字技术的全球产业博弈中处于较为不利的位置，数字化转型进程存在阻断和凝滞风险；产业数字化平台潜能仍需进一步释放，省内制造业数字化公共服务平台"小、散"的问题仍较突出，部分平台运营方经验不足，导致数字平台间数据信息不流通，数据安全保障体系不完备，平台数据应用和服务模式不规范，未能发挥预期效果。

### （四）产业发展环境持续改善，创新、数据和资本要素仍需深入建设

随着省、市相继出台重大政策措施，企业、科研院所、平台机构等社会力量持续跟进，重大平台建设取得积极进展，全省制造业数字化发展环境持续改善，但在创新要素、数据要素和资本要素供给水平方面仍有较大提高空间。创新要素储备和配置能力仍需增强，全省高水平制造业数字化专业人才供给仍然匮乏，科研院所推动前沿数字技术与制造业融合的成效不显著，数字化平台创新载体自主运营能力不强，且缺乏有效的创新要素配给机制，无法满足制造业全面数字化转型需求；数据要素采集和存储规模与处理能力不匹配，广东省数据要素采集和存储规模全国第一，但制造业企业的数据利用、挖掘能力普遍不强，难以对非结构化数据如工艺技术、工艺数据进行积累与分析，也鲜有企业选择采购第三方数据，企业内部"数据孤岛"现象严重，数据要素的应用潜力尚未充分发挥；金融对制造业数字化转型支撑作用尚未充分发挥，金融支持制造业数字化转型仍处于探索尝试阶段，缺乏应对企业数字化转型轻资产运作、发展不确定性大、财务管理特殊等特点的有效措施，在如何识别和筛选优质客户、提供全周期综合金融服务、整合资源帮助企业发展等方面仍较乏力，贷款风险误判常有发生，增加企业融资成本。同时，政府、企业、金融机构间由于合作水平有待提高，产业数据不连通、产业信息不全面、工作措施不具体等问题有待进一步应对解决。

# 三、广东省推进更加全面、深入的数字化转型的意见建议

近期，广东省印发了《广东省制造业数字化转型实施方案（2021—2025 年）》和《广东省制造业数字化转型若干政策措施》，规划了未来若干年广东省推进制造业数字化转型的工作重心和发展路径，体现出高水平、高强度推进制造业数字化转型的战略部署。当前，应紧扣新一轮制造业数字化转型的阶段特征，突出全面性和深入性，以问题为导向，破解全省制造业数字化转型中的痛点和堵点，大力贯彻落实省级总体规划和部署，保持广东省制造业高质量发展走在全国前列，打造世界先进水平的制造业发展高地。

## （一）强化顶层设计，突出数字化转型全面、深入工作要求

坚持把推动更加全面、更加深入的制造业数字化转型放在突出位置，进一步凝聚全省以智能制造为主攻方向，推动全省规模以上工业全面普及数字化，建设制造强省的思想共识。充分发挥制造强省领导小组统筹协调作用，压实各地市主体责任，鼓励各地市政府加强数字化转型的本地化政策配套，在坚持全面推进的基础上，因地制宜制定普惠性和引领性相结合的政策措施。同时，充分调动各方面资源，推动制造业数字化转型的科技创新、制度创新、方法创新和应用创新，强化各方资源协同创新，共谋发展，形成全省制造业数字化转型的合力。

## （二）以问题为导向实施制造业数字化转型工程，大力解决制造业全面、深入数字化转型的痛点和堵点

强化制造业数字化应用牵引：一是加紧应对制造业数字化发展不均衡的问题，在推动龙头骨干企业、战略性新兴产业和珠三角核心区数字化对标国际先进水平的同时，制定针对中小企业、传统产业和粤东西北地区的数字化转型专项工作措施，加快培育一批"专精特新"企业和制造业单项冠军企业，大规模、普及性地推进技术改造，鼓励先进地区、行业和企业与欠发达地区、传统行业和中小企业开展定向帮扶；二是推进重点领域数字化发展，聚焦战略前沿和制高点领域，立足重大技术突破和重大发展需求，增强产业链关键环节竞争力，完善重点产业供应链体系，加速产品和服务迭代。

推动制造业数字化供给侧改革：一是加快探索和推进制造业数字协同转型的新

工具、新方法和新模式，加快推进龙头企业、第三方平台机构、园区主导开展区域的、环节的、功能导向的数字化协同转型建设，鼓励有条件的产业链、产业集群开展更大范围的制造业数字化协同；二是强化制造业数字化转型基础，大力推动工业软件、平台软件、基础软件产业发展和应用，谋划增强广东工业级芯片自主可控的"一揽子"应对方案，高水平推进广东"铸魂工程"和"强芯工程"。继续保持和加强广东省在新一代通信基础设施和工业软件建设方面的领先地位。集中扶持一批高水平的工业互联网平台，加快完善工业数据的采集、传输、交易、应用、商业服务全链条标准建设和信息安全建设，打造高质量的制造业数字化供给体系。

**（三）大力构建有利于全面、深入制造业数字化转型的发展环境**

不断优化制造业全面、深入数字化转型升级的政策环境、创新环境、金融环境、数字资源环境，推进"用产学研金政"协同。一是各级政府要发挥主导作用，利用好政策和财政资金引导机制，加强政策配套，鼓励地市财政拿出真金白银撬动数十倍的金融资本、社会资本、企业资本进入制造业数字化转型领域，大规模地推进新一轮数字化技术改造。二是加强银政合作，推动企业技改金融保险机制创新，给予金融机构明确的合作范围和企业清单，推动银行、保险公司与政府间共建风险补偿机制，推动金融机构对政府规划和重点发展的领域给予全面支持。三是充分发挥科技创新主体作用，推动高校、科研院所、行业智库绩效改革，奖励前沿科研成果与制造业深度融合，促进科技创新主体深度参与企业数字化改造。四是加强对全省制造业数字资产的统筹管理，不断加强数据采集、数据管理、数据分析、数据应用能力建设，在保障数据安全的前提下，推动数据资产应用和服务创新，使庞大的制造业数据为政府决策、集群发展、企业创新提供重要保障。

# 工业互联网平台推动广东省传统产业集群数字化转型的机制与路径研究

华南理工大学工商管理学院

广东省产业集群的发展在全国处于领先地位，推动着全省经济的高速增长。2020 年，广东省将产值 5000 亿元以上，具有坚实发展基础和良好增长趋势的 10 类产业集群作为重要的战略支柱产业集群，具体包括：新一代电子信息、绿色石化、智能家电、汽车产业、先进材料、现代轻工纺织、软件与信息服务、超高清视频显示、生物医药与健康、现代农业与食品。以往广东省 8 个传统优势产业——纺织服装、食品饮料、建筑材料、家具制造、家用电器、金属制品、轻工造纸及中成药制造均涵盖在内。虽然广东省产业集群对经济发展具有强大的支撑作用，但目前广东产业集群发展整体水平还不够高，产业链供应链不够稳定，产品竞争力仍不够强，传统优势产业工业增加值逐年下降，亟须转型升级，实现高质量发展。

工业互联网是新一代信息通信技术与工业经济深度融合的全新工业生态、关键基础设施和新型应用模式。工业互联网以网络为基础、平台为中枢、数据为要素、安全为保障，通过对人、机、物全面连接，变革传统制造模式、生产组织方式和产业形态，构建起全要素、全产业链、全价值链全面连接的新型工业生产制造和服务体系。工业互联网平台能有效地帮助传统企业进行产业链、价值链、供应链、创新链的融合，达到延伸产业链、提升价值链、完善供应链、提高创新能力的目的，是传统产业集群转型升级的有效方式。2021 年 11 月 30 日，工信部对外发布《"十四五"信息化和工业化深度融合发展规划》，提出到 2025 年企业经营管理数字化普及率达 80%，工业互联网平台普及率达 45%。因此，工业互联网平台促进传统产业集群数字化转型升级迫在眉睫。

广东省作为全国最早发展工业互联网的省份之一，工业互联网发展应用水平位于全国第一。与其他省份相比，广东省工业互联网的发展基础扎实、应用范围较广，同时工业互联网带来的经济成效显著[①]。为进一步促进广东省传统优势产业进行数字化转型升级，加快产业集群数字化转型步伐，提高广东省区域竞争力，调研组基于工业互联网推动传统产业集群数字化转型的典型案例，对工业互联网平台改变传统优势产业生产模式的机制进行分析，总结归纳工业互联网平台促进传统优势产业数字化转型的路径，提出传统产业集群数字化转型发展的政策建议。

## 一、传统产业集群的发展现状

虽然传统产业依然是广东省经济担任挑大梁作用的支柱产业，但近年来产业增长出现逐渐下滑趋势。作为广东省支柱产业之一的现代轻工纺织业，其2020年营业收入占全省 GDP 比重为 5.4%，但增加值增速却为 -3.9%。另一支柱产业新一代电子信息业，其 2020 年营业收入占全省 GDP 比重为 7.8%，增加值增速亦为负值，为 -0.1%。细分行业来看，2017—2020 年，食品加工业、食品制造业、纺织服装服饰业、皮革制品和制鞋业、家具制造业、电子设备制造业等传统制造业的产值增长速度降低甚至出现负增长（如图 1 所示）。这些情况说明了广东省传统优势产业发展遇到瓶颈，急需加快转型升级的步伐。

目前，传统产业集群面临的主要问题也集中于以下三点：一是人力土地成本优势的丧失和供应链的不完善导致产业集群较高的成本、产业集群内部发展不均衡、产品同质化严重和产能过剩等问题。二是由于传统产业集群受地理限制，集群内企业的合作亦面临合作关系单一和创新水平有限等问题，较难获得集群外资源帮助自身发展。长此以往，生产产品易受困于中低端市场，行业集中度低。三是集群内企业共创、共享、共治意识薄弱，无法共同突破产业发展困境（如图 2 所示）。

---

① 数据情况来源于 2020 年 10 月中国工业互联网研究院发布的《工业互联网发展应用指数白皮书（2020）》。

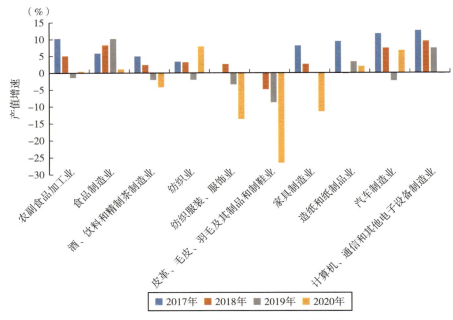

图 1  广东省部分传统行业近三年产值增速

资料来源:《广东统计年鉴》。

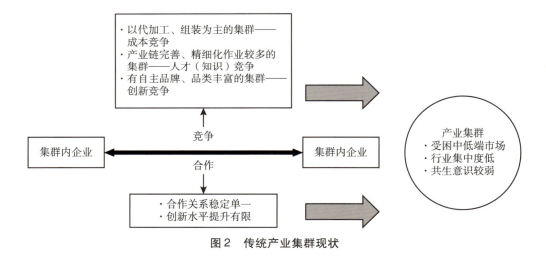

图 2  传统产业集群现状

## 二、工业互联网平台推动传统产业集群数字化转型升级的机制和路径

### (一)工业互联网平台推动产业集群数字化转型升级的机制

工业互联网平台可作为产业集群协作的纽带、创新的捷径和转型升级的催化剂。

他将集群内的企业形成网络，将生产要素赋能，帮助企业之间进行交易互动、共享资源和工具、协作生产、进行商业模式转型等。同时，平台可以打破地理边界与集群外企业合作，为产业集群调动更多外部资源，增加跨领域融合创新的可能。结合传统产业集群的发展现状和工业互联网平台对产业集群带来的影响，总结工业互联网平台促进产业集群转型升级的机制如图3所示。

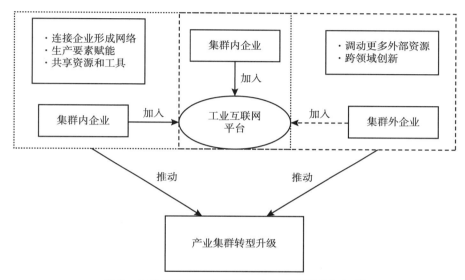

图3　工业互联网平台促进产业集群转型升级机制

## （二）工业互联网平台推动产业集群数字化转型升级的路径

2020年11月25日，深圳举行的2020中国工业互联网大会暨粤港澳大湾区数字经济大会上正式启动了9个产业集群作为借助工业互联网平台对产业集群进行数字化转型升级的示范。调研组基于这9个产业集群的数字化转型的典型案例，分析平台牵头和搭建的主体以及平台推广的形式，总结出三种类型的工业互联网平台。第一种平台，是当地政府与平台商、服务商达成协议，官方搭建中立平台。借助平台的中介性质，号召集群内企业"上平台"，将平台打造成一个虚拟集市交易平台。平台凝聚供应商、制造商甚至消费者，企业通过平台进行批量交易、定制化制造、共享物流库存、改变销售渠道等，达到平台帮助产业集群节约生产成本，提高生产效率，促进商业模式转型等目的。第二种平台，是当地政府、平台商与服务商协助集群内的标杆企业搭建平台。标杆企业通过平台连接供应链和产业链的相关企业进行采购生产，间接帮助产业链上的企业"上平台"，并通过平台对标杆企业生产运营所带来的正面效应，扩大平台的影响力，增强集群内其他企业的数字化转型意识，逐步帮助其他企业数字化转型。第三种平台，是集群内龙头企业与平台商、服务商合作搭建的平台。龙头企业通过自身在行业内的影响力，带动集群内的合作者和竞争者在平台上进行交易和合作。龙头企业自建平台同样是通过产业链拉动其他企业的数字化转型，并增强集群内其他企业的数字化转型意识。

经调研分析，通过工业互联网平台带动产业集群数字化转型升级的路径有三种：中立平台凝聚型、标杆企业影响型、龙头企业拉动型。工业互联网平台带动产业集群数字化转型升级路径如图4所示。

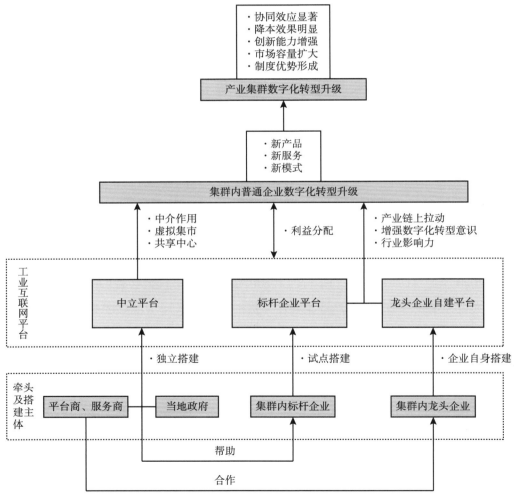

图4　工业互联网平台助力产业集群数字化转型升级路径

## （三）工业互联网平台在产业集群内推广路径的对比分析

中立平台凝聚型初期需要通过号召或优惠吸引集群企业的自发加入，企业上平台周期较长，平台影响力扩散较慢。一旦集群内大多数企业加入，中立平台的中心优势凸显快，集群内凝聚力增强，有效降低集群内企业采购成本和改善生产销售方式，缓解地理空间带来的不便利。由于初期中立平台承担了大部分的技术成本，企业进入中立平台的门槛较低，不需要对自身进行较大的改造。因此，企业内部的数字化转型进程发展速度会相对较慢，企业自身的数字化改造仍需一定时间的摸索。

标杆企业影响型是将标杆企业作为集群内若干个扩散中心，标杆企业通过平台一步步帮助产业链和供应链上的合作企业进入平台。同时，当平台对标杆企业生产运营起正向且显著作用时，其正面效应对集群内其他与其实力相当的企业有一定的说服力和影响力，加深集群内企业对数字化转型的理解和认同。故标杆企业影响型的平台影响力的扩散比中立平台凝聚型快，也能更好地加快企业内部数字化转型进程。但由于标杆企业是若干个扩散中心，短时间内，集群内可能会出现以标杆企业为中心的若干个小型工业互联网平台，集群内企业内部的数字化转型进程较快，从整体上看集群内部的资源和信息不能很好流通，信息孤岛现象仍比较明显，集群凝聚力较弱。从长期来看，短期建立的小型平台会逐步进行有效的兼容与合并，最终形成信息资源共享流通、具有中立属性的平台。

龙头企业拉动型主要依靠龙头企业自身的影响力和权威性，通过大企业共建、小企业共享的形式推动平台发展。龙头企业拉动型的方式兼有中立平台凝聚型和标杆企业影响型的特点。其产业链上的合作者出于对其的依从性进入平台，竞争者也会自发建立平台与之抗衡，平台影响力扩散最快。同时，龙头企业凭借其在行业内较高的影响力，其建立的平台能吸引较多集群外部同行业的企业，建立集群内企业与集群外企业的桥梁。但也由于其在集群内的寡头地位，其设置的平台更多服务于本身，对产业集群内其他企业的发展可能具有一定的限制性。且龙头企业建设平台最开始的目的是为自身发展，并不是为集群发展，因此其不可能和集群内大部分企业进行合作。故集群内没有与龙头企业合作的企业，并不能体会到平台带来的利好。

根据以上分析，中立平台凝聚型、标杆企业影响型、龙头企业拉动型三种路径对比如表1所示。

表1 | | | 三种路径对比

| 对比方面 | 中立平台凝聚型 | 标杆企业影响型 | 龙头企业拉动型 |
|---|---|---|---|
| 平台牵头及搭建主体 | ● 当地政府<br>● 平台商、服务商 | ● 当地政府<br>● 平台商、服务商<br>● 标杆企业 | ● 龙头企业<br>● 平台商、服务商 |
| 促进集群企业上平台的方式 | ● 虚拟集市<br>● 共享中心 | ● 产业链<br>● 平台给标杆企业带来的正面效应 | ● 产业链<br>● 自身影响力 |
| 优势 | ● 集群凝聚力强<br>● 企业个体数字化进程较慢 | ● 扩散速度适中<br>● 说服力强<br>● 企业个体数字化进程较快 | ● 扩散快<br>● 效果快<br>● 企业个体数字化进程较快 |
| 局限性 | ● 扩散慢 | ● 短期内难以形成统一平台，集群内部信息资源流通较为局限 | ● 集群企业发展可能会受制于龙头企业的战略规划<br>● 不以集群利好为目的，不能惠及集群内所有企业 |
| 适合的产业集群 | ● 集群内绝大多数为中小微企业，地理空间上的分布较为零散<br>● 集群数字化基础较为薄弱 | ● 集群内企业实力较平均<br>● 集群数字化基础较好 | ● 集群内有占绝对优势的龙头企业 |

## 三、工业互联网平台推动传统产业集群数字化转型升级的建议

基于广东传统产业集群数字化转型的路径比较分析，现从"找定位、促协同、建指数"三个角度提出以下政策建议，加速工业互联网平台在传统产业集群的推广应用。

### （一）找准集群数字化发展定位，促进传统产业集群结构优化升级

综合考虑产业集群的发展基础、行业特性、业务需求，阶段性地、针对性地为平台企业和使用平台企业提供政策支持，助力平台在集群内的推广发展，协助集群企业从传统管理过渡到数字化管理。不同传统产业集群的中小企业在数字化能力基础和建设需求上差异性较大，如电子信息产业集群、汽车产业集群具备较高数字化能力基础且数字化能力建设需求主要集中于协同创新平台、产品定制化平台、运营优化平台等集群业务整合平台；而纺织业集群、现代农业及食品产业集群的数字化能力基础较弱且数字化能力建设需求主要集中于公共信息平台、直播电商平台、公共物流平台等集群公共服务平台。

针对龙头企业引领且具有一定竞争力的产业集群，建议围绕"链长制"构建

"龙头企业拉动型"工业互联网平台，加强大中小企业能力互补，发挥行业龙头企业的带动作用，降低试错成本，促进中小企业进行低成本转型；针对小微企业较多且普遍缺乏竞争力的产业集群，建议构建"中立平台凝聚型"工业互联网平台并充分发挥产业园的集聚作用，聚焦产业链关键环节，构建线上加线下、线上虚拟产业生态加线下物理产业园区的集聚新生态；建议基于"标杆企业影响型"开展"专精特新"企业的工业互联网平台建设，引导"专精特新"企业利用工业互联网平台优化其供应链产业链，鼓励其通过兼并重组做大做强，加速其所在集群整体转型升级。

**（二）加强政策协同沟通机制，打造适合传统产业集群数字化技术扩散的制度环境**

由于不同规模、类型企业接受各级、不同政府部门的指导，以及各项新政策不断推出，很多中小企业缺乏对于不同政策的认知和理解，从而影响数字化转型相关政策的实施以及中小企业的转型能动性。虽然广东省在 9 个产业集群开展了工业互联网平台示范工程，但其扩散速度并不明显，参与的中小企业在集群中占比较小。

建议系统构建企业数字化转型的政策体系，可考虑在制造强省建设领导小组层面建立产业集群数字化转型政策协同沟通机制，加强与行业协会、平台企业、服务商、代表性企业交流，及时反馈政策实施意见；建议大力发挥行业协会、技术中介、管理咨询公司等第三方服务机构在工业互联网应用方面的作用，提供数字化运营、数字化项目管理、数字化人才培训等咨询服务，增强企业对于工业互联网平台应用的管理认知。

**（三）率先建立产业集群的工业互联网平台发展指数，发挥工业互联网平台大数据的集群治理功能**

根据《"十四五"信息化和工业化深度融合发展规划》中"组织开展平台监测分析"的相关要求，建议针对不同类型工业互联网平台研究制定平台的评价体系，确定科学合理的评价方法，建立周期性的考核机制，定期对集群内使用的工业互联网平台展开一定的测评，设定平台安全预警机制；建议广东率先建立集群工业互联网平台发展指数及工业互联网平台应用数据地图，打造国家级工业互联网示范区的标准。探索工业互联网平台大数据资源与金融资源整合的业务创新，结合产业链与金融链融合的业务场景开展供应链金融等实际业务，充分发挥工业互联网平台大数据应用在集群治理方面的作用。

# 数字化赋能先进制造业与现代服务业深度融合的对策建议

*广东财经大学*

《中共中央关于制定国民经济和社会发展第十四个五年规划和二〇三五年远景目标的建议》提出"推动现代服务业同先进制造业、现代农业深度融合，加快推进服务业数字化"。早在 2019 年 11 月，国家发展和改革委员会等 15 个部门就联合印发了《关于推动先进制造业和现代服务业深度融合发展的实施意见》。从区位优势看，广东省无论是先进制造业或现代服务业都处于全国领先水平，但先进制造业国际领先高度不够，关键核心技术仍受制于发达国家，被人"卡脖子"。症结一方面在于技术创新滞后，另一方面在于先进制造业与现代服务业的融合（以下简称"两业"融合）不足。

## 一、数字化赋能"两业"深度融合的必要性

在原有的信息技术条件下，先进制造业和现代服务业深度融合发展很难做到。无论是现代服务业，还是先进制造业，其核心特征都是技术引领下的创新发展，这种创新发展涵盖了数字技术应用下的业态创新、产品创新、服务创新与经营管理创新。在数字经济时代下，以人工智能、大数据、云计算、区块链为代表的新数字技术体系支撑起兼具制造和服务特征的新业态，为"两业"融合创造了物质基础、空间基础与动力基础。数字化变革已成为"两业"融合的"催化剂"，既能解决先进制造业技术创新滞后的问题，也能为制造业与服务业协同发展提供广阔的应用前景，对于推动广东省制造业高质量发展与建设现代产业体系具有重大的现实意义。

2020—2021年广东省制造业高质量发展研究报告汇编

170

## 二、"两业"融合发展面临的主要问题

### （一）对数字赋能"两业"融合的战略意义认知不足

广东省 21 个地级市的数字经济发展不均衡。深圳、广州数字经济规模是省内其他 19 个城市数字经济规模之和的 2.2 倍，占全省数字经济总规模超过 66%，处于第一梯队；东莞、惠州、佛山、珠海拥有良好的数字经济产业基础，处于第二梯队；广东省其他 15 个城市数字经济为第三梯队，仍处于发展起步与追赶阶段。处于第三梯队的这些城市依托数字化变革推进"两业"融合和制造业转型升级的先导作用尚未有效显现，一些企业对于数字经济运行，尤其是管理层对数字赋能的价值性仍未给予足够重视，仍缺乏基于"数字理念"对企业发展战略、商业模式、组织架构、管理体系等进行重构与再造的战略性眼光与企业家精神。企业数字化进程不均衡，以格力、华为、美的为代表的大企业，将第五代移动通信技术（5G）、人工智能等新一代信息技术融入日常生产，生产线虚拟仿真实现了从产品设计、生产计划到制造执行的全流程数字化，数字化进程较快，但是大多数中小微企业数字化进程慢。技术储备不足、人才不足导致中小微企业"不会"数字化；数字化投入风险大、效果不可预知导致中小微企业"不敢"数字化；依赖原有路径、跳不出传统发展模式导致中小微企业"不想"数字化。

### （二）先进制造业主动融合的需求较低

先进制造业对科研、信息技术，尤其是数字资源的投入相对不足，导致制造业服务需求尤其是高端服务需求弱化，部分制造企业以"服务化内置"作为企业降低生产成本的途径，压缩制造业对服务业的外部需求，束缚了现代服务业发展，导致融合进程受阻。

### （三）现代服务业支撑融合能力不强

深圳和广州的现代服务业水平相对较高，而广东省其他城市的现代服务业仍有较大提升空间。目前，珠三角服务业占地区生产总值的比重与工业化后期的一般水平相比至少低 10%，生产性服务业占地区生产总值的比重与发达经济体相差 20% 左右。囿于自身供给规模不足和对外服务网络联结的程度不高，广东省研发设计与其

他技术服务、信息服务、金融服务、生产性租赁服务、商务服务以及人力资源等现代服务业发展还不够充分。现代服务业的发展速度和质量滞后于制造业转型升级的实际需求，对先进制造业的"托举"功能缺乏空间与范围支撑。

### （四）数据不能共享制约"两业"深度融合

受行政体制、条块分割、利益分配、法律法规等因素影响，先进制造业和现代服务业的信息资源市场不完善，数据公开和共享的动力不足，这又进一步阻碍了信息资源的整合利用，制约了"两业"深度融合发展。

### （五）适应"两业"融合发展需要的数字化人才供给总量不足

"两业"融合发展涉及管理、技术、服务等领域人才，需要既懂数字技术又懂工业领域制造流程，既有互联网思维又理解制造业痛点的复合型数字化人才。北京、上海两地数字化人才占全国的比重接近1/3，深圳、广州的数字化人才占比不足12%，广东省其他城市的数字化人才更匮乏。加之对"两业"融合发展的前瞻性认识不够，专业、学科设置未能紧跟融合发展趋势，大数据、人工智能等典型数字化专业的设置尚处起步阶段，能够适应"两业"深度融合需要的数字化人才供给总量不足。

## 三、数字化赋能"两业"深度融合的对策建议

### （一）强化企业数字赋能的发展理念，激活"两业"融合的内生动力

企业是创新的主体，是推动数字化变革创造的主力军。政府和行业协会应引导帮助企业深刻认识到数字赋能"两业"融合发展的战略意义。建议一是要积极鼓励企业全方位数字化转型，推进数字赋能贯穿"两业"融合发展。引导企业价值观和发展战略从"产能"导向转变为"数字"导向。在企业组织架构层面，谋划成立数字机构；在企业经营决策层面，善用"数据说话"；在新信息技术采用层面，大胆创新，推进企业对新技术和新生产理念的采用。二是要引导和支持信息化基础好的大型企业加快应用大数据、人工智能、5G等新一代信息技术，并将其与研发设计、生产制造、运营管理等工业系统深度融合，推广智能化生产、规模化定制、网络化协同、服务化延伸等新应用与新模式，发展产业链级的平台型企业和生态赋能企业，

打造网络化的资源优化配置体系，推动生产制造与服务体系的智能化升级。三是帮助中小微企业树立数字化思维，充分利用财税、金融、政府采购等政策工具，寻找投入少、效果好的数字化转型切入点，从急需的领域和项目着手，从容易操作的项目着手，优先解决部分较简单而重要的数字化问题，培育与外部互联网技术（IT）供应商对接的能力，从而增加自身的抗风险能力。

### （二）打造产业集群数字化转型示范区，提升"两业"融合的质量效率

一个产业集群数字化转型做得好，就能带动数十家甚至上百家企业愿转、敢转、能转。建议一是以现有的先进制造业和现代服务业产业园区、产业集群为基础，在广州、深圳、佛山、东莞等地打造一批具有国际竞争力的产业集群数字化转型示范区，推动优势产业集群上下游协同数字化转型，支持优势产业集群龙头企业充分发挥"头雁效应"，依托工业互联网平台与产业链上下游中小微企业深度互联，带动产业链中小微企业"上云用云"形成高效协同的高水平产业链供应链体系，加快打造一批典型标杆项目，输出可复制、易推广、见效快的行业通用解决方案。二是以科技平台为依托，探索形成基于数据、专利知识等无形资产的虚拟产业园区、虚拟产业集群等新产业载体，集聚融合产业链上下游资源要素。依托科技平台的插件化解决方案，破解中小微企业转型成本高、产业链数据资源获取难度大等难题，以满足先进制造业对现代高端服务业的需求，提升"两业"融合的质量效率。

### （三）搭建各类数字化共享服务平台，完善"两业"融合的网络支撑体系

一是搭建厂房、设备、员工等生产要素共享平台。基于已有较为成熟的数字化工厂、数字化车间与5G应用场景，重点推进厂房、设备、员工等生产要素共享平台发展，探索共享制造的商业模式和应用场景，有效解决中小微企业资金设备与劳动力不足的问题。二是积极构建工业电商平台。推动电商服务从消费领域向工业领域延伸，支持农业、物流业、贸易等细分领域的垂直电商平台与综合平台实现错位发展。各地可以借鉴复制浙江省的成功经验，搭建跨境电商数字经济平台，为全国和全球用户提供"物联、数联、智联"三位一体和"物流、资金流、信息流"三流合一的数字经济底层架构，以数字技术助推先进制造业与现代服务业数字化转型，促进流通和消费领域共享经济健康发展。三是建设"两业"融合发展的产业协作数字平台。组建产业链协作组织，在技术交流、产品合作、市场推广等方面优化组织保障。四是建立"两业"融合发展的共性技术平台。解决产业融合遇到的共性技术

问题，推动融合技术的发展，实现数字资源共享，为产业融合提供信息数据支持、应用支持和标准支持。五是建设"两业"融合发展的综合服务平台。通过整合各类资源、提高服务水平、创新服务手段，降低企业融合发展成本，为产业融合发展提供优质的政策咨询、政务服务、法律顾问、财政金融资金支持等综合服务。

### （四）构建数产融合发展的政策体系，营造"两业"融合的良好生态环境

一是加大对具有数字背景的产业融合行为的政策引导与支持力度。加大产业数字化转型的政策支持力度，拓宽企业融资渠道。财政和预算内投资安排先进制造业与现代服务业数字化转型专项资金和引导资金，对企业上云、数字化设备和服务购买等进行补贴和税收优惠；鼓励商业银行提供数字化专项优惠信贷，支持符合条件的企业通过发行股票、债券等多渠道融资。通过政府购买服务、开放政府资源、促进数据共享等方式，为产业数字化转型提供新的应用场景。二是重点选拔一批数字化转型升级较好的深度融合型企业和平台，培育一批新业态新模式，形成一批可复制、可推广的经验。三是继续探索在各地区、各部门间形成共享共用的机制，建立统一标准的数字应用规范，落实数字资源的信息交换制度，着力打通政府、企业的数据孤岛，积极引导企业构建以标准化数据驱动为核心，覆盖工业全环节、全流程和产品全生命周期的数据闭环，形成"数字驱动"的工业治理模式。

### （五）构建数产融合人才发展体系，夯实"两业"融合的人才供给

一是探索设立服务型制造研究院，开设数产融合发展相关的专业与课程，培养具有跨行业的知识认知、能够将不同行业中不同参与主体的信息流整合式管理的跨界人才。二是打造开放共享的数产融合协同育人平台，鼓励高等院校、职业学校及专业培训机构联合龙头企业、行业协会，建设"政府引导、高校主导、多元参与"的数产融合人才培养基地，设置人工智能、云计算、大数据等与数字经济发展相关的专业与课程，创新人才培养模式，培养既懂制造技术又懂现代服务、既懂理论又懂实践操作的数字化人才。三是借鉴美国加州理工学院和斯坦福大学的办学理念，聚焦"前沿科学 + 产业化应用"的办学定位，以现有高校为基础更名建设或全新建立数字经济大学，以"数字 + 产业"交叉培育为主，培养一批适应数产融合发展的复合型人才。四是加强海外人才数据管理，搭建市场化引才的数字平台，不仅要掌握精准引才的工具，还要掌握全球数字人才的数据主权。

# 聚焦工业稳增长和转型升级
# 全力打造制造业高质量发展深圳样本

深圳市工业和信息化局

深圳市深入贯彻落实习近平总书记对深圳工作重要讲话、重要指示批示精神，抢抓"双区驱动"重大历史机遇，担当作为、攻坚克难，用真抓实干的精神全力以赴抓好工业稳增长，纵深推进工业转型升级，强力实施技术改造，全力谱写制造业高质量发展新篇章，2018—2020年连续三年受到国务院督查激励。

## 一、主要做法和举措

### （一）坚持工业立市不动摇，工业规模再上新台阶

始终坚持制造业是深圳经济实力的根基和最响亮的品牌，制定制造业高质量发展若干措施，实施两个100平方公里高品质产业空间打造计划，努力保持制造业合理比重，优化工业发展环境。2021年，深圳工业经济克服疫情冲击、中美经贸摩擦和龙头企业增速大幅下降等影响，主要指标实现"四稳""一突破"。全口径工业增加值同比增长5%，工业占GDP比重保持在33.8%左右；规模以上工业增加值增长4.7%、规模以下工业增加值增长5.3%、工业投资增长27.1%；规模以上工业总产值首次突破4万亿元，连续四年居全国大中城市首位。

### （二）坚持转型升级不动摇，产业结构呈现"高先新"

出台数字经济产业创新发展实施方案，增强数字化创新引领能力，做大做强战略性新兴产业；2021年深圳市数字经济核心产业增加值约为9395.71亿元，占全市GDP比重30.6%，同比增长6.8%。2021年，战略性新兴产业增加值增长6.7%，占全市GDP比重达39.6%；大力实施技改倍增计划，工业技改投资规模再创新高；

先进制造业、高技术制造业分别增长2.9%和3.2%，占规模以上工业比重分别达68.8%、63.3%。实施时尚产业行动计划和促进工业设计发展的若干措施，推动传统产业时尚化升级，深圳成为国内原创品牌最集中、产业配套最完善、规模集群效应最显著的时尚产业基地之一。

**（三）坚持做强企业不动摇，企业竞争力显著增强**

落实"四个千亿"重磅政策，制订产业空间直供计划实施方案，出台专精特新中小企业和制造业单项冠军遴选办法，不断提升企业竞争力。10家企业入选2021年度软件和信息技术服务竞争力百强，总量位居全国大中城市第二位。2021年，规模以上工业企业利润增长23.7%，增速明显高于全省（16.1%）和浙江（21%）、上海（6.4%）、广州（2.5%）等城市；国家级高新技术企业新增1600多家，总量超过1.86万家，仅次于北京。2021年，全市境内外上市企业新增47家，累计上市企业总量达到495家，在深圳主板和创业板上市的企业总量连续15年排在国内大中城市首位；入围2021年全国电子信息百强企业21家，数量位居全国前列，形成较为完备的电子信息产业链和完善的技术支撑服务体系、产品配套和交易网络。

**（四）坚持创新驱动不动摇，创新能级不断提升**

近几年，深圳着力建设重大科技基础设施，大规模布局高端创新载体，基本形成了"基础研究＋技术攻关＋成果产业化＋科技金融"的全过程创新生态链。2021年，再添一家国家5G中高频器件创新中心，成为深圳市第二家国家制造业创新中心；专利合作条约（PCT）国际专利申请量、有效发明专利五年以上维持率稳居全国城市首位；揽中国专利奖101项，其中金奖5项，获奖数全国第二；第五代移动通信技术（5G）通信、4K/8K高清视频技术、石墨烯、机器人等热点领域发明专利公开量均居全国首位。

## 二、工作亮点成效

**（一）积极践行制造业高质量发展要求，旗帜鲜明发展制造业**

**1. 建立推动制造业高质量发展的工作制度**

成立深圳市制造强市建设领导小组，由市领导担任组长，市政府各部门一把手担任组员，举全市之力，集各部门之智，市区分工协作，坚持制造强市不动摇，始终把制造业作为现代产业体系的重要根基来抓，制定出台《关于推动制造业高质量发展坚定不移打造制造强市的若干措施》，并配套出台 20 个资金政策点，同心同向同力扎实推进制造业高质量发展，为率先建设体现高质量发展要求的现代化经济体系奠定坚实基础。

### 2. 进行制造业生态化部署

顺应国内外经济形势变化，把握新一轮科技和产业革命的核心特征，响应数字化转型的要求，牢牢扭住供给侧改革（战略方向）主线，同时注重需求侧（战略基点）管理，进行制造业生态化部署，并率先实现由要素比较优势向生态赋能优势转型。横向上，从注重点的突破、链的健全，向注重面的覆盖、网的强韧升级。纵向上，打通产业技术创新与产业融合的各个环节，把亟待破题的关键技术协同创新平台，以及中试平台、质量基础设施体系、生产配套体系等必不可少的支撑平台做强做大并且串起来。积极引导市场主体融合发展，充分调动各方资源，促进要素自由流动，推动共建平台、质量基础实施、生产配套等支撑平台。同时，政府部门之间相互协作，推动央地纵向联动、地方政府部门横向协同，跨部门推进集群建设、产业链协同以及资金整合、政策整合、平台功能整合等。

### 3. 聚焦"企业服务""企业培育"，不断提升企业获得感

一是坚持"无事不扰、有求必应"的理念做好企业服务，深化市领导挂点服务企业，推出"深 i 企"平台赋能企业服务。现平台注册量已突破 100 万，解决企业诉求近 6500 条。二是强化企业培育，不断优化"小升规""规做精""精上市""市做强"的梯度培育体系。自 2018 年以来，培育新增"小升规"企业 8103 家（截至 2021 年底）；率先建立国家、省、市三级专精特新企业梯度培育体系，截至 2021 年底，培育国家专精特新"小巨人"企业 169 家、省专精特新中小企业 870 家；新增境内外上市企业 38 家，数量均位居全国大中城市第二。培育成长国家级制造业单项冠军企业 47 家，打造支撑深圳市先行示范的企业"生力军"。三是千方百计缓解中小企业融资困难。扩大千亿民营企业平稳发展基金支持范围，累计为 436 家民营企业（上市公司 77 家）提供 547.16 亿元资金支持；不断完善 50 亿元中小微企业贷款风险补偿资金池补偿政策，撬动新增贷款超过900 亿元；出台中小微企业新增贷款疫情专项贴息政策，覆盖新增贷款超过 1300亿元，补贴金额总计 10.8 亿元。

## （二）疫情防控和经济建设双促进，全力以赴抓好工业稳增长

### 1. 众志成城，常态化抓好疫情防控应急物资保障

2020 年疫情初期，竭尽全力落实国家和省防疫物资保障任务，分赴各企业生产一线蹲守，现场组织协调物资产能，仅用一个半月时间推动全市口罩日产量从 2 万只提升至 1000 万只，防护服、测温仪、呼吸机产能在短时间内提升数倍甚至数十倍。出台"惠企 16 条"配套政策，2020 年免除企业基本电费 5.7 亿元、补贴企业防疫物资技改 5.7 亿元、中小微企业银行贷款风险补偿资金池落实不良贷款风险补偿 1.42 亿元，真正为企业"雪中送炭"。2021 年全力服务康泰灭活疫苗生产保供，推动康泰疫苗获批紧急使用并启动接种，增加疫苗供应，缓解深圳市乃至全国新冠疫苗在一段时间内供不应求的状态。

### 2. 聚焦"大项目"和"大企业"，力保工业保持稳定增长

一是挖掘投资项目增量。实施工业投资扩产倍增计划，制定 2021 年扩产增效奖励政策实施细则，聚焦 5G、超高清、汽车、汽车电子、医疗器械、生物医药等领域，会同各区针对年产值 5 亿元左右企业开展精准宣贯，引导企业投资扩产增产，全力推动全球招商大会签约工业项目。会同市投资推广部门引进一批重点工业项目，持续招引竞争力强、关联度高、成长性好的产业链引擎性项目，发挥新增项目的重要支撑作用，确保项目尽快落地投产。二是做好"一对一"服务。针对中芯国际集成电路生产线、比亚迪集成电路及功率半导体、罗山半导体产业园等重大项目和华为、中兴、比亚迪、富士康等龙头企业，实施"一项目一策""一企一策"专班式个性化服务，加大跟踪、协调、服务力度，协调解决项目和企业存在的困难和诉求。

### 3. 聚焦"创新载体建设"和"集群培育"，提升产业链稳定性和竞争力

加强先进制造业集群培育，大力推进"20 + 8"产业集群建设，建立产业集群"六个一"体系。加快培育国家级先进制造业集群，遴选深圳市优势领域产业集群参加工业和信息化部先进制造业集群决赛，在先进制造业集群培育领域形成更多可复制推广的"深圳经验"，新一代信息通信、先进电池材料、深广高端医疗器械、广深佛莞智能装备集群进入工业和信息化部先进制造业集群决赛优胜者公示名单。积极打造制造业创新载体体系，以制造业创新中心、省市级创新平台、企业技术中心等平台载体建设为抓手，用好关键核心技术攻关、"揭榜挂帅"、承接国家攻关任

务等政策及机制，完善共性基础技术供给体系。深圳市已组建国家制造业创新中心2家、广东省制造业创新中心7家、深圳市制造业创新中心3家，累计培育国家技术创新示范企业18家、国家级企业技术中心35家、市级企业技术中心298家，初步形成重点产业广覆盖、优势领域强引领的创新平台体系，为解决行业共性问题和突破核心关键技术提供了有力支撑。

### （三）强力推进工业技改投资，工业投资结构持续优化

#### 1. 提早布局，实施"技改倍增"行动计划

2017年，按照中央、省和市关于"实体经济提质增效"的决策部署，前瞻布局出台技改倍增扩大工业有效投资政策和若干措施，聚焦智能制造、绿色制造、服务制造、时尚制造、安全制造，加快推进深圳制造业转型升级。对于保障深圳2018—2021年工业投资和技改投资稳定增长和工业投资结构的持续优化起到了关键促进作用。

#### 2. 政策创新，建立多层次多元化政策支持体系

围绕落实技改倍增计划行动方案和若干措施等政策，实施技改倍增专项扶持体系，深挖技术改造促增长潜能。2020—2021年共兑现技改倍增政策优惠约31亿元，推进五大扶持计划约万个项目建设，拉动工业及技改投资超420亿元，专项政策的集聚及示范效应不断显现。深推智能制造提升工程，2020—2021年累计安排8.5亿元大力度支持350余家企业开展智能化改造，富士康"熄灯工厂"获评全球"灯塔工厂"、泰衡诺数字化工厂运营管理系统获评工业和信息化部创新应用案例。推进传统优势产业数字化转型，鼓励服装、黄金珠宝、皮革等领域企业不断创新商业模式，依托时尚＋科技、互联网＋大数据的新方式拓展市场，大力培育个性化定制、柔性制造、云制造等时尚高端制造业态。

#### 3. 建立重点项目库，加强重大项目跟踪服务

制定《2021年深圳市工业投资稳增长"挂图作战"工作方案》，建立《2021年深圳市工业投资稳增长重点项目库》，实施《工业投资绩效考核评分标准》，构建市区街道"三体一体"的工业投资稳增长工作专班与推进重点项目投资建设服务专员的工作体系，以及工业投资目标任务落实督导机制与重点项目建设协调服务推进工作台账制度，不断强化对工业投资项目的协调服务。

### （四）聚焦增动能、调结构，加快推进产业转型升级

**1. 做强新兴产业，推动形成新动能、新势能**

一是持续做强新一代信息技术等支柱产业。进一步发挥深圳在新一代信息技术领域的"核心"优势和规模优势，壮大战略性新兴产业，积极布局未来产业，推进中芯国际芯片生产线、华星光电等重大产业项目建设。二是大力推进新兴产业发展壮大。构建新兴产业生态体系，从人才培养、金融服务、政策创新等各个方面加大支持力度，强化政策协同，形成促进新兴产业发展的合力。5G、人工智能、4K/8K超高清视频、集成电路、生物医药等产业布局开端良好，获批建设国家人工智能创新应用先导区。

**2. 推动制造业与生产性服务业"两业"深度融合发展，重构融合型产业价值链**

一是推动工业设计深度赋能，实施"设计＋"工程，出台促进工业设计发展的若干措施，设计赋能制造业成效突出。深圳获批成为全国首批服务型制造示范城市（工业设计特色类），国际 iF 设计大奖和红点奖两大顶尖设计奖项获奖数量连续十年保持全国大中城市首位。二是加快推动生产性服务业公共服务平台建设。推进建设 13 家国家级、114 省省级、95 家市级工业设计中心，新增 2 家市级工业设计研究院培育对象，着力在基础研究领域实现突破。三是创新举办产业重大活动。2021 年成功举办两季"深圳时装周"、第九届深圳国际工业设计大展、深圳时尚家居设计周、深圳内衣文化周、深圳钟表文化周、时尚深圳展等系列活动，推动时尚产业整合国际资源，提升深圳市时尚产业设计创新能力的国际影响力。

**3. 聚焦"数字化发展"战略，工业和信息化"两化"融合更为紧密**

一是推进新型信息基础设施建设，出自《深圳市推进新型信息基础设施行动计划（2022—2025 年)》，统筹部署以 5G 和千兆光网为代表的"双千兆"网络，累计建成 5G 基站 5.1 万个，人均基站密度达 29 个/万人，建成全球 5G 独立组网全覆盖"第一城"；城市家庭千兆光纤网络覆盖率达 107.7%，2021 年获评工业和信息化部组织评选的全国首批"千兆城市"。二是着力推动数字经济产业创新发展，持续完善数字经济产业发展政策体系，出台数字经济产业创新发展实施方案。根据工业和信息化部统计调查制度，2021 年，深圳市软件和信息技术服务业实现软件业务收入 9012.6 亿元，同比增长 13.9%，规模位居全国大中城市第二。三是发展壮大软件和信息技术服务业。着力建设中国软件名城，培育壮大重点软件企业。推动 5 个项目

入选工业和信息化部 2021 年大数据产业发展试点示范项目，2 个项目入选工业和信息化部 2021 年新型信息消费示范项目，7 家企业获得广东省 2020 年大数据骨干企业称号。四是大力发展工业互联网，政策引导打造工业互联网新格局，出台工业互联网发展行动计划和若干措施。2021 年开展 88 场智能制造与工业互联网系列公益联播和 43 场工业互联网应用推广系列活动，营造工业互联网应用发展的良好氛围。推动宝安区成功获评全国唯一五星级工业互联网领域产业示范基地，推动华为 FusionPlant 平台、富士康 Fii Cloud 平台、腾讯 WeMake 平台 3 家深圳平台上榜工业和信息化部公布的"双跨"工业互联网平台清单，占据清单的 1/5，工业互联网区域集聚渐成规模，平台影响凸显。

# 数·智重塑未来钢铁

## ——湛江钢铁数字化转型研究报告

宝钢湛江钢铁有限公司[*]

## 一、湛江钢铁数字化转型的背景

### （一）数字化转型是国家战略

2020 年 5 月 13 日下午，国家发展和改革委员会官网发布"数字化转型伙伴行动"倡议。倡议提出，政府和社会各界联合起来，共同构建"政府引导—平台赋能—龙头引领—机构支撑—多元服务"的联合推进机制，以带动中小微企业数字化转型为重点，在更大范围、更深程度推行普惠性"上云用数赋智"服务，提升转型服务供给能力，加快打造数字化企业，构建数字化产业链，培育数字化生态，形成"数字引领、抗击疫情、携手创新、普惠共赢"的数字化生态共同体，支撑经济高质量发展。

2020 年 9 月，国务院国有资产监督管理委员会发布《关于加快推进国有企业数字化转型工作的通知》，旨在要求国有企业坚决贯彻习近平总书记关于推进数字经济和实体经济融合发展的重要指示精神，落实党中央、国务院关于推进新一代信息技术和制造业深度融合，打造数字经济新优势等决策部署，增强国有企业推动数字化转型的责任感、使命感、紧迫感，凝聚国有企业数字化转型共识，加强国有企业数字化转型工作指引，多措并举推动国有企业数字化转型，助力经济高质量发展。

国家对数字化转型的重视，充分体现了我国通过数字化转型推进制造业高质量发展、从制造大国转型到制造强国的决心。

---

[*] 本文作者：张一帆、孙震、吴凌放、桂其林、姜育河、郑振华。

## （二）数字化转型是中国宝武战略支撑

围绕国家、钢铁产业层面的工业数字化转型、共创智能经济时代、推动制造业产业模式和企业形态根本转变，中国宝武制定企业战略愿景和目标是要成为全球钢铁业引领者。

在此背景下，中国宝武响应数字化时代号召，以新一代信息技术为支撑，持续加大创新转型力度，持续提升数智化引领能力。2020 年 11 月 9 日，作为全央企首部企业级的中国宝武数智化专项规划正式发布，专项规划围绕中国宝武愿景和使命，遵循"三高两化"路径，聚焦智慧制造、智慧服务、智慧治理三大领域，设计构建数智化"四新"（新生态、新基建、新技术、新保障）框架。规划明确中国宝武数智化转型愿景和方向、三年行动目标及举措，是中国宝武数智化转型的行动纲领。

中国宝武以"智慧制造"支持集团下属各类型制造业的发展，打造"一个工厂"（one mill）理念下的制造新模式，让制造自感知、自学习、自决策、自执行、自优化；以"智慧服务"整合连接外部资源，构建多层面共建共享的高质量生态圈，打造商业新模式；以"智慧治理"确保国际化的中国宝武管理体系全面支持国资监管新要求，提升数智化治理能力，全面支持高市占钢铁新模式下的管理决策高效一体化，最终实现高质量可持续发展。

## （三）数字化转型是湛江钢铁高质量发展的要求

作为最为重要的传统产业，钢铁行业正面临着难得的数字技术变革促进产业转型升级的战略机遇。湛江钢铁作为新建钢铁基地在中国钢铁业处于领先者地位，决定了湛江钢铁有能力抓住制造业转型机遇，不忘初心、担使命，坚定不移地践行智慧制造战略，通过新一代信息技术与钢铁产业的融合创新，厚植竞争优势，担负起钢铁强国的伟大使命。

湛江钢铁坚持"简单、高效、低成本、高质量"的管理理念，坚持"全面对标找差，追求极致效率，深化创新变革，争创世界一流"的经营总方针，以"打造世界最高效率的绿色碳钢制造基地"作为战略目标。

湛江钢铁在中国宝武"制造环节操作室一律集中、现场操作岗位一律机器人、设备运维一律远程、服务一律上线"（"四个一律"）的基础上，以"现场无人化、黑灯工厂、高效管理"为方向，"智慧运营、智能工厂"双线并行，通过互联网、物联网、云计算、大数据、人工智能等互联网技术（IT）技术与钢铁制造工艺深度融合，持续推进数字化转型，着力提升公司"高效率制造、高质量制造、低成本制造、绿色制造"体系能力，以快速响应、满足个性化需求且交付高品质产品的制造模式，充分发挥数字技术在钢铁产业发展中的赋能引领作用，将制造优势与网络化、智能化相叠加，有效提升企业产品和服务的质量和效率，推进钢铁制造生产方式和企业形态的根本性变革，实现现场极致高效；同时以产品和服务数字化、智能化为导向推进产业转型升级和商业模式的创新，培育发展新动能，提高专业服务效率、资产运作效率，进一步提升钢铁产业链现代化水平和钢铁行业竞争力。

## 二、方向和路径研究

### （一）数字化转型的目标

湛江钢铁数字化转型的目标是以工业互联网架构为基础，通过互联互通、智能集控、工业智能、体系变革等手段，实现跨区域、远程操控、在线运维为特征的自感知、自学习、自决策、自执行、自优化制造。

分项目标如下所示：

（1）打通制造与互联网。全面连接设备、软件、人员等各类生产要素，实现与互联网的对接。

（2）实现智能集控。将传统工业控制技术与视频技术、移动网络技术、智能模型等新技术相结合，促成跨层级跨系统跨产线融合的智能集中操控。

（3）变革生产制造体系。实现各类制造资源的优化配置，重构生产组织模式和制造方式。

### （二）数字化转型的方向

湛江钢铁针对自身的产线特色和业务特点理解数字化转型，如图1所示。

湛江钢铁智慧制造是以制造、设备、物流、能源、安保等公司核心业务作为数字化、智能化转型切入点，以精准、实时、高效的数据采集互联体系为纽带，构建"全要素、全业务、全流程"智能化动态运行系统，持续优化资源配置效率，以自动化提高作业效率，以智能化、智慧化提高决策精准性，实现"作业自动化、管理智能化、决策智慧化"的精细化深度运营。

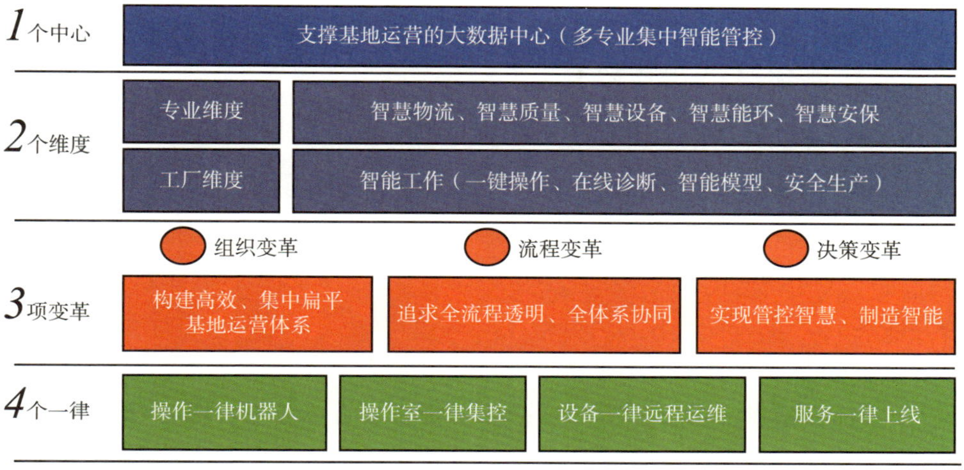

图1　湛江钢铁数字化转型的蓝图

在公司层面，通过智慧物流、智慧质量、智慧设备、智慧能环、智慧安保五大平台建设，专业化管理，破墙穿洞，提升效率，使公司更赚钱、更省钱。

在工厂层面，通过智能炼铁、智能炼钢、智能热轧、智能厚板、智能冷轧等智能工厂建设，使工厂实时管控、精益管理、精准制造。

在工序层面，实施岗位一律机器人、操作一律集中、运维一律远程，使产线无人化、少人化，极致效率，更安全。

## （三）数字化转型的路径

从实施方法方面，针对不同性质的系统，采用不同的实施方法：

（1）面向装备的生产系统，以拾遗补阙为策略。

（2）在线运行的业务系统，以优化配置为策略。

（3）未来建设的智能分析系统，以业务创新为策略。

（4）支撑运营的基础设施，以兼前顾后为策略。

从实施阶段方面，广度方面，由易到难，逐步铺开；深度方面，由简单到复杂，逐次深入：

（1）第一阶段，以信息互通共享为主要目标，并针对核心技术进行试点探索。

（2）第二阶段，以分析支持为目标，并研究核心自动化模型。

（3）第三阶段，以智能决策为目标，建立知识型、学习型信息系统。

## 三、数字化转型实践研究

在数字化转型的具体举措实施过程中，湛江钢铁坚持价值为本、成熟优先、实用优先、急用优先的原则，以是否提升管理效率、劳动效率、资源配置效率等作为检验数字化转型的准绳，培育了一批可复制、可推广的数字化转型技术、管理模式和流程制度。

经过近五年努力，基本建成从原料进厂到成品出厂全程贯通的智能化产线群，形成了一道靓丽的智慧制造"风景线"。"操作室一律集中、操作岗位一律机器人、运维一律远程、服务环节一律上线"，将体力劳动者从重复、繁重、恶劣的环境中解放出来，将脑力劳动者从重复、低效等低端脑力劳动中解放出来，让人更轻松、高效、愉悦地从事更高价值的劳动。试点业务通过数字化转型实现质量指标、成本指标、能耗指标等的提升，取得显著经济效益。试点厂部实施岗位再造、管理模式创新，构建网络型新型管理模式，形成了可复制推广的组织变革经验。

数字化转型获得了业界的广泛认可，"湛江钢铁 1550 冷轧智能车间"获得 2018 年广东省"智能制造试点示范"称号。湛江钢铁"5G + 工业互联网应用示范园区"获得广东省 2019 年第一批"5G + 工业互联网应用示范园区"称号。尤其在新冠肺炎疫情防控中，数字化智能化优势凸显，湛江钢铁通过"智慧制造"的技术手段，运用"黑灯工厂""不碰面生产""智慧物流"等智能手段，在防控阻击疫情的同时，打好了稳产、保产、低碳的守卫战。

### （一）智慧物流

钢铁企业物流一般分为原料采购物流、铁前物流、铁区物流、钢制品物流、成品厂外物流等几个方面，企业内部的物流管理职责基本由多个部门承担，各方核心业务职责及关注点都不一样。钢铁企业物流业务管理方面主要存在以下问题：（1）物流管理侧重于企业内部，忽视了企业物流作为供应链环节和节点的角色；（2）钢铁企业中缺少对物流活动整体管理的部门，各个部门分别从自己的角度出发考虑问题，缺乏业务的统筹；（3）物流管理经常被视同于运输管理，对于整体物流的平衡和计划考虑不足。

智慧物流系统基于整体供应链物流管理的理念，在系统层面基于新一代信息技术和通信技术等构建信息系统，并融合两者以提升物流效率，如图2所示。

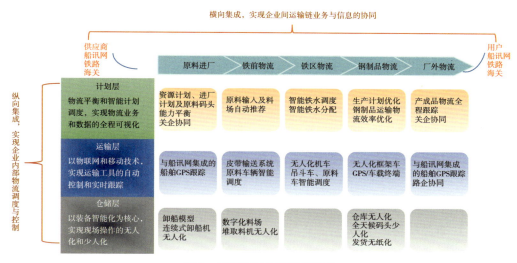

图2　湛江钢铁智慧物流架构

物流生态包括企业外部生态和企业内部生态。智慧物流系统通过横向集成，实现企业间业务协同，通过企业内纵向集成，实现企业内部物流调度与控制。

智慧物流三大核心要素为计划、运输和仓储。在计划层通过物流平衡和智能计划调度，实现物流业务和数据的全程可视化；在运输层以物联网和移动通信技术实现运输工具的自动控制和实时跟踪；在仓储层以装备智能化为核心，实现现场操作的无人化和少人化。

湛江钢铁于2018年开始启动智慧物流的6年（2019—2024年）规划工作，该规划基于本系统架构共策划了36个项目，各项工作基本按照规划的路线图推进，提高了湛江物流智能化分析决策和自动化操作执行能力，数据的透明化和可视化给湛江钢铁物流提升带来了明显的效果：基于资源预测与平衡模型、仓库出库队列模型、车辆调度模型、车位分配模型、装货配载模型等，整合钢铁企业制造管理部门、运输管理部门、各生产厂以及第三方物流承运商的管理界面；以模型替代人工决策和人工调度，实现集物流计划、物流运输、仓储为一体的智能物流技术体系化创新。物流效率明显提升，物流关键指标改善明显，如表1所示。

表 1　　　　　　　　　智慧物流系统建设前后物流相关指标对比

| 序号 | 指标或实现目标 | 单位 | 2017 年实绩 | 2020 年实绩 | 2021 年目标 |
|---|---|---|---|---|---|
| 1 | 鱼雷罐车周转率 | 罐/台天 | 3.32 | 4.18 | 4.2 |
| 2 | 出厂周期（国内） | 天 | 4.72 | 3.9 | 3.6 |
| 3 | 吨钢运比 | 吨/吨* | 3.78 | 3.4 | 3.3 |
| 4 | 内贸水运一次出厂率 | % | 50 | 77 | 80 |
| 5 | 框架车台班运量 | 吨/台·班 | 1000 | 1217 | 1250 |
| 6 | 成品库存降低 | % | — | 17 | 20 |
| 7 | 矿石直进率 | % | 82.4 | 99.4 | 100 |
| 8 | 煤炭直进率 | % | 73.3 | 96 | 98.4 |

注：*厂内物流运量/连铸坯产量。

## （二）智慧质量

随着汽车、家电制造商对钢铁材料的需求由"性价比"基础需求转向"质量、价格、速度、服务、个性化"等多样化需求，这对湛江钢铁全流程质量管控提出了更高的要求。在市场驱动下，构建以客户为导向，以产品一贯制为主线，以大数据挖掘技术为基础，面向全体系质量人员，从用户需求识别到用户使用、从结果向过程/状态、从定性向定量、从点线向全面、从人工向自动、从事后向预防转变的智慧质量应用系统成为湛江钢铁迫切之需。

智慧质量应用系统的建设，如图 3 所示，通过构建产品全流程、全生命周期、全面质量维度的数据平台，横向贯通炼钢、热轧、冷轧及宝钢国际剪切中心，实现从制造端到客户端全流程质量数据采集和传递，纵向集成 L1 到 L4 所有和质量相关的数据，通过数据采集及集成技术、表面缺陷判定优化技术、基于规则的在线监控及实时判定技术，按照大数据分析技术挖掘规则、大数据环境验证规则、业务系统执行规则的实施路线，实现质量闭环管理。

项目一期自 2020 年 1 月投运以来效果较显著，2021 年开展智慧质量系统二期建设，将一期应用功能覆盖至三高炉新增产线及厚板，并对一期功能进行升级扩充，在缺陷工序贯通、提高数据传递效率、减少机组取样量、提升质量余材利用率、提高技术人员工作效率等方面取得了明显的效果。

2022 年底完成智慧质量二期系统上线，完成了全流程质量一贯数据共享平台搭建。围绕大数据价值挖掘，探索内质类缺陷和性能与过程工艺关系，实现缺陷自动分析、工艺动态调整。完成技术中心实验数据管理模块,实现数据的结构化存储,强化数据的传承,为数据价值挖掘打下一定基础;完成基于大数据的炼钢钢质自动预测功能开发,后续根据实际应用情况实时指导板坯清理指令;完成热轧表面缺陷的自动判定,实现钢铁行业首个热轧表面自动识别且判定系统,大幅提升劳动效率;开发工程师办公(office)自定义数据分析软件,使技术人员可以进行个性化自定义分析数据模型搭建,助力公司数字化转型。

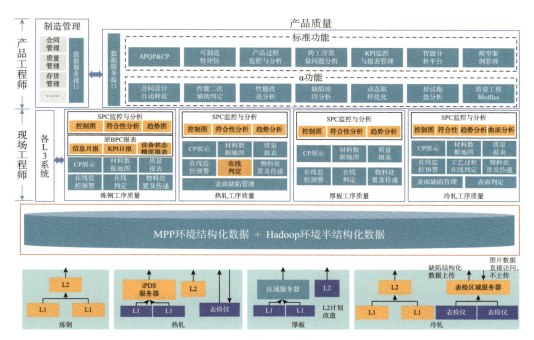

图3 智慧质量系统架构

系统上线后同品种结构废次降由5.58%降低至4.82%;动态取样优化机组取样量减少40%;合同自动释放比例达70%;质量余材自动充当3000余吨。累计产生效益1000万元/年以上。

## (三)智慧能源的水系统集中管控平台

湛江钢铁的水源结构决定了用水成本较高,全厂水系统工艺复杂,取水、制水、供水、用水、排放及回用各个环节均面临着巨大的挑战;装备水平总体较高,但由于利旧搬迁、分期分段建设等因素,不可避免地存在设备型规差异和参数匹配问题;基础自动化和信息化水平总体较高,但平台众多、彼此独立、连通性不足;虽然积极进行组织变革，但数据配套滞后，缺乏有效的工具系统，生产效率、管理效率、系统运行效率的再提升面临瓶颈。

湛江钢铁全厂水系统集中管控平台将相对分散的 15 个操作室进行整合，实现各系统生产运行集中监控、各系统生产数据集中管控，统一调度现场生产作业、运行维护、应急处置。汇聚了全厂水系统基础自动化数据、水质数据、制造执行数据、能源管理数据、地理信息系统（GIS）三维数据、视频信号、气象信息等近 20 万条生产及关联数据，打通了数据壁垒，实现信息的集成和共享，支撑全厂水系统的统一管理，实现"水量平衡一张表"。建立一体化管控平台，将操作运行、设备维修、协同调度、生产管理所需要的人员信息、工艺信息在时空维度进行整合和集成，并提供友好的可视化界面和便捷的交互工具，实现"生产管理一张图"。并通过多屏互动、集散联动等技术手段，提高工作效率，进而提高系统运行效率和管理效率。创造性地将水量平衡应用到全厂水量水质智能协同调度，同时配套水单元内部、水单元间、水单元与产线的协同控制模型，实现了全厂水系统的全流程一体化管控，大幅度提高了工作效率、系统运行效率与管理效率。

通过系统项目的实施，湛江钢铁水系统技术水平以及劳动效率得到大幅度提升，吨钢耗水由 2.99 立方米/吨·秒降低至 2.73 立方米/吨·秒，劳动效率提升 50% 以上，本项目所产生的直接经济效益为 3533.73 万元/年，间接经济效益为 2278 万元/年，湛江钢铁全厂水系统实现了全流程废水零排放，并荣获 2020 年国家工业和信息化部重点用水企业水效领跑者荣誉称号。

### （四）1550 冷轧智能化产线

随着国内汽车、家电产业的发展，汽车外板与家电板的需求量逐年上升，但汽车、家电制造对其用板（特别是对轿车外板）的要求非常苛刻，国内能稳定生产高品质汽车外板或家电板的厂商只有少数几家。因此，湛江钢铁在工程建设阶段就高起点规划并开展 1550 冷轧智能车间建设，以构建智能化、网络化、集成化、柔性化的新一代冷轧生产线为主要目标，通过传感技术、网络技术、人工智能技术、大数据技术、工业软件技术的交叉融合打造流程工业智能工厂示范工程。在提升作业自动化水平的同时，围绕智能感知探测、管控智能化、知识自动化、业务协同多目标优化等，建立涵盖制造全过程的智能化应用，解决生产各环节的信息集成，实现信息资源的开发利用，提高制造过程的效率和质量，降低制造成本。

针对 1550 冷轧产线，打造流程工业智能工厂示范工程。主要包括如下内容：

（1）实现了对机组物流、能源流、物性等的全流程监控，建立数据采集和监控系统，生产工艺数据自动数采率达到98%以上。

（2）1550产线采用了11套过程控制系统，使用了1550轧机模型、1550连退退火炉加热模型（FAS）、1550镀锌退火炉加热模型（FAS）、1550硅钢退火炉控制模型（2条机8组）、1550硅钢烘烤炉控制模型（2条机组）等7个控制模型，实现基于模型的先进控制和在线优化。

（3）建立了公司企业资源计划系统（ERP）、制造管理系统（MS系统）、冷轧生产执行系统（PES系统）等，实现生产模型化分析决策、过程量化管理、成本和质量动态跟踪以及从炼钢到热镀锌产成品的一体化协同优化。

（4）建立了机组级、工厂级通信网络架构，实现工艺、生产、检验、物流等制造过程各环节之间，以及制造过程与数据采集和监控系统、生产执行系统（MES）、企业资源计划系统（ERP）之间的信息互联互通。

（5）建立了分层隔离的工业信息安全防护体系与配套管理制度，具备网络防护、应急响应等信息安全保障能力。

（6）实现了轧后库、成品库行车无人化，行车自动运行率95%以上，处于国内同类机组的领先水平。

（7）机组入口拆捆、出口取样、出口打捆、出口贴标等全部实现机器人作业，大大减轻人工作业负荷。

通过本项目的实施，取得如下技术指标效果：

（1）产线机组人的使用进一步提升劳动效率，降低安全风险，减少生产成本；

（2）自动包装机组，设计产能20卷/时，较传统机组减少7人/班，在满足包装产量的前提下，还兼顾物流，大大提升了作业效率。

（3）智能物流系统实现冷轧产品在仓储运输过程的自动化运作和高效率优化管理，降低成本。

（4）智能工厂系统具有提高各工序集批生产规模，充分发挥大规模生产和定制生产两者优势，做到了以较低成本和快速交货从而满足客户个性化、多样化需求。

取得如下经济指标效果：

（1）年降低生产成本2000万元以上；

（2）生产周期缩短3~5天；

（3）生产效率提升18%以上；

（4）能源使用率提升8%以上；

（5）岗位配置优化170人，劳动效率提升41%以上。

## 四、数字化转型支撑体系研究

### （一）基于工业互联网的顶层策划

工业互联网与云计算、大数据、物联网、人工智能等新一代技术相结合，具有联通、数据、算力、算法、开放、敏捷等特点，形成开放技术体系，运用数据解决企业运营优化与服务变革等不确定性需求，提质增效并支持创新（见图4）。

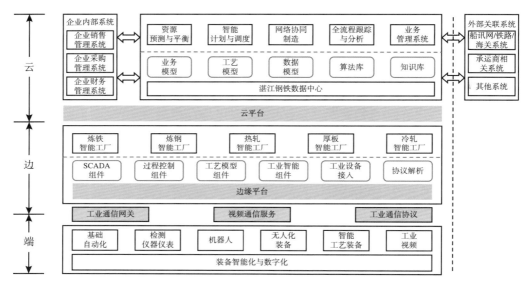

图4 系统架构顶层策划

（1）"端"即指设备端，多为嵌入式个性化专用平台，有利于运行效率和实时性，通常由设备供应商提供，宝武工业互联网的一个重要特性是自主打造了一系列的智能装备。

（2）"边"即指边缘平台，提供边缘层数据采集、处理和部分价值实现的支撑功能，聚焦数据的实时性，并支持边缘智能的实现。宝武工业互联网的另一个重要特性是对工业现场实现了闭环控制。

（3）云端平台则是一个规模更大、功能更全、复杂度更高的平台体系，讲求开发运维一体化（DevOps），不仅提供全样本、全要素的在线/离线数据分析，还提供知识发现、封装和调用的系统环境，基于工业数据生态，支撑传统管理业务的优化和运行，支撑生态圈层级的数据交互和流程集成，为工业企业提供全生命周期的服务。

云边端的架构更加扁平化，核心是数据。以数据为核心，着眼于提高数据流动和使用效率，充分发挥平台工业数据管理、工业知识建模、数据价值分析和工业应用创新优势，高效灵活地满足企业所有智能化需求。

### （二）关键技术

在实施数字化转型过程中，主要技术有基础设施技术、安全保障技术、数据治理技术、模型构建技术等。

基础设施技术包括：

（1）网络通信技术。主流的网络通信组网及接入技术，以5G为代表的无线网络技术，工业通讯（OT）网与IT网融合的网络组网和接入规范等。

（2）物联网技术。重点聚焦标识解析、多协议适配、异构数据采集、无线接入等技术研究，为设备联网创造条件。

安全保障技术：实施基础安全防护、应用安全防护、数据安全防护、互联网云防护、工控安全防护等安全防护技术措施，增强重要业务安全保障和重要数据安全保护能力。

数据治理技术包括：

（1）数据标准管理，通过统一的数据标准制定和执行，实现对云端和边缘数据的准确性和规范化管理。

（2）数据质量管理，对数据在采集、存储、加工、使用过程中可能引发的数据质量问题进行识别、度量、监控、预警、修正等。

（3）数据生存周期管理，对数据需求、数据归档、数据退役等过程进行规范化定义与管理。

（4）元数据管理，对各类元数据信息进行统一管理。

模型构建技术包括：面向物理对象和环境、场景的数据建模技术，机理模型适应性优化技术，机理与数据模型融合分析技术，虚拟仿真技术，数字孪生技术等。

### （三）组织保障

#### 1. 建立智慧制造（数字化转型）的责任体系

湛江钢铁成立了智慧制造（数字化转型）专项推进组、智慧制造专业推进小组、智慧制造推进办公室，由公司董事长、总经理亲自挂帅，组织开展智慧制造（数字化转型）顶层设计、专项策划和日常推进。常规按照双月召开一次公司智慧制造（数字化转型）推进会议，检查、协调、评价各专项小组工作情况，布置下阶段重点工作。

2. 建立智慧制造（数字化转型）项目综合评审机制

由智慧制造推进办公室负责组建评审组，在公司年度计划编制、中期计划调整、专项方案审核、课题建议等环节组织开展评审活动，评估项目是否符合公司数字化转型的架构、技术成熟度、实施难易程度、资源投入和实施效果等事项，为公司决策提供参考意见。

3. 组建大数据建设团队

通过统一数据标准规范、提高数据质量、降低数据安全风险、加强数据服务建设，实现公司大数据应用能力的快速发展，成立公司大数据建设团队。公司大数据管理部门负责公司数据治理相关管理办法和标准的编制和修订；负责公司数据域及数据模型的规划和设计，实施数据标准管理、数据质量管理及数据安全管理；公司其他部门负责公司数据治理工作的日常推进，组织数据管理团队开展数据运营工作；作为数据提供者在数据管理规范要求下，开展本专业数据域的建设和日常管理，包括数据标准定义和执行、数据质量规则建立和异常处理、数据授权、参与公共数据模型的设计和实现；作为数据消费者提出数据共享、数据分析、数据传输等数据服务需求，并在被授权的数据使用范围内合规使用数据；作为数据开发者，利用大数据中心基础平台提供的数据开发工具和分析工具，开展数据分析应用。

## 五、数字化转型的经验启示

### （一）加深企业转型迫切性认识

#### 1. 决心难下、决策难做

企业数字化转型是一项战略性举动，投资在短期内难见回报，这是影响企业进行资源投入决策的重要因素，由于投资回报难以量化，导致决心难下、决策难做。

#### 2. 能力不足、选择有限

顶层设计能力不足，体系认识不深，受传统惯性模式的制约，许多工作还停留在围绕传统信息化管理修补完善，难以摆脱人工经验依赖；由于核心知识产权掌控不足，缺少标准指导，实施路径选择困难，专业供应商解决方案水平参差不齐，选择空间有限。

### 3. "有形"的多、"无形"的少

各企业制造基础参差不齐，对转型的理解认识差异巨大，直接影响到企业数字化转型路径选择和资源投入的力度；"可见的"硬件改造工程居多，"不可见的"软件能力提升项目少，原始创新应用比例不高；对企业制造运营进行有效洞察预测的成功案例寥寥无几。

### 4. 技术应用易，管理变革难

当技术应用对企业业已形成的管理模式形成冲击时，或各方的利益诉求相互交织、形成冲突时，大量的协调难题会对管理者决策带来困扰。

## （二）理顺和正确处理一系列关系

在操作层面，也存在一系列需要梳理和解决的问题，帮助企业在繁杂的事务关系中理清思路，抓住重点和主线，大力推进工作落实。

### 1. 要正确理解数字化转型与企业信息化的关系

企业信息化是面向流程构建，在技术和管理上都带有显著的时代烙印，即：在技术上，存在多个物理上独立的硬件系统和彼此不兼容的软件系统；管理上，企业组织分工决定了多层级的系统架构和多个专业管理系统并存，导致数据多源、零散、不成体系、难以深度挖掘应用；"竖井"式部署的业务功能集成度不够，限制了业务协同度的提升。

面对目前对数据应用的迫切需求，存量的企业信息化系统之不足也日益凸显，需要在重新审视的基础上，基于工业互联网构建完整的良性数据生态环境，来满足企业转型升级中一系列对数据的新需求。

### 2. 要辩证认识创新探索实践与借鉴对标的关系

中国钢铁业是在引进、消化、吸收的基础上发展起来的，已经形成了"跟随"的思维惯式，在推进数字化转型时，总是希望找到成功案例进行对标，避免尝试失败的潜在风险。

但是，我们已经难以找到完全可供借鉴的对标企业去模仿和借鉴，这需要极大的创新勇气，在深入研究需求和趋势的基础上，找准企业痛点，聚焦应用场景，大胆探索实践。

### 3. 要统筹规划技术开发与业务流程再造的关系

数字化转型是新一代信息技术与企业运营深度融合的过程，技术的引入必然带来管理流程的变革，甚至催生更多的流程创新和业务模式。用数据驱动管理变革、流程再造，是数字化转型的必然结果，两者要同步规划，相互促进，以达到更好的效果。

# 05

# 改革治理篇

# 关于推动村镇工业集聚区升级改造 助力制造业高质量发展的调研报告

*广东省工业和信息化厅工业园区处*

为贯彻落实省委、省政府关于推动制造业高质量发展、全面启动珠三角核心区村镇工业集聚区升级改造攻坚战的有关工作部署，省工业和信息化厅组织开展专题调研，摸查珠三角村镇工业集聚区基本情况，了解掌握各地在推进村镇工业集聚区升级改造方面的工作进展、工作举措以及遇到的问题和困难等，并在此基础上提出工作建议。有关调研情况如下：

## 一、珠三角村镇工业集聚区基本情况

据不完全统计，珠三角村镇工业集聚区数量约为 6.5 万个，占地面积约 7 公顷，实现工业增加值不足 600 亿元[①]。

从产出效益看，村镇工业集聚区占地面积约占珠三角地区现有工业用地面积的三成，仅贡献了珠三角地区 2% 的工业增加值，单位面积产出低效。广州市村镇工业集聚区地均产值和税收仅相当于全市工业地均产值的 13% 和 22%；佛山市村镇工业集聚区地均产值仅相当于全市工业地均产值的 25%；江门市村镇工业集聚区亩均税收仅 3.93 万元，远低于省级园区的亩均税收（23.75 万元）[②]。

从空间形态看，大部分村镇工业集聚区缺乏统一规划，星罗棋布地分布在村、镇（街道），面积从 1 公顷到数百公顷不等，用地分散零碎。集聚区内土地节约集约利用水平较低，存在大量低矮简易厂房，大部分集聚区容积率不到 1.5。

从产业发展看，村镇工业集聚区内企业多为服装、化妆品、皮革皮具、五金、

---

[①] 资料来源：根据各地市工业和信息化主管部门工作材料整理。

[②] 资料来源：根据广州市、佛山市和江门市工业和信息化主管部门工作材料整理。

汽车维修、仓储、物流等，行业较为分散且企业规模较小。由于管理不善，近七成的安全生产事故和环境污染事件都发生在集聚区内。

## 二、珠三角各市推进村镇工业集聚区升级改造的主要举措

珠三角各市充分结合本地实际，找出了适应本地发展情况的工作措施。广州、深圳、佛山、东莞、中山等市村镇工业集聚区数量较多、占地面积较大，着力通过"工改工""工改新"，利用腾挪出的土地空间打造高质量发展载体。惠州、江门、肇庆等市村镇工业集聚区数量相对较少，主要在低效闲置用地整治、提升土地利用效率上下功夫。珠海市园区规划工作开展较早，但村镇工业集聚区规模最小，主要是推进旧工业区改造。

各地通过实践，探索出多种典型改造模式，比如，业主自主改造模式，即政府负责规划，明确产业准入条件和扶持政策，统筹公共配套设施和市政设施建设，引导支持项目业主（村集体或企业）自主升级改造；国有企业主导改造模式，即引入国企作为改造项目实施主体，与村集体签订合作协议，在不改变土地权属、约定租赁年限和收益等前提下，将土地流转给国企开发建设运营；政府挂账收储模式，即由政府进行事前统筹，经村集体表决同意后，政府、土地储备机构与权属人签订收储协议，暂不支付补偿款，待土地公开交易后，再按协议进行补偿；混合开发模式，即将国有土地和集体土地进行捆绑，统一出让（流转）给同一市场主体，由市场主体按照实施方案和合作协议与被拆迁方签订拆迁补偿协议，完善手续、统一改造；产业地产商主导模式，即设置门槛条件，引入有实力、有经验的产业地产开发商主导改造，整合原有土地，统一规划、设计、招商、运营和管理，打造现代化园区；微改造模式，即保留旧建筑原有框架，升级外立面，增加公共空间，完善消防环保等设施，拆除违章建筑，提升村镇工业集聚区及其周边基础设施配套和公共服务水平等。

## 三、升级改造中遇到的主要问题和困难

### （一）"工改工"意愿不强，"不想改"

村集体担心改造期间空租、收入减少，更倾向于"工改商住"获得一次性分

红，而开发商则认为"工改工"与"工改商住"项目相比回报周期长且收益不高，村集体和开发商对"工改工"的改造意愿均不强。

### （二）土地权属性质复杂，历史问题多，"不易改"

村镇工业集聚区内物业产权归属村集体、村民个人、企业等多种主体，厂房物业"三规"不符现象较为突出，历史遗留问题较多。同时，村镇工业集聚区升级改造还涉及农民住房安置、集体土地征收等问题，升级改造难度较大。

### （三）政策体系不完备、指引不到位，"不会改"

升级改造工作涉及土地规划调整、建筑拆建、环境整治、安全生产、消防、产业升级等，涉及事项多、部门多且程序复杂。但由于尚未建立相关政策体系且缺乏统一的工作指引，基层干部和改造主体对升级改造程序不了解，需要对接咨询的部门较多，工作难以快速、有序推进。

### （四）安置补偿、完善配套设施投入大，"没钱改"

集聚区升级改造一方面需要对原有旧厂房进行拆除或改建，提升集聚区基础配套设施水平，另一方面还要对村集体等进行安置补偿，改造成本较高。据了解，目前佛山市村镇工业集聚区改造成本约为 40 万元/公顷，而 2019 年佛山市工业用地市场出让平均价格仅为 4 万元/公顷，改造成本远高于政府出让工业用地价格①。

### （五）产业引进难、转型升级难，"考验多"

集聚区升级改造就是要引进优质企业项目，推动产业升级。然而，优质企业项目落户要求高、招商难度大，现有企业对未来难预期、转型升级动力不足，产业发展平台承载能力有待加强等，是升级改造后地方政府和改造业主即将面临的一系列问题。

## 四、从顺德经验中得到的启发

顺德村镇工业集聚区升级改造成效显著，关键在于：

---

① 资料来源：根据佛山市工业和信息化主管部门工作材料整理。

一是党委、政府高度重视，将村镇工业集聚区升级改造作为"头号工程"，成立高规格领导小组，"一把手"亲自抓；二是规划先行，先谋而后动，划定工业用地控制线和产业保护区块，将"工改工"作为村镇工业集聚区升级改造的主攻方向；三是力求在体制机制上创新突破，积极争取省委深改组的支持，率先创建广东省高质量发展体制机制改革创新实验区，并争取到一系列配套政策；四是重视产业培育、企业发展，改造后既能目标明确招引大项目落地，又能有效激励本土企业增资扩产、"二次创业"；五是明确工作目标、压实工作责任、配强干部队伍，形成区、镇（街）全力推进的工作局面，并通过不定期召开工作推进会强化监督实施。

## 五、工作建议

省委、省政府全面启动村镇工业集聚区升级改造攻坚战，是努力践行习近平新时代中国特色社会主义思想，深入贯彻习近平总书记视察广东重要讲话和对广东重要指示批示精神的重要实践，是构建"一核一带一区"区域发展新格局、推动制造业高质量发展的具体抓手。为此，在实地调研和总结顺德经验的基础上，提出以下建议。

### （一）明确责任目标，凝聚工作合力

建立工作统筹协调机制，形成"省委、省政府谋划顶层设计，省各有关部门提供政策支持，市、县（市，区）、乡（镇，街）三级政府合力推进"的工作体系，尤其压实县一级政府的工作责任，全力推进村镇工业集聚区升级改造工作。

### （二）突出政策创新，突破改造瓶颈

创新空间规划管理机制，鼓励通过市场化方式调节用地规模、通过区域内平衡方式调整土地规划等。研究历史遗留问题处理办法，有序推进历史问题的解决。同时，积极争取国家对广东省历史用地问题处置上的支持。

### （三）强化规划引领，建设高水平园区

以编制国土空间规划为契机，划定工业用地控制线和产业保护区块，防止工业用地空间被挤占。鼓励升级改造后具备条件的集聚区，申报建设省产业园，促进产业集聚发展。强化示范引领，整合打造一批升级改造示范项目、示范园区。

## （四）聚焦产业培育，推进产业升级

聚焦战略性产业集群培育，指导各地制定产业发展规划、精准招商，培育打造一批特色产业园区。研究政策措施，有序引导集聚区内原有企业项目就地改造或省内搬迁转移，推动企业转型升级。

## （五）强化要素保障，推进"工改工"

设立专项资金，对"工改工"项目给予税收返还或直接奖补等。在用地规模、指标上对"工改工"项目给予倾斜支持，并研究提高土地容积率和配套设施比例。积极研究拓宽"工改工"资金来源，研究金融产品支持升级改造，并积极引入社会资本参与升级改造。推动制定地方性法规，为"工改工"提供法律依据和保障。

# 广州市工业用地产业监管体系研究

*广州市工业和信息化局*

随着我国经济由高速增长阶段转向高质量发展阶段，《中共中央关于制定国民经济和社会发展第十四个五年规划和二〇三五年远景目标的建议》明确要求"坚持把发展经济着力点放在实体经济上，巩固壮大实体经济根基"。同时，国内大城市进入存量用地时代，城市发展由外延式扩张向内涵提升转变，集约节约利用成为土地利用的重要方向。在此背景下，国内城市高度重视工业发展，纷纷在产业用地绩效评价及用地监管方面开展了相关探索，取得了一定成效。

为落实省降低企业用地成本、提升土地利用效率的要求，保障实体经济发展空间，实现经济高质量发展，有必要对广州现行工业用地产业监管政策进行梳理，借鉴上海、浙江、深圳等省市在产业监管方面的先进经验做法，为广州普通工业用地、新型产业用地的产业监管以及全市产业区块管理制定规范化管理制度，构建全生命周期产业监管新体系。

## 一、广州工业用地发展现状[①]

### （一）广州工业用地现状特征

据统计，2020 年广州工业用地面积（含仓储，下同）约 368 平方公里，占城乡建设用地的 23%，主要分布在黄埔、白云、花都、番禺、南沙、增城等地区，形成了黄埔南—增城西、白云中西部、花都中南部等工业集聚中心。2007 — 2020 年，广州年均工业用地新增供应规模约为 5 平方公里，占全市新增用地供应总量的 25% 左右。

---

① 资料来源：广州市工业和信息化局、广州市规划和自然资源局统计测算。

从利用效率上看，2020 年广州工业用地平均容积率为 0.7 左右，地均增加值约为 14.8 亿元/平方公里，远低于深圳水平。此外，作为广州经济发展的重要空间载体，村级工业园①一直以来为广州工业发展作出重要贡献。2020 年，全市村级工业园面积约 132 平方公里，约占全市工业用地面积的 1/3，但仅贡献了全市工业总产值的 10%、工业总税收的 6%，土地整体产出效率偏低，难以满足新时代产业的发展需求。

### （二）产业监管政策梳理

目前，广州工业用地产业监管工作还处于起步阶段，先后制定了《广州市产业用地指南（2019 年版）》《广州市人民政府办公厅关于加强土地管理的实施意见》《广州市闲置土地处理办法（2015 年修订）》等文件，部分区已出台了区级工业用地产业监管相关文件，初步形成了工业用地产业监管的相关规定。但也应注意到，广州工业用地产业监管政策体系仍存在以下问题。

一是工作机制上，政策横向和纵向联动不足。目前广州工业用地产业监管工作仍以由下至上的区级探索为主，广州市级层面仍缺乏统一的工业用地监管政策，对区级指导有限、区级层面尚未制定具体的工业用地监管细则。同时，全市和各区未形成统一的实施细则，存在各类指标繁多且标准不一的问题，一定程度上增加了企业的负担。另外，全市各部门未形成协调一致、权责明确的工作机制，无明确部门牵头，各部门具体监管职责不清，存在一定程度的职能交叉，联审制度有待进一步明确。

二是管理思路上，工业用地监管重准入轻退出、重指导轻实施。广州现有工业用地监管政策主要集中在准入环节，但对后续产出效益指标要求相对缺位。据统计，2014—2018 年，全市工业用地供应合同仅 50% 规定了工业用地投资强度，仅 38% 规定了工业用地年产值，超过 2/3 未明确规定工业用地年纳税额。同时，广州对事中监管和事后退出机制关注有限，尚未形成具有一定操作性的工作指引，如在退出环节虽然已有成文的惩戒措施，但往往实施困难、效果有限，尤其是用地收回等手段较难落实。

三是保障措施上，奖惩联动不足，差异化激励约束机制未建立。目前，广州现有工业用地供后监管手段以惩戒性措施为主，缺乏正向鼓励性政策措施，对达标尤

---

① 村级工业园是指纳入广州市村级工业园整治提升年度计划，分布于广州行政区范围内的村集体经济组织所有权土地上（包括使用权为村集体的国有土地），现状或历史上主要为工业、仓储物流等用途的工业集中区块。

其是"超标"企业相应支持措施较为不足。

## 二、国内先进城市工业用地产业监管举措

### （一）上海：强化土地利用全生命周期管理，加强项目在土地使用期限内全过程动态管理

上海工业用地全生命周期管理以提高土地利用质量和效益为目的，以土地出让合同为平台，对项目在用地期限内的利用状况实施全过程动态评估和监管。上海通过健全工业用地产业准入、综合效益评估、土地使用权退出等机制，将项目建设投入、产出、节能、环保、本地就业等经济、社会、环境等要素纳入土地出让合同管理，实现土地利用管理系统化、精细化、动态化。

一是重视产业项目准入与遴选。上海定期发布本市产业指导目录，明确要求结合城市产业发展导向，引入重点产业，并通过更新本市工业用地投入强度和产出效率的最低标准，优化完善产业用地标准，强化产业项目准入审核制度，明确工业用地项目的产业、经济、建设、环保节能等要求，纳入土地出让合同，作为土地利用绩效评估的依据。

二是构建多元监管考核指标。将建设进度、经济效益、环境效益作为监管内容，将投产税收、达产目标等纳入监管考核指标。在土地出让合同中，上海要求明确约定项目开工、竣工、投产时间，根据项目的实际情况，可以约定实施项目时间履约保证金（保函）制度，或采取其他市场化措施，确保工业用地节约集约利用。同时，建立工业用地项目土地利用绩效评估制度，在达产阶段（达产评估）、达产后每3~5年（过程评估）、出让年期到期前1年（到期评估）等阶段进行土地利用绩效评估。

三是对用地退出进行约定，主要包括主动和强制退出两种情形。其中，主动退出是指在工业项目约定的开工日期之前或达产之后，因企业自身原因无法开发建设或运营的，受让人可申请解除土地出让合同；强制退出则是指土地受让人在取得建设用地使用权后，未按照合同约定的开发利用条件使用土地应当进行用地退出。

### （二）深圳：强区放权，面向普通工业用地和新型产业用地，制定相应的产业监管细则

一是强调强区放权。深圳自2016年实行"强区放权"改革之后，将工业及其

他产业用地供应工作全部下放至区级政府，由各区制定相应实施细则予以配套完善。一般而言，由深圳市级相关部门负责重点产业遴选，其中，市产业主管部门制定各产业领域重点产业项目认定标准及面积配置标准、制定产业发展监管协议标准文本，并依职能负责本行业市级重点产业项目的遴选、公示、监管等工作；市规划和自然资源部门负责全市工业及其他产业用地供应管理的政策制定、统筹指导、情况汇总、政策解释等工作，并建立评估考核机制。区政府则负责组织实施区级重点产业项目的遴选以及所有产业项目的用地供应、监管等工作，负责与中标人或竞得人签订产业发展监管协议，并对产业发展监管协议的履约情况进行定期或不定期核查，实行"全方位、全年限"监管机制。

二是面向普通工业用地和新型产业用地制定相应的产业监管细则。深圳规定普通工业用地的产业发展监管协议应包括产业准入条件、投产时间、投资强度、产出效率、节能环保、股权变更约束、退出机制、违约责任等相关条款。在此基础上，深圳进一步明确新型工业用地产权限制、分割转让、出售准入等方面要求。如在分割转让方面，原则上严格限制分割转让比例，转让建筑面积不超过总面积50%，确须转让的优先由政府回购，政府不回购的应在市土地房产交易中心按政府拟订的基准价格以公开方式进行转让，次受让方也应符合创新型产业用房准入条件。

三是实行梯度监管，优化产业退出机制。一方面，建设用地使用权人（承租人）在开发建设前或达产后，均可按相关规定选择主动退出。另一方面，如有法律规定、土地供应合同和产业发展监管协议约定的须承担责任的情形的，由区政府根据违法、违规或违约情形，分梯度进行处置，处罚力度应与违约情形严重程度相匹配，直至解除土地供应合同。

## （三）杭州：推行"亩均论英雄"改革，建立正向激励和反向倒逼双向监管机制

一是建立"亩产效益"综合评价机制。以县（市、区）为主体，完善导向清晰、指标规范、权重合理、分类分档、结果公开的企业综合评价体系。按照谁主管、谁统计、谁负责的原则，加强数据清查、统计、报送等工作。规模以上工业企业综合评价以亩均税收、亩均增加值、全员劳动生产率、单位能耗增加值、单位排放增加值、研究与试验发展（R&D）经费支出占主营业务收入之比六项指标为主，评价结果分为四档；规模以下工业企业综合评价以亩均税收等指标为主。

二是建设省、市、县（市、区）、园区四级"亩产效益"综合评价大数据平台。

要求将综合评价有关数据导入平台，保证基础信息的准确、完整、及时更新和共享，综合评价大数据平台按主题、部门、地区进行分类分级共享，分档建立企业体检档案。

三是结合评价结果建立正向激励和反向倒逼机制。根据绩效评价结果，将企业划分四个等级，在用水机制、用能机制、用地机制、排污机制、信贷机制五项资源上给予差别待遇，资源重点关注向效益良好的企业倾斜，激励企业集约节约用地。

## 三、广州工业用地产业监管体系构建对策研究

落实广州建设先进制造业强市发展战略，以高质量发展为主线，围绕"保产业、提效率、促增长"的总体目标，构建完善的工业用地监管体系，促进工业用地集约节约利用。

### （一）总体思路

按照"市层面指导、区层面实施"的原则，构建市区两个层面的工业用地监管组织架构，以产业监管协议、产业监管平台、监管指标体系为抓手建立"3个1"的工业用地监管核心体系，加强项目准入、用地供应、供后监管、奖励惩罚四个关键环节的监管工作，构建"五个联动"的工业用地产业监管体系。

一是市区联动，建立"市指导、区实施"的工作机制。市级层面由市相关部门统筹全市工业用地监管工作，制定产业监管工作指引，明确产业监管的流程，建立产业大数据监测及分析管理平台，指导各区开展产业监管工作。区级层面结合实际情况制定区级工业用地产业监管实施细则及具体的操作指引，承担各区项目引进阶段的审查、产出监管协议签订以及后续产业监管工作，落实差异化的产业鼓励政策。

二是部门联动，健全多部门共同监管机制。建立工业和信息化、发展改革、规划和自然资源、统计、市场监督管理、税务等多部门产业监管合作备忘录，明确各部门在产业监管过程中的责任。在土地出让前，按照部门职责分工，细化建设、产业和运营等管理要求，明确产业监管标准。在土地出让后，按照"谁提出、谁监管"的原则，依托产业大数据监测及分析管理平台开展日常监管。

三是过程联动，构建全生命周期产业用地管理体系。围绕工业用地项目实施全过程动态评估和监管，完善"事前—事中—事后"各环节的监管措施，重点加强以项目准入、用地供应、供后监管、退出机制为核心的关键环节的监管工作。推动产业监管从过去以事前准入为重点走向以事中、事后监管为重心，建立常态化、全周

期的工业用地监管体系。

四是信息联动，建立部门共享的产业信息监管平台。按照综合性、科学性、可操作性的原则，从产业发展、投入产出、开发利用、环保节能、绿色创新等不同方面设定考核指标内容，作为产业准入、产业监管协议、绩效评估等环节的重要监管内容，并探索建立"达产评估—5 年评估—到期前 1 年评估—年度评估"的动态评估管理机制。

五是奖惩联动，完善产业用地准入退出机制。从产业类型、经济指标、建设指标等方面完善产业用地准入机制，健全"主动退出 + 被动退出"用地退出机制，探索构建"停止奖励—没收履约保证金—限期整改—补足税收—停止分割转让—土地收回—纳入信用体系"逐步收紧的用地退出措施，有序推动低效闲置用地退出，盘活存量工业用地资源。

## （二）实施对策

### 1. 建立市区两级工业用地监管组织架构

市相关部门成员组成工业用地产业监管领导小组，协调解决工业用地产业监管过程中的重大问题，监督检查工业用地相关管理工作落实情况；市工业和信息化主管部门制定工业用地产业监管工作指引政策文件、各产业领域重点产业项目认定标准，明确项目投入产出监管协议的核心内容和要求，指导各区开展产业监管工业，依职能负责市级重点产业项目的遴选、公示、监管等工作；市规划和自然资源部门负责全市工业及其他产业用地供应管理的政策制定、统筹指导、情况汇总、政策解释等工作，并建立评估考核机制；市其他相关部门按照各自职责，做好配合、服务、监管工作。

各区政府是工业用地产业监管的实施主体，负责组织实施区级产业项目的遴选以及产业项目的用地供应、监管等，与土地受让人签订项目投入产出监管协议，并组织相关部门对项目投入产出监管协议的履约情况进行定期或不定期核查，实行"全方位、全年限"监管机制。各区产业主管部门、规划主管部门等相关部门按照各自职责，配合区政府开展区级层面的工业用地监管工作。

### 2. 构建标准化的核心监管指标体系

结合工业用地全要素管理，针对不同方面设立不同类型的监管指标，构建工业用地监管的核心指标体系（如表 1 所示）。结合各地产业监管经验，按照每个部门 1 ~ 2 个指标，从经济效益、社会效益、环境效益、创新效益四大方面选取 4 ~ 6 个核心指标，建立监管指标体系，如投资强度（发改）、企业产值（统计/工信）、企业税收（税务）、单位产出能耗/排放（环保）、高新技术产值占比（统计/工信）、R&D 投入占比等。通过对工业用地绩效评价指标体系的分类，明确相关建设要求和条款的监管时点、监管方式、监管标准及违约处置规定，并按照"谁提出、谁监管"的原则，落实各部门的监管职责。

表1                                      产业监管指标

| 关联条件和项目 | | 具体指标内容 |
|---|---|---|
| 项目信息 | 土地供应合同编号 | |
| | 所属区 | |
| | 项目名称或地块名称 | |
| | 宗地面积（单位：平方米） | |
| | 用地性质 | |
| | 容积率 | |
| | 建筑面积（单位：平方米） | |
| | 用地主体 | |
| | 供地方式 | |
| | 供地时间 | |
| | 供地年限（单位：年） | |
| 开竣工阶段考核信息 | 开工时间 | |
| | 竣工时间 | |
| | 备注 | |
| 达产阶段考核信息 | 投产时间 | |
| | 达产时间 | |
| | 项目产业类别 | |
| | 投资强度（单位：元/平方米用地） | |
| | 备注 | |
| 达产后首次考核信息 | 项目产业类别 | |
| | 投资强度（单位：元/平方米用地） | |
| | 达产产值（单位：万元/年） | |
| | 土地产出率（单位：元/平方米用地·年） | |
| | 达产税收总额（单位：万元/年） | |
| | 税收产出率（单位：万元/亩用地·年） | |
| | 备注 | |

| 关联条件和项目 | | 具体指标内容 |
|---|---|---|
| 达产后第二次考核信息 | 项目产业类别 | |
| | 投资强度（单位：元/平方米用地） | |
| | 达产产值（单位：万元/年） | |
| | 土地产出率（单位：元/平方米用地·年） | |
| | 达产税收总额（单位：万元/年） | |
| | 税收产出率（单位：万元/亩用地·年） | |
| | 备注 | |
| 达产后第 N 次考核信息 | 项目产业类别 | |
| | 投资强度（单位：元/平方米用地） | |
| | 达产产值（单位：万元/年） | |
| | 土地产出率（单位：元/平方米用地·年） | |
| | 达产税收总额（单位：万元/年） | |
| | 税收产出率（单位：万元/亩用地·年） | |
| | 备注 | |
| 出让年期到期前 1 年考核信息 | 考核到期日 | |
| | 项目产业类别 | |
| | 投资强度（单位：元/平方米用地） | |
| | 达产产值（单位：万元/年） | |
| | 土地产出率（单位：元/平方米用地·年） | |
| | 达产税收总额（单位：万元/年） | |
| | 税收产出率（单位：万元/亩用地·年） | |
| | 备注 | |

### 3. 签订项目投入产出监管协议

制定更有约束效力的投入产出监管协议制度。项目投入产出监管协议与产业项目引进计划/方案同步审议，并作为土地供应合同的条件，在土地供应后与土地出让合同同步签订，作为工业用地监管的主要依据，较传统的招商框架协议具有更强的法律约束效力。

同时，政策明确了项目投入产出监管协议五方面的主要内容：

一是项目的产业类别、税收产出率、投资强度、土地产出率等关联条件，各区可根据项目实际情况增加其他关联条件；

二是项目的开工时间、竣工时间、投产时间、达产时间；

三是开展投入产出监管评估的考核周期，并明确每个评估考核周期需评估的关联条件、具体指标、相关标准以及违约处置办法；

四是用地主体提供评估考核关联条件和具体指标的权利和义务；

五是关联条件不达标的相关豁免条款。

### 4. 明确用地准入条件和指标

在准入内容方面，主要包括主体、产业和投入产出标准等三个方面的准入要求。

一是主体准入。鼓励各区在工业用地内布局拥有独立法人研发机构的国家级高新技术企业、广州市城中村改造合作企业引入及退出指引中要求承诺引入的指定系列榜单企业（或机构）的相关制造业项目，着力提升传统产业产品质量和效益、引入产业链关键环节、推动核心技术发展。新型产业用地则要求供应对象应为制造业企业、信息服务业企业、科技服务业企业、生产性服务业企业、村集体改制企业或产业园区平台企业。

二是产业准入。优先引进广州市工业和信息化重点发展产业、区优势特色产业及上下游关联产业。针对新型产业用地，主要包括新一代信息技术、人工智能、生物医药（IAB）、新能源、新材料（NEM）和其他优先发展产业。

三是投入产出标准准入。投入产出指标包括投资强度、土地产出率、地均达产税收、高新技术企业数量等。各区在《广州市产业用地指南》基础上结合自身发展需求制定本区标准，增加差异性指标或要求，如研发投入、公建配套设施要求等。对于新型产业用地，综合《广州市产业用地指南》、广州市第一批新型产业用地（M0）项目的指标报送情况、广州市产业发展和招商实际情况，以及深圳、东莞等市新型产业用地（M0）准入指标等，在政策中明确了投资强度、地均产值（营收）、地均达产税收、高新技术企业数量等标准。

在准入程序方面，由园区管理机构或区工业部门牵头，会同各关联条件的相关部门共同拟订《项目投入产出监管协议》，协议稿征求区相关部门意见后，与土地供应方案一并提交区相关会议审议。工业用地供应时，签订《项目投入产出监管协议》，作为土地供应合同的附件。

除新供应土地外，政策也对存量工业用地申请提高工业用地容积率的情形明确了其纳入产业监管的程序。

### 5. 规定产业监管手段与流程

明确各区开展土地供应后监管环节的操作和形式，由各区指定牵头部门开展产业监管评估工作，主要包括以下五个工作环节。

一是收集指标，牵头部门在项目评估各考核周期到期日的 3 个月以前，向《项目投入产出监管协议》关联条件和指标的提出部门收集指标履行情况，初步判断相关指标是否符合《项目投入产出监管协议》的约定要求。

二是通知企业，牵头部门可会同镇街在项目评估各考核周期到期日前通知用地主体需开展履约情况评估工作，根据前期收集信息告知用地主体未达标事项和待收集事项，提醒用地主体对存有异议的事项和待收集的事项进行准备。

三是核实指标，牵头部门会同提出关联条件的部门通过实地调查、征求意见等方式核实相关事项，必要时可由用地主体提交自评报告及相关材料。

四是出具意见，在送达履约情况评估工作通知后 3 个月内，由牵头部门会同提出关联条件的部门出具总体评估结果，就《项目投入产出监管协议》履约情况进行具体说明，并提出项目后续履约的相关措施要求。

五是报送结果，牵头部门出具总体评估结果后 10 个工作日内将总体评估结果报市工业和信息化、规划和自然资源、商务部门，并录入全市产业大数据监测及分析管理平台。

### 6. 构建差异化监管奖惩措施

结合工业用地项目总体评估结果，建立多元化、梯度化的企业用地退出机制，依法依约实行自行退出、惩戒、奖励三类处理方式。

（1）用地主体因自身原因终止项目建设的，可向出让人提出退还土地的申请，按照《广州市提高工业用地利用效率实施办法》《广州市工业用地项目土地利用绩效评估办法（试行）》等相关规定执行。

（2）在开、竣工阶段，按照《项目投入产出监管协议》中约定进行评估，未达到要求的，按照约定收取相应的违约金，以及采取其他约束措施；符合合同约定可解除土地供应合同情形的，收回土地使用权。

（3）在达产及以后阶段，经评估未履行《项目投入产出监管协议》约定事项的，按照约定要求由关联条件提出部门督促整改，单次整改期限不得超过 1 年，整改到期应再次进行履约评估。评估仍未达要求的，普通工业用地应责令再次整改，累计整改不超过 3 年；新型产业用地可根据投入产出监管协议的约定，暂停出具产业用房分割转让受让主体认定意见。

（4）各区可在《项目投入产出监管协议》中明确，项目整改期间，可由各区指定部门选取以下一种或数种方式进行处理：用地主体不得享受广州市工业和信息化领域的竞争性财政资金奖励或补助；按照《项目投入产出监管协议》约定的税收要求，用地主体应按约定补缴约定税收值与实际缴纳值之间的差额；各区结合本区实际制定的其他违约处置方式。另外，新型产业用地还可暂停出具产业用房分割转让受让主体认定意见。

（5）未按照控制标准规定进行整改的企业，由各区指定部门将有关失信信息按照《广州市公共信用信息管理规定》报送公共信用信息管理系统。由市、区政府相关部门在项目审批、核准、备案以及融资抵押等方面，对列入名单的企业加强监管。同时应督促企业修复失信行为，信用修复后，满足相关条件的不再作为惩戒对象。

（6）在达产及以后阶段累计 3 年整改未达到要求的，按约定解除土地供应合同，收回工业用地使用权。

（7）各区政府可根据工业用地项目履约评估结果，在切实推进省、市降低制造业企业成本的基础上，对工业用地企业用地、用电、用水、用气、排污等资源要素采取差别化政策措施。

**7. 细化工业用地及用房分割转让要求**

明确工业用地使用权的整体转让和产业用地及配套设施的分割转让情形下的产业监管权责。其中，工业用地使用权整体转让时，原签订的《项目投入产出监管协议》约定的权利、义务应随其转移，并与受让主体重新签订《项目投入产出监管协议》；产业用房分割转让的用地主体可与受让主体签订产业用房投入产出相关协议，也可由各区指定部门与受让主体重新签订《项目投入产出监管协议》。

涉及工业用地产业用房分割转让的，对转让对象及内容比例进行要求。

一方面，对工业用地分割转让对象进行认定。针对普通工业用地，分割转让的产业用房应用于引进相关产业链合作伙伴，受让主体须为经工业和信息化部门认定的已依法注册登记且属于转让方的产业链合作伙伴企业，并须提供认定文件；企业的投入产出、用地绩效等方面的指标需要满足产业监管协议的考核内容。针对新型工业用地，分割转让对象应为从事研发、创意、设计、中试、检测、无污染生产等环节的制造业企业、信息服务业企业、科技服务业企业、生产性服务业企业；分割转让对象的产业类型应符合本指引规定的产业准入要求，受让面积土地产出率或税收强度应满足投入产出监管协议约定的土地产出率或地均达产税收折合产业用房单位建筑面积强度的要求。

另一方面，明确分割转让内容及比例。普通工业用地内的产业用房可按幢、层等固定界限为基本单元分割登记、转让，但分割转让比例不超过总计容建筑面积在扣除配套行政办公及生活服务设施计容建筑面积后的60%，且配套行政办公及生活服务设施不得独立进行分割登记、转让或抵押，但可以随产业用房按比例以幢、层等为基本单元进行分割登记、转让或抵押。相较之下，新型产业用地内的建筑可在土地供应合同中约定按幢、层等固定界限为基本单元分割登记、转让，但分割登记、转让的比例不超过总计容建筑面积在扣除配套行政办公及生活服务设施计容建筑面积后的50%，最小分割面积不小于500平方米。

### 8. 打造面向全要素的产业监管数据平台

建立"空间化、可视化、系统化、动态化"的产业监管数据平台。各区指定部门在签订《项目投入产出监管协议》后，制作工业用地产业监管数据库文件，由市工业和信息化部门纳入全市产业大数据监测及分析管理平台（工业用地土地全生命周期管理信息共享平台）。每个《项目投入产出监管协议》对应一个宗地，报送的电子文件包括"一协议一图一表"，即：《项目投入产出监管协议》扫描件、用地红线图矢量文件、产业监管指标表。

在此基础上，将产业用地空间数据、项目数据、产出数据、建设数据等多个部门的数据进行关联，在空间信息平台上进行可视化，并结合部门数据收集进行动态更新，对产业用地数据进行系统管理和动态监管。同时，构建多类别的经济运行智能分析模型，实现各区域、各产业平台、各行业及各类企业的综合运行情况量化评估和智能分析服务，支撑决策管理者针对不同地区和行业特点实现分类指导。

# 力耕不欺　天道酬勤
# 中山市重点工业项目建设攻坚战成绩斐然

中山市工业和信息化局

2020 年 1 月 9 日，市委十四届八次全会把 2020 年确定为"项目落地年"。3 月 5 日，全市召开"奋战 2020 年"大会，印发重点工业项目建设攻坚方案，发出"作战令"，吹响"冲锋号"。同期，成立以市长为总指挥、分管副市长为常务副总指挥、相关副市长为副总指挥的市重点工业项目建设总指挥部（以下简称"总指挥部"），负责统筹推进全市重点工业项目建设工作，市工业和信息化局承担总指挥部办公室日常工作。

## 一、攻坚之绩

全年推动 223 个重点工业项目开工建设，助力工业投资和技改投资增速双双领跑全省。

"开局就是决战、决战必须决胜"。市工业和信息化局按照市委、市政府工作部署要求，迅速行动，切实履行总指挥部办公室职能，统筹各级各部门聚焦工业项目建设奋战重点，层层压实责任，层层抓好落实，全市上下形成"一切围着项目转，一切围绕项目干"的强大合力和浓厚氛围，集中火力推动重点工业项目落地建设，力促工业项目加快形成有效投资，以投资结构调整促进产业结构优化成效初显。

2020 年共推动 223 个重点工业项目动工建设（如图 1 所示），平均不到两天便有 1 个重点工业项目动工，完成全年目标任务（195 个）的 114%。全市工业投资增长 49.8%，技改投资增长 39.2%，增速双双位居全省第一名；规模以上工业增加值增长 2.2%，从第一季度全省倒数第 1 跃升为第十位（前进 11 个名次），划出一条"止滑—企稳—回升"的奋进 V 曲线。全市工业投资、基础设施投资和房地产投资比重由 2019 年的 15.9∶23.8∶57.2，优化为 19.6∶34.6∶40.6，工业投资占比上升 3.7 个百分点①，工业支撑力大大增强。

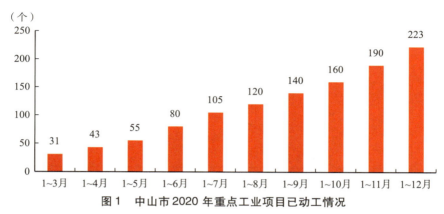

图 1　中山市 2020 年重点工业项目已动工情况

资料来源：中山市工业和信息化局部门资料。

## （一）项目攻坚落地有声

2020 年共推动智沐喜星、利诚检测、康方湾区科技园等 223 个项目开工建设，项目计划投资 454.17 亿元。其中，投资额 5 亿元以上项目 20 个，计划投资额 224.9 元，占已动工项目投资总额的 49.5%；投资额 10 亿元以上项目 8 个，计划投资额 149.5 亿元，占已动工项目投资总额的 33%。重点项目建设带动工业投资增长 52.9%，增速从 2019 年 1~7 月全省倒数第 1 上升到全省第一位，连续 5 个月排名全省首位②，奋力打赢"项目落地翻身仗"。特别是"放管服"政策针对疫情影响的顺延，更是坚定了投资者信心，全市涌现近 200 个放管服项目。

## （二）工业投资加速回升

2020 年，中山经济走出 V 形反转，第一个转折点便是 2020 年 4 月工业投资由负转正。在工业投资连续多年下降的背景下，这一转折可以说是宣告了"工业强市"战略的强势回归。1~2 月、1~3 月中山市工业投资增速分别为 −31.4%、−8.1%，自 1~4 月工业投资增速（7.2%）扭负转正以来，中山市工业投资增速呈加速回升态势。1~12 月，全市工业投资同比增长 49.8%，增速位居全省第一位（如图 2 所示）。其中，工业技改投资同比增长 39.2%，制造业投资同比增长

---

①② 资料来源：中山市工业和信息化局与统计局部门资料。

61.2%，装备制造业投资同比增长 48.7%。2020 年 11 月，中山市规模以上工业增加值增速时隔 19 个月首次实现由负转正，正式表明中山市工业投资的"输血"逐渐见效，投资的支撑作用带动工业发展重回正轨，2021 年，这一势头得以延续，1~2 月，全市工业投资同比增长 117.7%，增速位居全省第二。

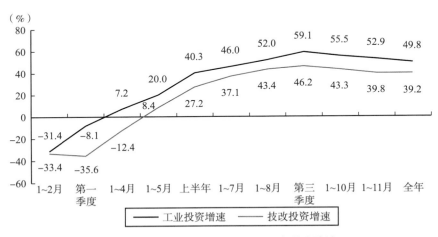

图 2　2020 年工业投资和技改投资增速统计

资料来源：中山市工业和信息化局部门资料。

## 二、攻坚之由

直面中山发展失速之根源，以重点工业项目攻坚扭转经济下行局面。

### （一）正视问题剖析自我

2009 年以后，中山市工业投资增速明显放缓，对经济增长驱动力日益减弱。工业投资的持续乏力导致规模以上工业增加值增速自 2013 年以来逐年下滑，2019 年下降到 -2.0%。市委市政府敢于正视问题，全面检视剖析原因，提出"工业发展失落的十年就是中山发展失速的十年"，把重点工业项目落地投产作为扭转经济下行局面的重要抓手。市委书记赖泽华强调，2020 年是中山打赢经济翻身仗、重振虎威、加快高质量崛起的关键一年。中山面临制约发展的土地碎片、产业升级、交通瓶颈、队伍建设"四个之困"，必须在逆境中奋进。疫情带来的严峻挑战，与中山长期性、结构性、累积性问题交织叠加，风险可能沿着产业链、供应链、担保链纵向和横向传导。一旦链条中断，形成转移替代，丢掉的制造业基础很难再找回来，我们必须奋战。

2020—2021年广东省制造业高质量发展研究报告汇编

## （二）找准目标勇于突破

2019 年 12 月 12 日，全市高规格高标准召开重点工业项目工作建设会，市四套班子主要领导全部出席，号召全市干部在工业发展上抢抓机遇，敢作敢为，善作善为，吹响了工业项目建设攻坚战的号角。2020 年 1 月 9 日，市委十四届八次全会把2020 年确定为"项目落地年"。3 月 5 日，全市召开"奋战 2020 年"大会，部署加快实施重点工业项目"审批提速攻坚""集中开工攻坚""竣工投产攻坚"三大行动，举全市之力打赢重点工业项目建设攻坚战。

## 三、攻坚之举

建立高规格组织保障，多措并举全力打赢项目落地攻坚战。

### （一）强化组织保障是关键

市委、市政府高度重视，从顶层设计上确保重点工业项目建设攻坚战顺利推进。一是建立以市长为总指挥的重点工业项目建设总指挥部。2020 年 3 月 6 日，印发《中山市重点工业项目建设攻坚方案》，成立以市长为总指挥、分管副市长为常务副总指挥、相关副市长为副总指挥的市重点工业项目建设总指挥部，负责统筹推进全市重点工业项目建设有关事宜。3 月 17 日，高规格召开全市重点工业项目建设总指挥部第一次全体会议暨"项目落地年"推进会，进一步落实市委十四届八次全会和"奋战 2020 年"大会部署，会议要求全市各级、各部门进一步统一思想、凝聚共识，全力打赢重点工业项目建设攻坚战。7 月 9 日和 9 月 1 日，又相继召开第二次、第三次全市重点工业项目建设总指挥部全体会议暨"项目落地年"推进会，全市上下一心，全力推动工业项目加快建设。

二是建立实在管用的项目推进机制。市委书记部署组建"重大工业项目落地群"微信工作群，邀请市委、市政府主要领导，市分管领导，职能部门、镇街主要领导、分管领导及主要负责同志入群。通过文字、图片、视频等实时提醒方式，实时推送重大工业最新政策及解读、项目最新动态、业务工作最新知识，直观展示工作动态，播报项目进展，互动交流。相关领导及时拍板解决问题，相关同志不分上下班、不分节假日地推进项目落地，极大地增强了干部的责任感，调动了大家的主观能动性，构建了项目交流、解决问题的常态化机制，让重大项目推进工作从"幕后"走上"前台"，破除了信息壁垒和沟通障碍，全市上下形成勇于担当、敢于奉献、你追我赶的浓厚氛围。

三是市领导协调解决重大项目问题。市工业和信息化局牵头收集、整理项目问题，提交市领导研究解决。市政府主要领导和分管领导专题会议研究 11 批次共 127 个项目，项目总投资额达 500 亿元。市领导、各部门和镇街负责人频繁走进企业，召开企业家座谈会，倾听企业家心声，打开企业家心结。市主要领导每周用半天时间，研究解决工业项目落地难题，市分管领导每周与镇街召开专门会议研究工业项目。

四是实施市镇、部门联动攻坚行动。市工业和信息化局牵头组织召开全市重大工业项目工作协调会，分类、分批梳理项目存在的共性问题，通过视频会、现场会等方式集中协调解决，个性问题个别研究解决。分镇街每月召开重点工业项目推进工作沟通会议，研究解决项目推进存在的困难和问题。加强与市自然资源局、住房和城乡建设局、生态环境局、政务服务数据管理局等单位的无间隙合作，实行全方位、全流程跟踪服务。全市各级领导干部下沉一线，通过座谈会、实地调研企业，与企业家面对面交流，及时回应企业诉求，帮助企业解难题办实事，当好服务企业发展的"店小二"，坚定企业发展信心，努力做到"拴心留魂"。

## （二）政策先行搬开"绊脚石"是根本

"三规"不符、配套基础设施不完善等历史问题，是制约工业项目落地的首要因素。为寻求破题之策，中山市陆续出台 20 多项涉及土地征收、控规管理、立项审批等方面的政策文件，如《关于支持优质规上工业企业发展落实放管服的若干规划政策措施》（以下简称《放管服政策》）《中山市重点产业项目预审批办法》《新开工重点项目前期审批清单》等，从政策层面为项目开工扫清障碍。新冠肺炎疫情暴发后，及时出台《关于落实应对疫情稳企安商有关措施的工作指引》，顺延《放管服政策》项目截止日期至 2020 年底，已签订履约监管协议的项目动工时间、竣工时间和投产时间在原协议基础上顺延 3 个月。通过出台这一系列政策，让企业吃下投资中山的"定心丸"。一批原计划在外投资的项目回流中山，如中山日丰电缆公司将原计划投资安徽的项目回流中山，项目预计总投资 18 亿元，年产值 30 亿元，年税收 1.5 亿元。

**典型案例 1：首个"放管服"政策项目——东菱威力**

中山东菱威力电器有限公司是专业从事洗衣机、微波炉、制冷产品等家电研发制造的高新技术企业、家电龙头企业。公司占地约20公顷，现有员工约1500人。中山东菱威力电器有限公司不断加强技术创新及产品研发，2015年成为全国首批通过信息化和工业化融合管理体系评定企业；2016年被认定为"广东省工程技术研究中心"和"中山市新型研发机构"；2017年被评为"中山市龙头骨干培育企业"。2020年，中山东菱威力电器有限公司主营收入为23.85亿元，纳税3200万元①。

随着中山东菱威力电器有限公司不断发展壮大，公司的生产车间规模已不能满足日益增长的订单需求，亟待规划变更后施工扩建。根据现有政策法规，土地出让需"净地"出让，即公司必须拆除已建办公楼，才可办理15亩②土地出让手续。"放管服"政策出台后，经市镇共同努力，2019年11月11日，市工业和信息化局将该项目推荐至市自然资源局。按"放管服"政策申报办理相关规划条件变更，项目得以继续推进。该项目成为中山市第一个受益于"放管服"政策的项目，成功破解了优质企业增资扩产的"规划变更难题"。

2020年10月，随着最后一方混凝土的浇筑，"中山东菱威力电器有限公司增资扩产"项目新厂房D1栋大楼正式封顶。时任中山市工业和信息化局局长徐成彬，时任阜沙镇党委副书记、阜沙镇长吴剑安，东菱威力公司总裁刘亮出席本次封顶仪式，在各参建单位的瞩目下，共同见证工程建设动工以来所取得的阶段性成果（如图3所示）。

图3　东菱威力新厂房D1栋大楼封顶现场

资料来源：中山市阜沙镇经济发展和科技统计局部门资料。

---

① 资料来源：中山市工业和信息化局部门资料。
② 1亩≈0.0667公顷。

东菱威力首期增资扩产项目 3 亿元,建设 4.6 万平方千米厂房,新增烤箱生产线三条,微波炉生产线三条,洗衣机、微波炉、烤箱模具、磁控管扩能、注塑机、五金冲床等生产线多条,预计全部生产线投产后,可年产洗衣机 165 万台、微波炉 1200 万台、烤箱 150 万台①,将为东菱威力持续保持高速增长奠定坚实基础。

为响应 2020 年的"项目落地年"要求,阜沙镇以推动重点工业项目落地为重点,牢固树立战时思维,形成项目推进"奋斗模式",2020 年上半年已促成一批项目的动工建设。东菱威力增资扩产项目作为中山市首个"放管服"项目,通过各参建单位的共同努力,在保证安全生产和工程质量的前提下,攻坚克难,从 2020 年 2 月 27 日开始动工到顺利完成封顶整个过程仅用了 213 天,2021 年 5 月已正式投入使用,为阜沙镇的经济发展作出积极贡献。

### (三)源头把控理顺各环节是保障

一是全面理顺落地环节。针对大项目落地涉及审批部门众多、项目建设周期长、遇到困难和问题多等情况,市工业和信息化局研究制定《中山市重点招商引资产业项目落地推进机制的工作方案》,梳理项目落地推进工作 14 个阶段 49 个环节所涉及的责任单位和所需时限,建立"一项目一张表"制度,从制度上明确镇街和部门的职责和办理时间。为进一步压缩审批时限,力促审批全面提速奠定了坚实基础。

二是实施挂图作战。市工业和信息化局坚持项目落地和工业投资"两手抓",项目动工数和工业投资数全部挂图上墙,定期跟踪(如图 4 所示)。制定项目作战图、项目鱼刺图,以目标倒逼进度、时间倒逼程序,全力以赴推进项目建设。建立项目进度红黄绿警示机制,每周五定期通报全市重点工业项目推进动态,每周二定期通报市领导挂点项目推进动态。

三是通"堵点"解"痛点"。积极梳理出可盘活的批而未供工业用地、已撤销批文用地指标等,摸查拆旧复垦规模等,支持重点工业项目建设。市工业和信息化局搭建市镇纵向、市直部门间横向沟通协调工作机制,项目推进团队分片区与镇街建立对口关系,专人跟进、对口协调,凝聚合力为项目落地建设保驾护航。特别是疫情期间,积极为已动工项目提供防疫物资保障,以"店小二"精神服务重点工业项目。牵头与自然资源局、住房和城乡建设局、生态环境局、统计局等部门定期沟

---

① 资料来源:中山市工业和信息化局部门资料。

通交流，及时研究解决项目推进过程中遇到的具体困难，随时打通项目在规划报建、审图、施工报建环节遇到的"堵点"。由市领导挂点联系 100 个重点项目，亲自协调解决项目供地、规划报建、施工报建等环节难啃的"硬骨头"。板芙镇的智隆氧化铟锡（ITO）靶材项目从土地办证到动工建设用时 13 天，小榄镇广恒合优项目 7 天内成功办理土地证、规划许可证和施工许可证，火炬开发区的利诚检测技术有限公司总部建设项目，从土地证办理到施工许可证签发，仅用时 145 分钟。一个个项目不断刷新中山项目建设"拿地到开工"的新纪录。

图4　总指挥部办公室挂图作战

资料来源：中山市工业和信息化局部门资料。

**典型案例 2：拿地即开工！利诚检测项目刷新中山速度**

2020 年 8 月 13 日上午，中山首个"拿地即开工"项目——广东利诚检测技术有限公司总部建设项目开工奠基仪式在火炬开发区举行。市领导赖泽华、陈文锋、杨文龙、李长春、雷岳龙出席活动。此时距离这一项目正式摘牌，刚过去不到 24 个小时，刷新了中山项目建设新速度。

利诚公司 2016 年落户火炬区，在省内已设立 4 个实验室，业务覆盖华南地区乃至全国，主营业务收入短短 4 年由 1800 万元飙升至 1.6 亿元，做到中山民营第三方检测机构第一名、全国百强，正积极筹备在创业板上市。本次动工的利诚总部项目占地面积 1 公顷，投资总额约 2 亿元，将建设成为"检测＋咨询＋治理＋研发＋生产"于一体的健康产业创新型"一站式"综合服务机构总部。项目达产后年主营业务收入将达 5.28 亿元，年税收达 4000 万元[①]。

---

① 中山市工业和信息化局部门资料。

2020 年初，在"双区驱动"的巨大利好发展机遇下，利诚公司正式投资启动总部建设项目，得到了火炬开发区和各级行政审批部门的大力支持。火炬开发区成立了由主要领导挂帅的企业投资项目领导小组，将"拿地即动工"作为加码目标，全流程督办项目落地；市重大项目前期工作协调推进办提前制定一个专班、一份工作指引、一份时间节点办理表、一个工作群、一份任务责任表的"五个一"清单，形成多方联动、责任到人的审批联动机制，将"串联接力跑"转变为"并联齐步跑"，并成立专责小组全程跟进项目立项、土地平整、电子报批、初设审查、规划许可、产权登记、施工许可等全部审批环节，实现审批流程高效运转，无缝衔接。如推动市发展和改革局、商务局通过联动审批，在 2 个工作日内完成项目准入审批，压缩时限超 80%。同时积极探索预审机制，在项目准入后并具备供地条件时，统筹市住建、自然资源、税务、政数等部门以及火炬区、项目方等单位"三线联动提速"，对项目涉及工程建设许可的 6 项审批环节全部实行前期预审，待项目取得不动产权证后正式入件审批，促使利诚检测项目在 8 月 12 日上午摘牌竞得土地后，中午即取得施工许可并于次日上午正式动工建设，将审批时限由原来的 20 个工作日大幅压缩至 1 个工作日。

在各方共同努力下，利诚总部项目仅仅用时 145 分钟，即完成了规定时间 182 天的土地证办理到施工许可证签发流程，创了中山项目建设"拿地到开工"的新纪录。"每个环节精确到分钟，哪个部门稍微打个瞌睡，这件事情都完不成。"市委副书记、火炬区党工委书记陈文锋表示，该区将按照"奋战 2020 拼项目落地速度"的承诺，从个案中总结经验，力求形成更加完善的机制，常态化运作出高效率、高水平。

### （四）多措并举主动服务是抓手

一是深入基层送服务。市工业和信息化局密切跟踪重点工业项目建设情况，前往镇街开展重点工业项目督导，走访项目工地现场，了解项目施工情况、企业经营情况和碰到的困难。实施服务企业代表制度，从全市抽调 580 多名市、镇领导干部担任服务企业代表挂点联系服务规模以上企业，项目推进团队分片区与镇街建立对口关系，专人跟进、对口协调，为重点工业项目提供"保姆式"服务。特别是疫情期间，积极主动走访摸查，为已动工重点工业项目提供防疫物资保障。2020 年 2 月 13 日，粤商通 App"企业诉求响应平台"火速上线后，市工业和信息化局迅速建立中小企业诉求响应工作机制。联合人社、金融、税务、贸促会等部门，通力合作，聚焦解决企业用工、融资、税务、进出口等方面诉求，推动各项惠企政策措施落实落地，对企业反馈诉求全部及时跟进处理，切实做到"企业若有呼，政府必有应"。2月底，全市在建重点工业项目全部复工、审批中项目重启推进流程。

二是合力推进保成效。市工业和信息化局全面加强统筹协调，总指挥部成员单位各司其职，全力推进项目加快落地。市商务局积极落实项目用地指标，优先分配给英维克、泽升、皮阿诺等50多个市重点招商引资项目，涉及土地农转用指标193公顷以上。市场监督管理局把重点工业项目商事登记（市级权限）的时限设为受理后1个工作日。市政数局政务导办代办团队共服务重点工业项目超30项，已取得施工许可证项目超20项。市自然资源局"多管齐下"服务项目：（1）通过安排新增建设用地指标、加快批而未供和闲置土地处置、整合镇村产业平台推进"工改工"项目等方式，保障彩讯、欧普照明、洲明科技、江龙船艇等一批重点工业项目用地。（2）精简审批环节，重点项目实现用地规划许可、不动产登记、工程规划许可"当日交件、当日批复"，创新实施用地预审批办理模式，将项目开工前须办理的审批业务，提前至用地成交前受理和审核，助力火炬开发区利诚项目创造了"拿地即开工"的新纪录。（3）划定不少于250平方千米的工业用地保护红线，加快推进重大平台控制性详细规划调整，为工业项目落地提供要素保障。

三是信息化管理更精准。市工业和信息化局开发建设"中山市重点工业项目推进管理系统"和手机应用软件（App），打造"指尖上的项目库"，实现重点工业项目的网络化、智能化和精细化管理（如图5所示）。将项目流程归纳成用地报批、土地出让、报建等13个阶段以及33个细分环节，各镇街、各有关部门在系统上填报项目进度，实时更新项目动态。借助系统的可视化统计图表，直观展示各镇街2020年重点工业项目动工情况、投资情况、项目类别和推进目标等基本情况，辅助进行科学决策。通过系统节点管理功能，督促各职能部门和镇街按时间节点完成相关项目推进工作，实时将问题推送责任单位予以解决。组织开展无人机航拍，收集动工项目实况，实现项目工地的远程监管（如图6所示）。如拍摄翠亨新区、板芙镇智装园两个连片园区的雷诺高精密科技产业园项目、高效节能板管蒸发冷却空调设备产业化项目、智沐高纯度ITO靶材项目等8个项目，通过项目现场高精度图片、高清视频和高清全景图，全面、直观展示项目进展实际情况，有效提高项目信息收集效率，提升项目推进效率和效果。

图5　中山市重点工业项目管理系统

资料来源：中山市工业和信息化局部门资料。

图6　无人机航拍

资料来源：中山市工业和信息化局部门资料。

四是稳企安商定信念。为贯彻落实市委、市政府开展"重振虎威十大行动"，大力营造暖企惠企扶企稳企营商环境，市委主要领导、市政府主要领导和分管领导频繁走访工业企业，与企业家"面对面"交流，提振企业家信心。市委书记带队到蒂森电梯、江龙船艇、好来化工、毅马总部等重点企业调研，了解企业和项目推进情况。市长带队到得意电子、东菱威力、长虹电器等企业调研，现场解决项目存在问题。如三角得意电子项目、南头涛美远东项目、神湾都美化妆品项目等有意向通过"放管服"政策进行规划报建，市领导当场协调自然资源分局，指导镇街和企业准备相应材料。对南头长虹电子项目、神湾利丰盛项目、坦洲倍速特项目等对政策尚有疑虑的，市领导通过现场解决问题，打消企业顾虑，坚定企业发展信心，鼓励企业进行增资扩产。全市先后召开3次工业企业家座谈会，邀请超过100家次龙头骨干企业参加。书记、市长与企业家面对面交流，了解疫情冲击下企业的经营和发展情况，倾听企业家们对党委、政府服务的意见和建议。同时，市委组织部在全省率先开展"万干扶万企"联系服务企业活动，组织全市机关单位和镇街党员领导干部"一对一"联系服务辖区内所有企业，为每一家企业提供实实在在的服务。市工业和信息化局以金牌"店小二"的精神为企业提供"一条龙"服务，组织召开健康医药、高端装备等产业发展专项资金政策宣讲会，进一步加深企业对产业发展专项资金申报政策的理解；牵头举办"虎啸计划"活动为中山企业家带来精准"破局"服务，助推中山市企业转型升级和创新发展；开展"政策到企业"系列宣讲活动，把政策带入企业现场，与企业代表面对面沟通交流。这些活动吸引了200多家企业、50多名行业高管参加，进一步构建了"亲""清"政商关系，进一步做优了稳企安商环境。

五是盘活资源来护航。为用好有限的新增工业用地指标，市工业和信息化局联合市商务局和自然资源局，收集汇总全市优质工业项目，按照项目投资规模、产出效益、土地需求等进行综合排序，优先安排优质项目，确保新增用地指标发挥最大效益。为欧普照明等19个优质产业项目安排用地指标133公顷。在全年省指标总量少、各市用地需求大的情况下，全力共争取省免费指标82公顷（折1235亩），解决了包括洲明、华帝等重大工业项目用地指标30公顷①。深入挖潜和梳理出可盘活的批而未供工业用地、已撤销批文用地指标、其他可撤销批文用地指标等，积极协调镇街和项目方对接，为45个项目匹配209公顷批而未供工业用地②。摸查拆旧复垦规模，支持重点工业项目建设。

---

① ② 资料来源：中山市工业和信息化局与自然资源局部门资料。

# 中山市低效工业园区改造
# 困境与对策研究

中山市工业和信息化局

中山市工业园区建设起步早，是中山市招商引资的重要平台、产业集聚的主要载体和经济发展的重要增长极。随着新一轮科技革命和产业变革深入发展，土地利用效率低下、产业低端粗放、经济效益不高、环境和安全隐患多发的低效工业园区，成为制约中山市高质量发展的绊脚石。加快低效工业园区改造升级是推动节约集约用地、增强经济效益和社会效益的重要途径。

## 一、研究背景

当前中山土地碎片化严重，开发强度达 39.6%，南头、火炬等 7 个镇街的开发强度高于 50%，土地资源粗放利用，大量用地"三规"不符，还有 3533 公顷批而未供用地、3400 公顷未开发闲置土地，严重影响中山市土地的集中开发、连片开发、二次开发①。同时，中山产业升级困难，专业镇产业集群竞争力弱化，承载产业发展的平台支撑不足。资源瓶颈突出，产业转型升级缓慢，经济发展新动能不足，以土地扩张为支撑的发展模式已难以为继。

"十四五"时期，中山将开启全面建设现代化新征程，高质量发展成为主旋律。破解低效工业园区改造困境，打造重大产业发展新载体，是中山加快产业转型升级、推动经济高质量发展的有效手段和必由之路。

---

① 资料来源：中山市自然资源局统计数据。

2020—2021年广东省制造业高质量发展研究报告汇编

## 二、中山市工业园区发展概况

### （一）中山市工业园区主要类型

目前，全市工业园区（含高新技术开发区、经济技术开发区、产业平台、工业集聚区等）主要有 62 个。按照审批部门和形成原因①，大致可分为经国家和省批准的工业园区、市级产业平台类工业园区、镇村主导建设的工业园区、没有办理市级报批手续的工业园区和重大产业平台五类。

### （二）中山市工业园区地位和作用

工业园区对区域经济和城市发展的贡献度高，已经成为推动高质量发展的主引擎、主战场、主阵地，是推动经济发展的重要支撑、加快产业集聚的重要平台、促进产城融合的重要推动器。

### （三）中山市工业园区发展瓶颈

近年来，中山工业园区开发建设滞后，面临发展质量不高、资源瓶颈突出和发展后劲不足等问题，转型发展迫切。

#### 1. 省级以上园区缺乏，产业发展支撑作用不强

中山市仅有火炬开发区和广东中山工业园 2 个省级以上工业园区，数量在全省地级以上市中排名最末，只占全省 152 个省级以上工业园区的 1.3%，是全省地市平均数的 27.6%。相比珠三角周边城市，中山市高规格工业园区数量少、综合发展水平较低，引领区域高质量发展动能有待提升②。

#### 2. 镇村工业园管理水平低下，综合竞争力不足

镇村工业园总体呈现小、散、乱、弱发展形态。大部分园区基础设施、公共服务配套滞后，生活服务设施较少。部分园区土地闲置率较高，企业厂房破旧。如横栏镇有超过 320 万平方米锌铁棚，大涌镇工业园区锌铁棚的占比约为 40%。产出效益方面，园区内企业规模较小，规模以上企业数量占比低于 10%，企业普遍处于产

---

① 资料来源：从中山市发展改革局和自然资源局等部门数据。

② 资料来源：从广东省工业和信息化厅与各地政务网站获取数据。

业链低端，园区亩均产出效益远低于广州、东莞等珠三角城市①。

### 3. 土地资源瓶颈突出，升级改造势在必行

中山土地开发强度接近 40%，在全省仅次于深圳、东莞。据市自然资源局统计数据，全市"三旧"改造工业潜力用地面积共计约 17133 公顷，占全市现状工业用地的 87.8%。已批的工业用地中容积率在 1.5 以下的占 63.8%，容积率在 3.5 以上的仅占 0.6%②，改造提升潜力巨大。

### 4. 重大平台建设刚起步，可拓展空间有限

新规划建设的 7 个重大产业平台，可以连片整备的地块稀缺。仅翠亨新区马鞍岛片区和岐江新城港口片区有连片存量待开发建设用地，其余平台均是基于原有园区或集聚区的升级改造。土地整备涉及成本、用地指标、水田和耕地等因素影响，连片整备开发难度较大。

## 三、中山市低效工业园区升级改造环境分析

### （一）工业园区发展趋势

在国家不断强化节约集约用地、推动高质量发展的大背景下，工业园区正朝着规范化、集约化、规模化方向发展。主要趋势有：一是加强工业园区管理，推动规范化发展；二是推动土地集约利用，从"增量"向"存量"发展；三是统筹园区整合提升，推动连片集聚发展；四是加快产业转型升级，推动工业 4.0 发展；五是补齐基础设施短板，促进产城融合发展。

### （二）工业园区升级改造面临机遇

当前，中山市处于打赢经济翻身仗的关键期、推动高质量发展的窗口期，重大战略机遇叠加。主要机遇有：一是国家和省级政策利好。广东省先后出台了《关于推动工业园区高质量发展的实施方案》《广东省旧城镇旧厂房旧村庄改造管理办法》等支持政策。二是产业转型升级带来新动力。随着新一轮产业革命与科技革命深入推进，全球化与信息化加速产业价值链整合与重组，将为中山市产业转型升级提供重要的科技和创新要素支撑。三是"双区驱动"迎来新机遇。随着建设粤港澳大湾

---

① 资料来源：中山市镇街调查统计数据。

② 资料来源：中山市自然资源局统计数据。

区、深圳建设中国特色社会主义先行示范区两大国家战略深入实施，深中通道即将通车，各类发展要素向湾区集聚，中山的战略支点地位更加凸显。

### （三）工业园区升级改造面临的困难与问题

#### 1. 土地碎片化利用，整合开发难度大

据市自然资源局调查统计数据，中山市 11373 宗现状工业用地中，面积小于0.33 公顷的占 45.64%，大于 2 公顷的仅占 15.94%。工业用地主要以国道、省道两旁延伸为主，呈带状分布，利用零星化。现状工业用地权属复杂，全市 100 公顷以上符合"三旧"改造条件的连片工业改造潜力区约 4866 公顷，其中 1333 公顷权属为政府或村集体，占比 27.4%；3200 公顷已出让登记为企业或个人，占比 65.7%，且其中还夹杂一定量非工业的经营性用地和国有企业用地①。

#### 2. 利益统筹平衡难，改造阻力较大

一方面，工业改造项目投入产出比较低。从账面上看，"工改工"平均成本超过 3000 万元/公顷，改造成本远高于一级市场价格。园区升级改造附带的公共设施、公益事业等项目，进一步提高了改造综合成本。另一方面，难以兼顾短期收益和长期利益。以镇村工业园为例，镇村工业园区改造会导致租金收入中断，同时需要支出大额改造成本费用，大幅增加了村集体财政收支压力，增加升级改造阻力。

#### 3. 各方积极性不高，改造进度缓慢

要素成本上涨过快，改造总体投入大，大部分产权主体无法拿出大量自有资金开展改造。据初步测算，单纯以出租用途，旧厂房改造项目投资回报周期超过 15年。前期规划报建等手续时间过长，延长了改造进度和投资回收期限，削弱了改造动力。

#### 4. 规划不符问题突出，短期内难以解决

据市城市更新局统计，全市工业改造潜力用地面积共计约 17133 公顷，其中，不符合土地利用总体规划（以下简称"土规"）的用地达 6800 公顷，占比39.5%。不符合控制性详细规划（以下简称"控规"）用途部分的面积共计约8133 公顷，占比 47.6%。符合土规但不符合控规部分面积共计约 5333 公顷，占比 51.6%。同时符合土规和控规用途的，面积约 5066 公顷，占比 30%。

#### 5. 要素支撑不足，工作效能待提升

政策供给方面，已出台的不系统、不全面、不完善，土地置换、集体土地上建

---

① 资料来源：中山市自然资源局统计数据。

筑物分割登记等方面政策供给明显不足，微改造、混合改造模式等项目缺少政策指引，无法充分调动市场主体参与积极性，国家和省级政策红利有待释放。

## 四、发达国家和地区低效工业园区改造成功经验借鉴

### （一）发达地区的典型经验做法

近年来，为破解工业园区可持续发展难题，发达国家和地区做了大量有益探索，如日本大力推动工业园区向生态工业园转型，苏州市建立以"亩产论英雄"园区质量提升机制，深圳市实施"城市更新＋土地整备"园区改造开发模式，顺德区以全力实施村级工业园升级改造等，对中山市具有重要借鉴意义。

### （二）对中山低效工业园区升级改造的重要启示

深圳、顺德、苏州等地实践充分证明，低效工业园区改造切实可行。近几年来，中山在低效工业园区升级改造方面开展了有益的工作探索，但在发展理念、统筹规划、资源整合、产业选择等方面还存在较大差距，需要吸收借鉴国内外先进地区发展经验，加强市级统筹、加强规划引领、加强政策支撑、加强产业导向、加强要素保障，加快推动低效工业园区转型发展。

## 五、中山市低效工业园区升级改造模式研究

### （一）低效工业园区升级改造基本模式

按照工业园区的土地权属、改造实施主体、投融资方式等，低效工业园区升级改造采用政府整备改造、权利人自主改造、合作改造等方式分类实施。

为更好实现项目整体投资收益平衡，促进产城融合发展，许多城市探索实施连片混合改造，允许片区通过混合开发方式改造为工业、商服、办公等功能齐备的综合性项目。

### （二）低效工业园区改造模式影响因素分析

低效工业园区改造模式影响因素主要有政策导向、土地权属、投资回报、园区

发展环境等，其核心是各方利益平衡统筹①。

## （三）中山市低效工业园区改造模式选择

表1对低效工业园区主要改造模式进行了比较分析。

表1　　　　　　　　　　　低效工业园区主要改造模式比较分析

| 改造模式 | | 模式亮点 | 存在问题 | 适用对象 |
|---|---|---|---|---|
| 政府整备改造 | 政府主导实施改造 | 政府以实施主体的身份出资直接参与改造，统筹能力强 | 政府前期财政投入较大 | 市属国有企业 |
| | 政府公开选定土地使用权人实施改造 | 政府开展土地整理，社会资本负责园区建设、招商、运营等环节 | 市场主体参与门槛较高 | 具有园区改造开发资质的运营主体 |
| 权利人自主改造 | 企业自主实施改造 | 企业自筹自建，项目启动快，土地整理难度低 | 对企业资金等实力要求较高 | 本土优质龙头骨干企业 |
| | 集体经济组织自主改造 | 村集体自筹自建，项目启动快，土地整理难度低 | 资金需求大，增大集体经济组织经济负担 | 经济实力较强的村集体组织 |
| | 若干权利主体合并归宗改造 | 社会资本负责土地整理、建设、招商、运营等环节，市场化程度高 | 土地整理难度大，土地流转税费高，综合改造成本高 | 土地权属简单、整理难度较低的园区 |
| 合作改造 | 集体经济组织公开选定市场主体进行合作改造 | 村集体负责土地整理、引入运营企业出资开发管理 | 集体建设用地转国有、利益分配难 | 开发能力不足、改造需求迫切的村级工业园 |

### 1. 龙头企业改造为主体，激发市场参与强大活力

中山低效工业园区用地权属以企业为主，企业是园区发展的主体。近年来，园区很多优质企业因用地不足，增资扩产项目落地困难，发展面临空间瓶颈制约。要通过政策鼓励引导，进一步激发企业家和市场参与改造的积极性、主动性、创造性。

主要有优质企业自主改造和大型企业合并归宗改造两种模式。

### 2. 集体组织改造为重点，加快镇村工业园区转型

中山市西北部地区发展较早，小榄、古镇、南头、黄圃等镇街汇集了大量镇村工业集聚区，曾经的"专业镇"发展模式为中山带来了大量的发展红利，但同时埋

---

① 资料来源：中山市2020年"三旧"改造片区市场评估价更新成果。

下了产业规模小、用地碎片化、村集体收入下降、发展不可持续等隐患。要以推动土地产权主要为集体组织的园区改造为突破口，破解镇村工业园发展困境。

主要有集体经济组织自主改造、集体组织与运营企业合作改造和集体组织与镇街联合改造三种方式。

### 3. 政府收储改造为补充，推动土地资源整合利用

由政府征收、收购储备土地并完成拆迁平整后出让，受让人开发建设。通过政府全面主导，化解土地整理难题。征收后连片改造，有利于片区整体优化提升，实现工业园区有序发展。政府实施土地收储，享受税收政策优惠，也有利于降低改造综合成本。

主要采取政府主导实施改造、政府公开选择运营企业改造两种模式。

### 4. 混合改造开发为试点，实现成本收益综合平衡

中山工业园区分布与商业、居住区多呈混杂交错格局，土地利用情况复杂。可通过创新试点混合改造模式，综合考虑重大产业平台建设、产城融合要求、土地供需情况等，实施片区统筹整备，达成产业结构、生态环境、文化环境、功能定位等社会功能的更新与丰富，提高土地综合利用效率，培育新的城市功能。

可采取土地复合利用开发和鼓励市属国企参与改造两种方式。

## 六、破解中山市低效工业园区改造困境的对策建议

### （一）解放思想，凝聚改造共识

坚持思想解放，切实转变依靠新增建设用地发展观念，增强改造提升低效工业园区的紧迫感、责任感和使命感。

#### 1. 提高认识，增强改造动力

全市上下要把低效工业园区改造整合提升作为推动高质量发展的首要任务、必由之路，从"要我改"到"我要改"，积极争取全社会的理解和支持，汇聚推动改造强大力量。破除小富即安的小农意识思维，大力弘扬"顾全大局、集中智慧、创办大事、齐头奋进、谋求多赢"的干事创业精神，树立"改出一个新中山"的气魄，立足长远，主动谋划。

#### 2. 转变观念，集约利用土地

加快转变依靠新增建设用地"要规模、要指标"的发展惯性思维，推动土地利

用以增量快速扩张为主向以存量拓展优化为主转变。运用"城市更新＋土地整备"新模式，充分挖掘低效工业园区存量土地资源，为中山重振虎威、打赢经济翻身仗提供坚强的用地保障。

### 3. 创新探索，优化改造模式

建立政府主导规划、企业主导改造、社会资本广泛参与的多元化改造模式，提高社会资本参与改造的积极性。复制推广借鉴顺德、东莞等地经验，用好改革创新关键一招，努力破解推进过程中遇到的痛点堵点难点问题，形成行之有效的典型改造模式。

## （二）加强统筹，提高工作效能

坚持市级统筹、镇街主体、利益共享，探索建立集中统一的管理机构和高效运转机制，统筹整合全市资源，努力破解资源利用"碎片化"、内部恶性竞争等问题。

### 1. 体制改革，激发改造活力

建议将大部分镇街改为街道办事处，赋予街道办事处相应职权。以功能区统筹行政区发展，降低行政管理幅度，提高行政管理效率，激发高质量发展新活力。

### 2. 科学统筹，市镇协同推进

建立健全科学高效的分级统筹协调机制，整合管理机构、理顺工作职责，充分整合市镇资源，加快形成全面推进、整体成势的改造热潮。

### 3. 完善考评，激励担当作为

建立以实际绩效为主要标准的评价考核体系，将各镇街、各部门任务完成情况纳入全市综合绩效考核范围，实行"一月一通报、半年一评价、年终定奖惩"。建立督查激励机制，定期开展督导督办和通报，推动工作落实。坚持实事求是，落实"三个区分开来"和容错免责机制，支持鼓励干部担当作为。

## （三）规划引领，强化顶层设计

坚持规划先行，推动城市规划由随意变更向规划引领发展转变。着眼"双区驱动"建设，立足大湾区时代中山产业转型、创新驱动的需要，高起点、高标准开展低效工业园区改造规划。

### 1. 多规融合，科学开展规划

市镇联动加强低效工业园区改造顶层设计，以高水平规划提升改造的前瞻性、科学性和合理性。高品质重构国土空间规划新格局，推动产业发展空间、城市公共空间、生活休闲空间"三位一体"发展。同时，要树立底线思维，确保一张蓝图绘到底。

**2. 高位谋划，重构发展格局**

围绕构建"一核、两带、3+4平台、数园、多区"工业园区新发展格局，引导各类工业园区、产业载体、产业、企业集聚发展，为高质量发展造好空间、造好环境。

**3. 制订计划，扎实有序推进**

加快制订实施低效工业园区升级改造三年行动计划，以"2021年大突破、2022年定格局、2023年成示范"为总体目标，未来三年拆除整理不少于3333公顷低效工业园，腾挪出工业用地2000公顷，其中66.7公顷以上连片产业用地不少于13块。

**【专栏】构建"一核、两带、3+4平台、数园、多区"发展格局**

（1）一核：即珠江东西两岸融合发展产业平台，整合提升火炬国家高技术开发区、翠亨新区和岐江新城等三个片区，建设成为大湾区西岸创新驱动发展主引擎、高质量发展新高地、珠江东西两岸融合发展示范区，争取被纳入省大型产业园区管理，享受省支持大型产业园区建设相关政策。

（2）两带：即深中产业拓展走廊与粤港澳大湾区（珠西）高端产业集聚发展区。做实东部环湾创新发展带，以翠亨新区、火炬开发区、岐江新城、三角园和民众园为主要载体，做大做强新一代信息技术、先进制造、生物医药、数字经济、科技创新等战略性新兴产业，打造高品质战略性新兴产业集聚区。做强西部优势产业升级带，以小榄园、古镇园、板芙园、坦洲园、黄圃园等为重要节点，充分发挥专业镇特色产业集群优势，加强与周边城市产业合作，做优做强家电、五金锁具、灯饰等传统优势产业，擦亮现有国家级产业基地招牌。

（3）3+4平台："3"指火炬国家高技术开发区（产业园）、翠亨新区（产业园）和岐江新城，"4"指中山南部新城、中山科学城、中山北部产业园和中山西部产业园。按照"一年规划、五年建设、十年成型"的要求，集中资源打造为大湾区一流的产业平台，为全市高质量发展提供示范样板。

（4）数园：即若干个省级产业园。积极抢抓省级政策红利，围绕区域功能定位和产业集群布局，重点引导南区、南朗、板芙、坦洲、三乡、民众、小榄等镇街结合本地资源禀赋、基础条件，根据工业发展的实际需求，申报创建一批符合国土空间总体规划、具备一定开发基础条件、有明确产业发展定位的省产业园，拓展产业集群发展空间。

（5）多区：即多个特色产业集聚区。聚焦省十大战略性支柱产业和十大战略性新兴产业，推动火炬区健康产业基地、南朗现代中医药城、南区电梯科技产业园等优势产业集聚区和国家级产业基地提质增效，培育建设一批产业特色鲜明、产业集中度较高、具备产业核心竞争力的特色产业集聚区，擦亮区域产业"金字招牌"，增强产业集群发展能级。

## （四）产业优先，夯实发展根基

坚持园区改造与产业升级相结合，"一镇一业""一园一品"实施改造，立足产业基础，扬优弃劣，重塑产业结构，推动制造业向智能化、品牌化、资本化、绿色化、规模化方向发展。

### 1. 明确产业发展方向

围绕省大力推进的十大战略性支柱产业集群和十大战略性新兴产业集群建设，明确园区产业发展方向，有针对性地开展招商引资和升级改造。狠抓传统产业补链、强链、延链工作，加快全市产业链、创新链、价值链向高端迈进。

### 2. 严格园区企业准入

以"亩产税收论英雄"，明确行业类型、投资强度、税收强度、环保准入、安全生产等要求，确保入园企业质量。建立园区招商引资扶持政策体系，鼓励和支持本地优质企业、潜力企业到园区中发展壮大。

### 3. 大力引进创新要素

提升工业园区创新发展水平，构建以企业为主体、市场为导向、产学研深度融合的技术创新体。加大对符合条件的创新载体建设支出力度，对园区引进创新人才提供便利服务。

## （五）产城融合，提升园区品质

坚持产业与城市功能融合、空间整合，园区改造与城市提质、产业升级并行。以工业园区建设为基础，承载产业发展，以产业发展为保障，促进工业园区更新和完善公共服务配套，实现"以产促城，以城兴产，产城融合"。

### 1. 加快补齐基础设施短板

提高园区基础设施建设水平，推行道路通、给水通、排水通、电力通、网络通、燃气通、公交通和场地平整等"七通一平"标准化建设，打造承接大产业、大项目、大企业的产业集群发展平台。完善园区配套生活服务设施，为企业提供"拎包入住"式发展环境。

### 2. 打造宜业宜居示范园区

提升园区功能品质，整合打造一批低效工业园区升级改造示范项目、示范园区，构建生产、生活、生态"三生共融"的发展格局。大力推进第五代移动通信技术（5G）、工业互联网、"上云上平台"项目建设，打造"智慧"示范园区。

## （六）绿色发展，提高综合效益

坚持以生态园区建设为导向，进一步完善激励和倒逼机制，推进园区环境提升和安全达标，突出园区绿色化转型，以碳达峰、碳中和牵引工业园区绿色低碳循环发展。

### 1. 建立倒逼促改机制，加快"去旧焕新"

建立健全多部门联合执法机制，大力推进小、散、乱、污整治，依法依规坚决关停拆除环保、消防、安全等不达标的危旧厂房，果断淘汰高污染、高排放、高能耗、高风险的落后企业。

### 2. 优化资源要素配置，实现"腾笼换鸟"

探索开展工业园区用地效率评价，并对存量用地进行分等定级，识别认定低效用地，在用能、用电、用水等方面试行差别化配置政策，引导落后产能企业、危旧厂房业主积极配合改造整治提升，倒逼低效传统产业主动谋求转型升级。

### 3. 倡导绿色生产方式，建设"美丽园区"

探索工业园区绿色低碳发展路径，开展园区低碳化试点改造，支持企业开展节能减排改造，淘汰高污染、高耗能生产环节。

## （七）政策引导，加强要素支撑

坚持政府引导、市场参与、企业主体，抓紧抓实要素支撑，着力破解政策、资金、土地、人才等资源要素制约瓶颈，为工业园区高质量发展提供全方位保障。

### 1. 加强政策供给，释放政策红利

以问题为导向，对标顺德、东莞等地，创新实施改造新做法，努力争取上级政策支持，加快破解"政策供给不足"。按照解剖麻雀的方式，加快制定和完善覆盖升级改造全流程的政策和可操作性工作指南，逐渐构建园区改造闭环政策体系。

### 2. 强化资源统筹，降低改造成本

创新投融资方式和利益共享机制，多渠道保障园区改造资金，加快破解"钱从哪里来"。成立城市更新（园区改造）专项基金，通过市级收储、国资运营、市场化运作等多种模式投放园区升级改造。

### 3. 加快土地整备，保障用地指标

统筹推进低效工业园区改造和土地整备，解决土地利用粗放和用地紧张并存难题，加快破解"地从哪里来"。健全"增存挂钩"机制，加快处置闲置、低效用地，盘活"批而未供""供而未用"土地。

## （八）简政放权，优化营商环境

坚持深化简政放权，紧紧围绕"放管服"改革，扎实推进园区改造政务服务质量提升，全面改善营商环境。

### 1. 做好简政放权的"减法"

优化改造项目用地标图建库、区域评估、控规调整、合并与分割管理、用地预审、完善历史用地手续、单元规划编制等审批流程，推行简化版标准文本。建立完善清单制＋告知承诺制、绿色通道等制度，大力推进并联审批，加快项目落地。

### 2. 做好跟踪监管的"加法"

加强跟踪监管，组织镇街和相关部门按职能做好改造项目全过程跟踪服务。全面落实项目批后监管制度，对纳入"三旧"改造范围、享受相关优惠政策的项目，按规定签订项目监管协议，明确项目动工、竣工时限，投入、产出等要求和相应违约责任，引导项目实施主体依法依规开展低效园区改造升级。

### 3. 做好优化服务的"乘法"

参照建立市重大工业项目前期工作协调推进机制，实现审批流程高效运转，无缝衔接。坚持"有求必应、无事不扰"，从创新服务方式入手，强化专业服务能力建设，精减企业办事环节，当好"店小二"，做好"贴心人"，切实增强改造业主的获得感。

# 关于学习借鉴高水平园区建设
# 发展经验有关情况的报告

广东省工业和信息化厅工业园区处

按照广东省领导的指示要求，5 月 26 ~ 28 日，广东省工业和信息化厅组织珠海、汕头、江门、湛江市分管市领导及市工业和信息化局主要负责同志，实地调研苏州工业园区、宁波杭州湾新区、上海化学工业园区、上海张江科学城（上海集成电路设计产业园），学习借鉴园区在规划建设、产业培育、配套政策和管理体制机制等方面的经验做法，研究提出加快推动广东省大型产业园区规划建设的政策建议。现将调研情况报告如下：

## 一、调研情况及值得借鉴的经验做法

本次调研的苏州工业园区、宁波杭州湾新区、上海化学工业园区、上海张江科学城（上海集成电路设计产业园）均已经过 20 余年的建设发展，园区基础配套设施较为完善、主导产业特色鲜明、配套政策精准有效，并已形成比较成熟的运营管理模式（调研园区的基本情况详见附表）。其中值得学习借鉴的经验做法主要包括：

### （一）苏州工业园区：坚持规划先行，探索体制创新

一是坚持规划先行，配套制度保障。园区在国内首创"先规划、后建设"的开发原则，坚持"规划即法"的理念，在 1994 年编制了第一版总体规划后，园区先后制定了 300 多项专业规划，从概念规划、总体规划到建设指导性详规、城市设计，再到规划技术规定，形成了完整配套的规划体系。在规划编制的同时，园区配套制定了一系列严格的规划管理制度，强化规划的执行力和规划的权威性，要求各类用地都必须按用途使用，不能因迁就开发商和项目而随意变更规划。在坚持原则的同时，园区也兼

顾发展实际，通过"五年一检讨"的方式，对园区规划进行检讨、微调，使园区在开发建设 26 年后的今天，既坚持了规划初期的发展格局，又保持持续发展的动力。

二是积极争取授权，探索体制创新。苏州工业园区一条重要的体制创新的经验就是，按照一级政府行政主体的架构进行管理，以上级授权的方式突破原有体制局限。在开发初期，园区主动争取，申请到"不特有特，特中有特"的国家特殊政策，并获得"凡是符合改革方向的可在园区先行，一时看不准的也可在园区试行"的国家授权。与此同时，江苏省委、省政府充分放权，省级、市级的各项审批职能，原则上都下放到园区管委会。国家、省级层面的支持和授权，为园区起步创造了良好的发展环境，使苏州工业园区只用 10 年的时间就再造了一个新苏州。

三是管理与运营分开，充分发挥国企作用。园区采取"管委会 + 开发公司"的管理模式，其中，苏州工业园区管理委员会作为苏州市政府的派出机构，代表市政府行使园区管理职能；中新苏州工业园区开发集团有限公司是园区开发主体，开发公司按照协议价从政府手中取得土地，进行基础设施和公用设施建设，负责对外招商工作等。同时，园区建立了"市场导向、分类管理"的国企发展体制，在园区内设有 19 家国企，充分发挥国有企业在城市建设、新产业培育、经济转型、资本积聚等方面的引领示范作用。

四是聚焦主导产业，着力产业链条延伸。在园区起步初期，园区依靠加工贸易起家，发展电子信息和机械制造产业，并围绕两大主导产业纵深发展，走了一条先占领"微笑曲线"底部的低附加值部分，再向前端的研发和后端的市场延伸的产业发展路径。时至今日，园区电子信息和机械制造产业已形成两个千亿级产业集群。同时，面对新兴产业的崛起，园区围绕纳米技术应用、人工智能和生物医药产业，向研发端延伸，引进建设了中科院苏州纳米所、中科院电子所苏州研究院、中国医学科学院系统医学研究所等"国家队"科研院所 10 家，引进近 500 家新型研发机构，设立中外高校 29 所，抢占新兴产业创新资源高地。

### （二）宁波杭州湾新区：强化产城融合，坚持创新驱动

一是强化产城融合，迅速集聚产业和人才。园区顺应新一代开发区发展趋势，强化产业与城市的互动融合发展，充分发挥城市对产业和创新要素的集聚能力，在大力推动制造业发展区块建设的同时，同步推进南部新城、北部滨海新城"双中心"建设，提升区域金融集聚功能、完善科研科教和生活服务功能等。2019 年，新区出台《宁波杭州湾新区生活性服务业国际化提升三年行动计划（2019—2021

年）》，以国际化标准推动新区生活配套设施建设。近 11 年来，新区地区生产总值、工业总产值、财政收入等指标年均增速分别高达 21.6%、16.5%、30%；累计引进项目 400 余个，总投资 4000 亿元，其中世界 500 强项目 45 个；新区常住人口年均净增长 2 万人左右[①]。

二是理顺体制机制，全力推进招商引资。新区管委会是宁波市政府的派出机构，主要负责人按正厅级干部配备，新区享有一级财政和土地收储等权限，并承接宁波市下放的环保审批、67 公顷以下的用地报批等权限。新区管委会下设国有开发公司，管委会将园区土地等优质资产划拨给开发公司，由开发公司负责融资。新区上下一心促招商，将最优秀的年轻干部安排到招商部门锻炼，每年下达招商目标、压实工作责任，园区每年至少引进 1 个百亿级项目。

三是坚持创新驱动，集聚发展新动能。新区高度重视创新平台建设，重点打造了吉利研究院、复旦大学宁波研究院、众创园、生命健康创新孵化平台、中科院宁波材料所杭州湾研究院等 13 个创新平台，吸引人才 6.6 万人，其中高层次人才 6000 人。目前，园区已成功培育千亿级汽车产业集群、百亿级智能电器、高性能材料产业集群。其中，上汽大众和吉利汽车两大汽车整车企业，年产能达到 160 万台，年产值 1000 亿元，成为全国七大汽车生产基地之一[②]。

### （三）上海化学工业园区：高标准的设施，高水准的招商

一是坚持"一体化"理念，下大力气"筑好巢"。园区学习借鉴了美国休斯敦、比利时安特卫普、新加坡裕廊等世界级化工园区的先进经验，引入世界级大型化工区的"一体化"先进理念，在国内率先提出并按照"五个一体化"开发建设，下大力气推进产品项目一体化、公用辅助一体化、物流传输一体化、生态保护一体化和管理服务一体化，做到园区设施专业集成、投资集中、效益集约。

二是政府主导园区管理，央企参与开发建设。园区采取了"领导小组 + 管委会 + 开发公司"的开发管理模式，即市政府专门成立由市领导任组长的上海化工区开发领导小组；园区管委会负责园区事务归口管理；由央企（中国石化所属的上海石化 32%、高桥石化 18%）和地方资本（华谊集团 38%、其他 12%）合资成立化工区发展公司作为园区开发建设运营主体，主要承担开发建设、招商引资、配套服务等职能。

三是坚持高水准招商，严守底线、敢于留白。园区坚持以产品关联度、主导产业

---

①② 资料来源：根据宁波市工业和信息化主管部门工作材料整理。

聚集度、良好经济效益为导向，引进德国巴斯夫、美国亨斯迈、日本三井等著名跨国化工公司，中石化、上海石化、高桥石化、华谊集团等国内大型化工企业，以及一批世界著名公用工程公司等59家企业入驻，外资企业占比、产品关联度、主导产业集聚度等均达到80%以上，且有超过80%的企业达到欧美先进国家标准。同时，园区严守发展底线，坚决拒绝任何煤化工企业入园，并在有限的规划面积内，战略留空三成（约10平方公里），为化工区升级发展和石化下游产业链延伸等留足发展空间。

**（四）张江科学城（上海集成电路设计产业园）：社会资本高度参与，政策体系全覆盖**

一是汇集社会资本，撬动产业发展。在管理体制上，张江科学城由上海推进科创中心建设办公室领导，其开发主体为张江高科（上市公司）和张江集团。张江高科充分利用市场化方式，建立全产业链投资基金，每年吸引社会活跃资本超1000亿元，通过直投、基金、基金＋直投等方式，专注硬核产业投资，实现投资阶段全覆盖。目前，园区获批国家首批公募房地产信托投资基金（REITs）项目，通过资产盘活推动园区发展。

二是精准的政策设计，全覆盖的政策体系。张江企业可以享受"国家、上海市、浦东新区、自贸区、张江科学城"多层次政策，覆盖大中小微企业，不仅精准提供产业链不同环节的专项政策，还对符合条件的企业提供税收返还、上市相关费用补贴、研发费用补贴和重大项目资助等，为企业提供多方位、全生命周期的政策覆盖与服务。

## 二、调研得到的启示

改革开放之初，中国设立经济特区和开发区，按照邓小平"划出一块地方""杀出一条血路"的思路，在一定区域辅以特殊的政策，大胆闯大胆试，以局部的突破来谋求整体的发展，推动中国经济持续快速发展了数十年。省委、省政府谋划建设大型产业园区，是在新的历史时期，推动区域协调发展的一条有效途径，推动广东经济再出发的关键一招。高质量推动大型产业园区开发建设的关键在于：

一是上级政府的高度重视和坚强领导，配套高效的管理机构。上级政府的高度重视能够有效调动各方资源，坚定园区开发建设的信心和投资者信心，加快推动园区建设发展。与此同时，园区建立高效的运营管理机构，理顺体制机制，能够有序推进园区建设发展各项工作。目前，国内比较普遍的园区运营管理模式是成立园区管委会，作为政府派出机构，行使经济管理职能，落实国家、省（市）的要求部署，承接一定的审批权限；同时，成立国有园区开发公司，具体负责园区的建设发展、招商引资等。

二是高起点编制园区规划，配套有效的执行措施。调研学习的 4 个园区在建设之初均高度重视园区规划，学习借鉴国内外先进的规划理念，聘请专业的规划团队，高起点编制园区规划，为未来数十年园区发展勾画蓝图、奠定基础。高起点的规划还需要强有力的执行力，才能"一张蓝图绘到底"，实现园区发展目标。在规划执行方面，4 个园区均按照规划的用地地块和主导产业，有序推进项目落地建设，尤其是苏州工业园区配套制定一系列严格的规划管理制度，通过"五年一检讨"，确保规划有效执行。

三是高标准的园区建设，配套多元化的资金筹措方式。从感官上，调研的 4 个园区无论是园区道路、地下管廊、厂房建设、污水处理设施、园区公共服务平台，还是配套的商务服务等设施都已达到较高的建设标准，为重大项目引进提供了必备的硬件条件。高标准的园区开发建设离不开大额的资金投入，我们了解到，园区开发资金分阶段采取不同的筹措方式：启动阶段，即园区征地拆迁、基础设施建设阶段，主要以财政投入为主，由财政注资成立国有园区开发公司并给予启动资金支持；在园区具备基本的项目引进落地条件后，主要采用专项债和贷款融资等方式筹资，利用税收、土地出让收入等还本付息，力求园区开发资金基本实现自平衡；待园区开发到了一定阶段后，园区开发公司可以通过建设标准厂房、公共管廊等公共设施收取出让金或租金收入，并通过股权投资、基金、发债等金融手段，形成稳定现金流，推动园区进一步开发建设。

四是高水平的招商引资，配套精准的产业选择和产业政策。土地是园区的稀缺资源，招商引资决不能只看数量，要看质量、看发展。高水平的招商引资，首先要看质量，设置产业准入条件，瞄准主导产业、龙头企业，招引优质企业项目，并为其提供精准的政策和服务，促进其快速发展；其次要谋发展，为未来产业升级留有"余地"。上海化学工业园区为产业延伸发展留白的"10 平方公里"战略用地，是园区未来再发展的空间，为我们提供了重要的启示。

## 三、政策建议

综合调研情况，结合广东省实际，广东省工业和信息化厅提出推动广东省大型

2020—2021年广东省制造业高质量发展研究报告汇编

244

产业园区规划建设政策建议。有关建议如下：

一是在管理体制机制方面，建议大型产业园区参照国家级开发区，成立大型产业园区管理委员会，行使市一级经济管理权限，并以"事项清单"方式，赋予部分省级审批权限。探索建立大型产业园区重要事项与省政府直接请批关系，报市政府备案。同时，建议由省委组织部抽调一批年轻化、高素质、有魄力的干部到大型产业园区挂职或任职，并对大型产业园区管理干部予以重用。

二是在园区规划用地方面，建议在 2021 —2035 年，省按照大型产业园区建设需要、开发时序等，预留大型产业园区建设用地规模。建议赋予大型产业园区省级用地预审与选址的权限，由大型产业园区在总体规划框架下编制相关规划并按程序报批，允许园区对规划进行阶段性检讨和适当微调。对园区基础设施建设项目、产业项目用地指标予以单列支持。

三是在开发建设资金方面，建议省设立大型产业园区建设专项资金，启动园区开发建设。各地成立园区开发公司，以优质资产注入园区开发公司作为资本金，撬动银行机构、社会资本参与园区开发建设。推动省属国企或央企参与大型产业园区开发建设。支持园区开发公司发行公司信用类专项债券，依据园区开发时序，适配使用，实行风险闭环管理，不纳入地方政府综合债务率。

四是在优质项目引进方面，建议降低园区内企业用电、天然气、蒸汽、冷气等价格，对重点产业项目实行税收"三免两减半"政策，对于园区围绕主导产业引进的大型优质企业，其所得税率超出 15% 部分由省财政补足。依法依规简化项目引进落地审批程序，推动并联审批，为项目落地提速。优先保障大型产业园区重大项目能耗指标需求，研究将大型产业园区能耗"双控"指标单列。

五是在高层次人才引进方面，建议优先在珠海、汕头、江门、湛江 4 市布局重大科学装置、高等院校、国家级实验室、省级实验室等，以此为依托培养集聚一批高素质专业技术人才、高技能人才和高水平经济管理人才等。对于园区重点引进的高层次人才，同等享受粤港澳大湾区个人所得税优惠政策。

六是在合作共建方面，建议广州、深圳市在开发资金、产业项目、干部交流等方面加大对湛江、汕头市的帮扶力度，并形成"科研＋产业化""总部＋项目建设区"的合作机制。湛江、汕头大型产业园区管理干部同等享受广州、深圳市的工资待遇。珠海—江门大型产业园区各片区管理干部工资待遇保持一致。

附表

调研基本情况

| 园区名称 | 规划面积（单位：平方公里） | 启动建设时间 | 主导产业 | 2020年主要经济指标完成情况（单位：亿元） | 园区发展情况 | 发展目标定位 | 管理模式 | 配套政策 |
|---|---|---|---|---|---|---|---|---|
| 苏州工业园区 | 278平方公里 | 1994年 | 重点发展电子信息、机械制造、生物医药、人工智能、纳米技术应用 | 苏州工业园区实现地区生产总值2900亿元，实现工业总产值5300亿元，其高新技术产业产值占比达七成 | 国家级经开区综合考评中，苏州工业园区连续五年（2016～2020年）位列第一，在国家级高新区综合排名中位列第四，并跻身科技部建设世界一流高科技园区行列 | 到2035年，建成世界一流高科技园区，成为全方位开放高地、国际化开放创新高地、高端产业高地、现代化治理高地 | 管委会+开发公司 | 1. 对符合条件的企业给予所得税三免两减半、免征营业税、出口免税、一次性奖励、专利费用资助、商标注册奖励；2. 对高层次人才优惠租房、薪酬补贴、博士后补贴、落户入学便利、人民币汇兑及出境勤便服务。3. 科技经费支持。4. 独特的社会保障金体系。5. 投融资支持。6. 上市公司特别扶持等 |
| 宁波杭州湾新区 | 703平方公里（其中：陆域353平方公里） | 2001年 | 重点发展汽车、智能电器、高性能新材料、生命健康、数字经济 | 2020年，宁波杭州湾新区实现地区生产总值680亿元，完成规模以上工业总产值1697.6亿元，实现财政收入168亿元 | 宁波杭州湾新区已成为长三角经济发展速度最快的区域之一，园区经济走在了浙江省大平台建设的前列 | 国际化产业名城，现代化美丽湾区。到2035年，再造一个宁波2009年工业 | 管委会+开发公司 | 新区享有一级财政和土地收储等权限，并承接宁波市下放的环保审批、67公顷以下的用地报批等权限。高层次人才购房补贴、健康补贴、节水节能改造补贴、专利补助等 |
| 上海化学工业园区 | 29.4平方公里 | 1996年围海造地，2000年全面开发建设 | 以石油和天然气化工为重点，发展合成材料、精细化工等石油深加工产品 | 2020年，上海化学工业区实现工业总产值超1300亿元 | 园区聚碳酸酯和异氰酸酯生产能力分别占全球生产能力的10%和16%，是全球最大的生产基地。园区在资源循环利用和安全环保方面领先全国 | 打响上海化工制造品牌；打造具有世界影响力的科创中心，建设具有国际竞争力的世界级石化产业基地 | 领导小组+管委会+开发公司 | 园区块执行优惠电价，成为第一个对外口岸向地方放权管理的区域，推动审批便利化，推动"一门办公、合署办公、一口受理、一门办结、并联审批；实行税收三免两减半政策，以及50年2万元/公顷的优惠地价 |

续表

| 园区名称 | 规划面积（单位：平方公里） | 启动建设时间 | 主导产业 | 2020年主要经济指标完成情况（单位：亿元） | 园区发展情况 | 发展目标定位 | 管理模式 | 配套政策 |
|---|---|---|---|---|---|---|---|---|
| 张江科学城（上海集成电路设计产业园） | 95平方公里，其中上海集成电路设计产业园规划面积4平方公里 | 1992年开工建设，2017年更名为"张江科学城" | 张江科学城主导产业包括集成电路、人工智能、生物医药、新兴产业包括在线经济和数字文创、软件和信息服务、机器人和智能装备，并发展"X"未来产业 | 2020年，张江集成电路产业销售规模达1285亿元，占上海市比重62%，占全国比重超过1/6 | 园区现有200余家集成电路设计、芯片制造、封装测试、设备材料等领域企业，成为国内集成电路产业链最集中、综合技术水平最高、产业链最为完整的产业聚区 | 宜居宜业的城市副中心，改革创新和先行先试的平台 | 管理办公室+开发公司 | 对符合条件的企业提供所得税、增值税、个税返还，上市相关费用补贴，研发费用补贴和重大项目资助等 |

资料来源：根据苏州、上海、宁波市工业和信息化主管部门工作材料整理。

# "企莞家"助企内涵式高质量发展

东莞市工业和信息化局

自 2021 年以来，东莞市工业和信息化局（以下简称"工信局"）聚焦企业急难愁盼问题，创新升级推出"企莞家"2.0 版本，以优化资源配置为导向，引导和支撑企业内涵式、高质量发展，朝着"地级市高质量发展领头羊"目标实干奋进。

## 一、聚焦"高质量"，构建评价体系引导企业内涵式发展

构建高质量评价指标体系，从企业规模、增长、效益、创新四个维度选取 16 项客观指标，全方位开展企业评价，择优为企业实行梯度服务，统筹产业扶持专项资金和关键生产要素资源实施差异化配置，引导企业对照评价指标体系走内涵式发展的道路。目前，该评价指标体系已全面应用于倍增企业考核遴选，2021 年通过指标评价直接入选的倍增企业，2021 年 1~9 月规模以上工业总产值同比增长 30.3%，分别快于倍增企业和全市规模以上工业平均水平 6 个和 22.8 个百分点①，增长势头强劲。

## 二、急企业所"急"，一体联动迅速回应企业发展诉求

打通政企沟通渠道，全面对接企业所急所求，让企业诉求得到最快最有效的响应。打造"掌上企莞家"、"企莞家"2.0 版本，在原有 PC 端的基础上，重磅推出为企业高管量身打造的"企莞家"微信端，将核心功能模块全面适配到手机微信端，企业可随时随地登录平台提诉求、看进度，在"指尖滑动"间全面体验政府便捷服务。构建服务一站享，整合全市超过 20 个部门和各镇（街）、园区对企服务力

---

① 资料来源：东莞市工业和信息化局。

量，建立平台诉求流转办理闭环工作机制和企业满意度评价机制，形成"以企业为中心"的新政务服务生态，实现市镇一体联动服务企业，不断提升企业获得感。构建三级服务专员支撑体系，组建由市工信局副处以上领导牵头的 18 个工作组、市倍增计划工作领导小组办公室（以下简称"倍增办"）服务专员、镇街倍增办服务专员等三级服务专员队伍，分级做好企业诉求分派流转、承接办理、问题协调、效果评估等工作，支撑"企莞家"服务一站享功能高效运作。"企莞家"平台服务能力和效能显著提升，截至 2021 年底，平台用户由 2019 年末的 1.5 万家快速增长至 4.1 万家，微信关注用户达 145 万，成为全市最大的对企政务服务平台；收集企业诉求超 4500 宗，平台诉求受理反应时间由 2019 年的平均 5.9 个工作日缩短到 2.5 个工作日，办结率为 96.7%，企业满意度达 98%。

### 三、解企业所"难"，多措并举为优质企业"供氧输血"

针对企业融资"难"，"企莞家"通过"金融超市"搭建银企对接平台，更好地满足优质企业发展资金需求，撬动更多金融资源支持东莞市制造业升级和实体经济发展。强化金融资源整合，"金融超市"累计上线 13 家金融机构 62 个金融产品，同时，与东莞建行签署培育发展战略性产业集群战略合作框架协议，建行承诺 5 年内向东莞市产业集群企业、专精特新企业、"倍增计划"试点企业等提供不少于 5000 亿元综合融资服务支持。加大政策扶持，实施新一轮融资租赁扶持政策，给予融资租赁机构风险补偿、为承租企业提供贴息补助，引导金融机构加大对实体经济的扶持，"双向"降低企业融资成本。建立"白名单"工作机制，推动"白名单"企业从 2019 年的 35811 家扩展到 45482 家，增加合作银行、贷款种类，提高风险补偿比例，有效扩大政策受惠面，进一步推动了银行机构加大对企业的信贷支持。2021 年，白名单企业新增贷款 25834 笔，贷款金额 925.51 亿元，同比分别增长 47.24%、57.21%；2021 年，融资租赁政策为企业降低融资成本 4025.47 万元，撬动融资额 9.25 亿元，推动财政资金放大超 22 倍[①]。

### 四、纾企业所"愁"，资源优化配置护航项目大干快上

针对企业在项目投资方面面临的审批、用地等困难，"企莞家"加强保障为企

---

① 资料来源：东莞市工业和信息化局。

纾愁，为项目加快动工建设保驾护航。打造"项目全流程"跟踪服务功能，实现工业投资项目线上管理，对已经取得土地的项目，实现在设计方案、建设工程规划许可证和施工许可证核发、工程施工、竣工验收、项目建设、正式投产等各环节的线上流程跟踪，对迟滞环节实施预警，强化镇街属地管理责任，全力协调加快审批事项办理，推动项目顺利建设、投产。"一事一议"协调调度，由分管副市长牵头，建立多部门参与的企业诉求"一事一议"协调解决机制，依据企业高质量发展评价指标体系客观评分，分类满足企业发展要素资源需求，在政策允许范围内给予最大力度协调和支持。2021 年，全市工业投资项目库建库率达 103.2%，助力全市工业投资和技改投资分别增长 25.3% 和 23.9%①，为全市工业发展夯实后劲。

## 五、满企业所"盼"，政策精准推送助力企业轻装快跑

全力满足企业对政策的期盼，推动政策加快落地，让政策看得见、享得到，助力企业加快发展。打造政策一站享，每半个小时全网爬取和转发国家、省、市各职能部门惠企政策信息，最大程度上实现各级各部门政策归集，方便企业"一站式"掌握适用政策，对于已填报企业信息的平台用户，自动匹配政策并精准推送，同时，实现市级主要部门政策在线申报，让政策公开透明、触手可及。简化申报材料，对市工信局 36 项帮扶企业的资金项目进行标准化改造，原 17 项申报材料精简至 5 项，信息登记表由原先的 20 页精减至 2 页。简化申报程序，整合多个部门多个维度综合评价企业发展情况的数据库，包括不予资助的数据库，对企业资助项目进行线上科学评价和资金拨付。自 2020 年以来获取并发布政策超 4500 个，成为全市惠企政策最齐全的平台，向企业精准推送政策 128 万次；通过实施政策标准化，减少企业填报信息 70%，减少申报材料 50%，共收到专项资金申请 1.1 万份，推动企业获得各级财政专项资金超 30 亿元。

东莞作为先进制造业大市，工业和信息化占全市经济总量约 58%，占据了东莞经济的半壁江山，是社会经济举足轻重的组成部分。东莞市工信局上线服务企业全周期的平台"企莞家"，充分利用信息化手段，打通服务企业的"最后一公里"，助推产业高质量发展。"企莞家"以企业为中心，企业需要什么就做什么，并持续优化和打磨，让企业越来越感受到政府部门的服务是到位的、贴心的。

① 资料来源：东莞市工业和信息化局。

# 06

# 专题研究篇

# 广东省制造业供给体系韧性的
# 现状、问题及提升建议

*广东省制造强省建设专家咨询委员会秘书处*\*

随着全球保护主义、单边主义进一步蔓延，贸易和投资争端趋于加剧，发达国家对我国芯片、集成电路、高端软件等"卡脖子"技术的封锁力度加大，对制造业产业链、供应链安全带来极大挑战，全球产业格局和供应链配置面临深刻调整，然而传统国际循环明显弱化，已经难以支撑中国经济的庞大体量和高速增长。因此，提升区域产业链供应链的安全性、稳定性和掌控力，成为世界主要进口国和重要市场主体的共识，面向国内国际两个市场分别布局技术创新和生产力资源，将成为企业应对国际经贸形势变化的新选择。以习近平同志为核心的党中央审时度势，提出要"加快构建以国内大循环为主体，国内国际双循环相互促进的新发展格局"。这是总书记、党中央与时俱进提升我国经济发展水平的战略抉择，也是塑造我国国际经济合作和竞争新优势的战略抉择，有着深厚的历史背景和深远的现实考量。

## 一、增强制造业供给体系韧性的主要意义

习近平总书记深刻指出：加快构建新发展格局，关键在于实现经济循环流转和产业关联畅通，根本要求是构建高质量的供给体系，提升供给体系的创新力和关联性，解决各类"卡脖子"和瓶颈问题，畅通国民经济循环。

一方面，增强以制造业为核心的供给体系韧性是构建新发展格局的必经之路。构建新发展格局必须利用好大国经济纵深广阔的优势，把我国巨大的市场潜力转化为实际需求，为我国经济发展增添动力。制造业是立国之本、兴国之器、强国之基，

---

\* 本文作者：岳芳敏、席凯伦。

是一国经济供给体系的重要主体。制造业发展的质量成为决定整体经济供给质量的关键。加快构建新发展格局，就要求发挥国内强大市场优势，以制造业高质量发展为核心抓手，贯通生产、分配、流通、消费各环节，促进国内供需有效对接。唯有更好地增强以制造业为核心的供给体系韧性，形成更高效率和更高质量的投入产出关系，从而实现经济在高水平上的动态平衡。

另一方面，增强以制造业为核心的供给体系韧性是实现经济高质量发展的内在要求。高质量发展要求推动实现质量变革、效率变革、动力变革，供给体系的基础支撑、动态平衡能力、运行效益、开放程度、体制机制等都要与之相匹配。唯有加强供给体系的要素保障，强化竞争政策基础地位，形成市场主体公平竞争的市场营商环境，充分激发市场主体活力和创造力，实现企业优胜劣汰，才能推动制造业高质量发展，提高经济质量效益和核心竞争力，持续增强发展动力和活力，才能有效应对各种风险挑战，推动经济社会发展行稳致远。

## 二、广东省制造业供给体系建设基本现状

制造业是实施创新驱动发展战略、推动高质量发展、构建新发展格局的主战场和主力军。制造业发展的质量成为决定整体经济供给质量的关键。我们从产业、企业和产品三个层面初步描述广东省制造业供给体制质量水平现状。

### （一）产业层面：产业高级化不断推进

制造业整体规模实力全国领先。广东工业经济在全国的主导地位依然相对突出，2020年规模以上工业增加值3.31万亿元，规模以上制造业增加值3.01万亿元，数字经济规模全国第一，规模以上工业企业数、增加值、营业收入、利润等主要指标总量均居全国第一。

产业结构不断优化。2020年，出台《关于培育发展战略性支柱产业集群和战略性新兴产业集群的意见》，立足于"稳"，重点培育壮大新一代电子信息、绿色石化、智能家电等十大战略性支柱产业集群，着眼于"进"，加快培育发展半导体与集成电路、高端装备制造、智能机器人等十大战略性新兴产业集群。20个战略性产业集群逐一制订培育行动计划，形成"1+20"政策文件。截至目前，重点发展的十大战略性产业集群已有新一代电子信息、绿色石化、智能家电等7个集群产值超万亿元，其中家电、电子信息等部分产品产量全球第一，汽车、智能手机、4K电

视、水泥、塑料制品等主要产品产量位居全国首位。重点发展的十大战略性新兴产业快速增长,近5年年均增长13.4%,集成电路设计、高端装备、区块链与量子信息、前沿新材料、数字创意、节能环保等领域具有全国竞争优势,其中工业机器人年产量超6万台,产量跃居全国第一,占全国比重30%左右。

### (二)企业层面:企业整体竞争力显著提高

世界一流企业群初步形成。大型骨干企业加快培育,2020年,主营业务收入超百亿元的大型骨干企业预计295家左右、"世界500强"企业14家、"中国500强企业"58家,保持全国领先水平。加大生物医药产业培育,省市共建3个生物医药产业培育园区,认定26家省中药材产业化基地;入选中国中药工业百强企业13家、中国医疗器械20强企业7家,均居全国第一。中小企业提质增效显著。累计推动约3.7万家工业企业"小升规",累计培育国家专精特新"小巨人"企业141家、省专精特新中小企业1563家。

企业创新能力显著提升。2020年,落户深圳的国家高性能医疗器械创新中心获批组建,成为广东省第2家国家制造业创新中心,与落户广州的国家印刷及柔性显示创新中心实现"双轮驱动",引领全省制造业创新发展。新筹建8家省级制造业创新中心,累计达28家。培育企业技术中心1308家、国家技术创新示范企业52家,数量均居全国前列。2020年组织实施国家工业强基工程16项,新获批7家国家新型工业化产业示范基地,累计23家。

企业营商环境不断优化。近年来,广东省制定实施"制造业十九条""实体经济十条""民营经济十条"等惠企政策,健全各级促进中小企业(民营经济)发展工作协调机制,营造重视企业、关心企业、支持企业的良好氛围,大中小企业融通发展局面初步形成。

### (三)产品层面:产品质量和附加值稳步提升

首台(套)重大技术装备研制和推广应用成效显著。截至2020年底,累计研制开发首台(套)重大技术装备项目439项。一批重大装备产品研制成功并本地产业化,中航通飞自主研制的世界最大水陆两栖飞机蛟龙AG600总装下线并成功试飞;国内第一艘30万吨级超大型油轮顺利下水;赛纳科技研发我国第一台自主知识产权激光打印机并实现量产。

工业企业质量品牌标准化加强建设。截至2020年底,广东省共有36家企业成为"全国质量标杆",居全国第一。实施"广东省改善消费品供给专项行动",推动消费品"三品"战略,在全国创新发布3批广东消费品供给指南,佛山、中山和深圳龙华获批国家"三品"战略试点示范城市。积极开展绿色制造体系建设,绿色制造示范数量居全国首位。实施"万企清洁生产审核",推动132个园区开展循环化改造,超额完成"十三五"目标任务。

## 三、主要问题

广东省在推动制造业高质量发展、增强供给体系韧性方面依然存在不少困难问题。

### (一)新兴产业加快成长但传统优势产业转型升级较慢,增强供给体系韧性的内在动力不足

先进制造业和高技术制造业加快发展,2020年,先进制造业、高技术制造业占规模以上工业比重分别达到56.1%和31.1%。工业新产品产量保持快速增长,2020年新能源汽车产量增长27.6%,工业机器人增长48.5%。但传统产业削减较快,纺织服装、食品饮料对工业增长贡献率比2012年分别下降4.1个、4.3个百分点。2020年,制造业31个大类行业中,有13个行业增加值负增长,主要集中在纺织服装、家具制造等传统行业。2020年全省工业技改投资增速仅为－9.6%,特别是传统优势产业技术改造力度有待进一步加大,企业不想改、不会改、不敢改问题较为普遍。

### (二)工业基础领域"卡脖子"问题突出,以制造业为核心的供给体系基础支撑不牢

工业基础不够牢,关键核心技术受制于人,稳产业链供应链压力大。电子信息产业"缺核少芯"明显,90%以上的高端芯片依赖进口,国产工业机器人配套减速器、伺服电机等进口比例为90%,驱动器进口比例为80%。大型制造企业的研发设计、资源管理类软件基本上被国外产品占据。近年来,全球保护主义、单边主义抬头,叠加当前国际疫情持续蔓延,广东省相关行业、企业可能面临重要设备、核心零部件、关键材料等供应紧张甚至断供的风险,同时也造成相关设备、产品、材料价格上涨,加大企业生产经营压力。虽然在这次疫情期间,广东省在较短时间内组

织推动大量企业扩产转产口罩、防护服等，体现了广东省的强大制造能力，但在高端领域的呼吸机生产受制于人，气体流量传感器、音圈电机等关键零部件必须依靠进口，国内仍无法替代。

### （三）高端产品供给不足，产业链供应链整体竞争力亟待提升，供给体系的质量和水平有待提升

广东省工业产品缺乏在国际市场上具有显著竞争力和影响力的知名品牌，2020年世界品牌500强美国占据了204席，我国品牌只有43个，而广东省仅华为1家制造业企业入选。相关领域高端产品依赖进口。电子信息领域，广东手机企业核心芯片大部分依赖进口；大量应用于家电的片式多层陶瓷电容器（MLCC）虽基本实现了国产化，但更高端的薄介质高容、高容高压产品被日本、韩国企业垄断。工业机器人领域，粤产工业机器人占全省机器人保有量仅30%左右，高端机器人和高端自动控制系统、高档数控机床、高档数控系统80%的市场份额被国外产品占领。医疗器械行业，高端生产装备、精密仪器、高端医疗器械依赖进口。超高清显示行业，广东省普通平板玻璃原片生产能满足近80%的需求，但用于高端电子信息显示的超薄触控玻璃基板、蓝宝石、高铝等高强度前后盖板玻璃、高世代薄膜晶体管液晶显示器（TFT-LCD）玻璃、有机发光半导体（OLED）显示面板玻璃主要依赖从美国、日本进口。

### （四）工业发展平台整体水平不高

广东省高水平园区偏少，全省仅有32个国家级工业园区，有7个市没有国家级园区；而江苏13个地市有65个，浙江11个地市有37个。珠三角村镇工业集聚区发展质量低，据不完全统计，珠三角村镇工业集聚区约1.1万个，用地总面积占珠三角地区现有工业用地面积的24%，仅贡献了珠三角地区不到10%的工业产值，而70%的安全生产事故和环境污染事件都发生在村镇工业集聚区。沿海经济带东西两翼和北部生态发展区工业园区基础配套设施落后，生活配套建设不足，与企业需求之间的矛盾日益突出。

### （五）资源要素结构性矛盾突出，企业发展尚未完全适应新发展格局

制造业贷款余额占全省贷款比重明显低于制造业在经济中的比重，企业用能用地用工成本仍相对较高，高端人才自主培养能力不足，粤东西北地区人才短板尤为

突出。此外，广东省经济外贸依存度远高于全国平均水平，由于出口和内销在产品标准、市场准入、营销渠道等方面存在较大差异，部分企业尚未完全适应新发展格局，发展受到一定制约。

## 四、主要思路

### （一）发展机遇

当今世界正经历百年未有之大变局，新冠肺炎疫情加快重塑国际经贸格局和规则体系，推动全球产业链和价值链加速重构。面向国内国际两个市场分别布局技术创新和生产力资源，将成为企业应对国际经贸形势变化的新选择。广东作为改革开放的排头兵、先行地、实验区，依托毗邻港澳的区域优势，先行一步融入了国际市场，有效连接了国际国内两个市场、两种资源，是内循环和外循环的重要衔接区。建设粤港澳大湾区，三地形成联系更加密切的整体，成为国内国际双循环的战略支点。广东省可充分发挥广东省制造业门类齐全、市场空间广阔、应用场景丰富、生产能力强大的优势，在加速补齐短板、重构产业链供应链、优化升级产业结构等方面获得新机遇，进一步推动深化改革、扩大开放、推动科技创新、产业结构升级、优化产业空间布局，形成制造业发展的创新能力、竞争力和综合实力，增强制造业供给体系韧性，为国家构建新发展格局发挥自身更大作用。

### （二）主要思路

"十四五"期间，广东省将牢牢把握"在全面建设社会主义现代化国家新征程中走在全国前列、创造新的辉煌"总定位总目标和稳中求进工作总基调，坚定不移贯彻新发展理念，以推动高质量发展为主题，围绕参与构建新发展格局，以深化供给侧结构性改革为主线，以改革创新为根本动力，以满足人民日益增长的美好生活需要为根本目的，以新一轮科技革命和产业革命为契机，紧紧抓住建设粤港澳大湾区和支持深圳建设先行示范区重大机遇，坚持制造业立省不动摇，深入实施制造业高质量发展"六大工程"，培育发展战略性支柱产业集群和战略性新兴产业集群，推进产业基础高级化和产业链现代化，提升创新能力、竞争力和综合实力，形成更高效率和更高质量的投入产出关系，打造新时代广东制造国际合作和竞争新优势，增强制造业供给体系的韧性，加快实现从制造大省到制造强省的历史性转变，推动广东打造新发展格局的战略支点。

## 五、下一步建议

### （一）加快新旧动能衔续转化，提升制造业供给体系的质量效益

坚持制造业立省不动摇，依托国内强大市场，突出抓好新旧动能衔续转化，大力推动制造业数字化转型，提升产品的供给能力和水平，提高制造业供给体系的质量效益。

一是持续抓好战略性产业集群培育发展。大力实施制造业高质量发展"六大工程"，以培育战略性产业集群牵引制造业整体提质升级，落实好培育发展战略性产业集群"1+20"政策文件，加快建立全省战略性产业集群联动协调推进机制，完善"五个一"工作体系（围绕每个集群分别建立一张龙头骨干和隐形冠军企业清单、一份重点项目清单、一套创新体系、一个政策工具包、一家战略咨询支撑机构），实施省领导定向联系推进战略性产业集群建设，切实推动资源要素、政策措施、工作力量向产业集群倾斜集聚，着力构建"省市上下联动、部门协同推进"的工作格局。围绕战略性产业集群加大重大工业项目布局力度，争取国家重点产业、重大工程和重大科学装置等落户广东省。

二是加快推进数字化发展，探索两化融合新模式。发挥广东信息产业优势，促进工业化、信息化深度融合、相互促进。做大做强数字经济。推进人工智能、大数据、区块链、车联网、数字创意等数字产业发展壮大，积极培育新业态新模式，打造数字经济产业生态。加快推动广州人工智能与数字经济试验区、深圳国家人工智能创新应用先导区等平台建设，支持广州市创建车联网先导区。出台广东省数字经济促进条例，加强数字产业化、产业数字化、治理数字化的法治保障。推进新型信息基础设施建设和第五代移动通信技术（5G）产业发展。深入推进珠三角5G城市群建设，全面推进粤东西北地区5G网络规模化建设，加快推进700兆5G网络启动建设。开展5G赋能战略性产业集群高质量发展专项行动，力争培育3~5个5G应用标杆示范。推进数据中心建设，积极发展大数据、云计算等产业。做大做强超高清视频产业。加快培育超高清视频显示产业链生态，建好省超高清视频产业园区。筹建超高清视频产业投资基金，建设超高清视频领域省级制造业创新中心。积极推

动重大项目落地，推动超高清视频产业集聚化、规模化发展。加快推动工业互联网创新发展。高标准建设国家工业互联网示范区，聚焦工业技术软件化和产业集群数字化转型，重点培育建设工业互联网平台，引导集群企业加快应用新技术、新工艺、新模式。

三是扩大有效和高品质消费供给。实施消费品工业"三品"专项行动，创建国家"三品"战略试点示范城市，遴选发布消费品新产品，支持企业开发更多适应国内市场需求、满足消费提档升级需要的优质产品和服务，引导出口企业"同线同标同质"生产内销产品，提升高端消费品供给能力。

四是大力发展节能环保产业和循环经济。加快构建绿色制造体系，新培育创建一批绿色工厂、绿色设计产品、绿色园区、绿色供应链示范。积极推动纺织、水泥、数据中心等重点行业实施能效对标和能效"领跑者"引领行动，推广使用节能技术装备。推动工业企业开展清洁生产，持续推进工业园区循环化改造，加快建设固体废物资源综合利用基地，推进新能源汽车动力蓄电池回收利用。

五是深度融入强大国内市场，提升内需驱动力。注重需求侧管理，推动国内国际消费和投资良性互动、产业升级和消费升级协同共进，充分挖掘国内市场潜力，以消费促生产，畅通国内国际产业循环、要素循环、市场循环。扩大信息消费和智能家电、智能终端、虚拟现实、可穿戴设备等新型消费。加快推广应用信创产品，争取更多广东企业和产品进入全国信创市场。强化广东与国内各地区在产能扩张、产业链延伸、市场渠道开拓等方面合作，通过产业共建、对口合作等形式将部分先进生产力以及新产品新技术转移拓展至东北、中西部地区，支持华东、华北地区的先进技术成果在广东转移转化。

### （二）强化创新驱动牵引支撑，提升供给体系的内在驱动力

以企业为创新主体，提升产业链供应链稳定性和竞争力。一是持续增强制造业创新发展能力。聚焦20个战略性产业集群，依托领军企业建设一批制造业创新中心，集中政策和资源支持核心技术攻关，发挥创新中心引领带动作用，促进产业链上下游协同创新。进一步完善企业创新培育和激励工作机制，加大企业技术中心等创新载体的培育力度，指导企业完善技术创新体系、加大研发投入，实施一批创新能力提升项目。二是加快提升工业基础能力。积极参与国家产业基础再造工程，加快建设国家新型工业化产业示范基地。加大基础研究和前沿技术攻关力度，聚焦工业软件、核心元器件、高端通用芯片、关键装备与材料等领域重点突破，切实解决

制约自主可控的深层次问题。提升产业基础设施支撑能力，加快推进 5G、人工智能、工业互联网、物联网等新型基础设施建设。三是大力实施"广东强芯工程"。加快推进集成电路产业发展，通过基金、平台、大学、园区构建产业"四梁"，从制造、设计、封测、材料、装备、零部件、工具、应用方面夯实产业"八柱"，引进建设一批产业链重大项目。

### （三）建设高水平制造业平台载体，深挖制造业供给体系的规模潜力

全方位推动工业园区提质增效，不断提升产业承载力和质量效益。

一是规划建设大型产业园区。在湛江、珠海—江门、汕头等部分区域高起点规划高标准建设 3 个大型产业园，高水平引进大产业、大项目、大集群，打造全省经济发展新的增长极。联合省有关部门和各有关市成立专班，各有关市要加快编制大型产业园区规划建设方案，明确发展目标、空间布局、重点工作任务等，省市合力推进园区规划建设。

二是新布局建设一批省产业园。修订完善园区管理办法，支持各地结合发展需要和客观条件申请设立省产业园。加快村镇工业集聚区升级改造，打造一批示范园区和项目，利用改造腾挪出的空间规划建设一批省产业园。

三是加快推动现有园区提质增效。聚焦 20 个战略性产业集群集中发力，培育建设一批特色产业园。实施园区产值倍增计划，集中优势资源支持发展潜力较大的园区加快提升质量效益。

四是着力优化园区发展环境。各地要加大对省产业园基础设施建设的支持力度，推广"七通一平"标准化建设，打通园区到高速公路、港口、机场、铁路站点等交通节点的快速通道，补齐园区基础配套设施短板。建立完善物流运输、创业创新、检验检测等公共服务平台，提高园区行政审批和服务效率。

### （四）进一步扩大对外开放，在全球范围实现更高水平的供需动态平衡

新时代增强供给体系韧性，实现制造业高质量发展，更加需要扩大对外开放，塑造参与国际合作和竞争新优势，形成制造业全面对外开放新格局。

一是积极打造国际规则衔接示范地。落实建设粤港澳大湾区和支持深圳建设中国特色社会主义先行示范区，主动加强与港澳规则衔接、机制对接，深入实施"湾区通"工程，稳步拓展制度型开放。实施《广东省进一步推动竞争政策在粤港澳大湾区先行落地的实施方案》，强化竞争政策基础地位，落实公平竞争审查制度，强

化反垄断和反不正当竞争工作，建设高标准市场体系，提升粤港澳大湾区市场一体化水平，推动高质量发展。

二是加强国际科技创新合作，积极融入全球创新网络。鼓励和引导优势企业进一步强化全产业链特征，优化全球布局，通过项目合作、高水平技术和人才团队引进、联合研发、联合共建等形式，积极吸引和对接全球优势创新资源、先进生产要素和高精尖产业项目，进一步加大全产业链投资，提升跨国合作创新水平和协作制造能力。

三是加强国际产能合作。支持粤港澳企业共同参与"一带一路"建设，支持重点企业"走出去"开展国际产能和装备制造合作，支持更高水平"引进来"，进一步放宽市场准入，广纳国际优势制造业技术、产品和要素资源，构建涵盖生产体系、研发基地、营销网络和跨国供应链的国内国际双循环体系，推动产业链供应链全球化整合、产品和服务市场国际化延伸。

### （五）加强政策创新和制度供给，强化高质量供给体系的要素支撑

一是开展行业领军企业培育行动，培育若干链主企业和产业生态主导型企业。支持中小企业做专做精，形成一批专精特新"小巨人"企业。鼓励产业链上下游企业强强联合，构建大中小企业融通发展的企业群。

二是强化金融服务实体经济的能力，加强政银企合作，支持引导银行机构为战略性产业集群企业及上下游产业链提供优质高效全面的专属融资服务，特别是引导金融机构加大对制造业、民营企业和中小企业的融资支持，缓解中小企业融资难融资贵问题。

三是强化人才支撑，加强全省制造业人才发展统筹规划，创新制造业领域"高精尖缺"人才引进模式，引进和培育制造业高层次人才，建设知识型、技能型、创新型劳动者大军。

四是持续推进"放管服"改革。构建更加完善的要素市场化配置体制机制，维护市场公平竞争，加强知识产权保护，形成长期稳定的制度环境。畅通政企双向沟通渠道，完善稳企政策体系，确保各项纾困措施直达基层、直接惠及市场主体。

五是稳步推进制造业高质量发展综合评价。健全制造业高质量发展综合评价工作体系，全面开展规模以上工业企业发展质量评价，继续开展省产业园高质量发展综合评价，鼓励部分区域基于评价结果开展功能性、差别化政策试点，推动资源要素向高效领域和优质企业集中。

# 推动产业链创新链深度融合
# 促进广东省制造业高质量发展

*广东外语外贸大学**

在全球产业链重构与新一轮科技革命相互叠加的发展大势下，"十四五"时期我国产业链既要抓住创新链加速融合的历史性机遇，又要安全和稳定地通过压力测试。习近平总书记在深圳经济特区建立 40 周年庆祝大会上强调，要围绕产业链部署创新链、围绕创新链布局产业链，为广东推动制造业高质量发展迈出坚实步伐指明路径。推动产业链与创新链深度融合，关键在于发挥创新对产业的支撑作用，通过强化战略科技力量、培育企业创新主体、完善成果转化体系、做好知识产权创造及保护和运用工作、加强生产要素保障等措施，解决创新的科学导向和产业化导向问题，以推进产业基础高级化和产业链现代化。

## 一、广东省促进制造业产业链创新链融合发展的现状和存在问题

研究发现，广东省整体科技创新力量雄厚，但基础研究相对于应用研究较为薄弱，科技研发对产业发展的支撑能力较为有限。从企业创新方面看，全省企业研发投入规模居全国首位，但考虑经济体量对比后不及浙江。此外，人才认证、评价体系需进一步完善。企业融资支持力度需进一步提升。知识产权创造、质量、保护不及北京、上海、江苏等省市，成果转化平台及人才队伍建设仍有较大提升空间。

### （一）战略科技力量与产业发展方面

广东省整体研发投入规模庞大，2020 年研究与试验发展（R&D）经费投入

---

* 本文作者：韩永辉、麦炜坤、何珽鋆。

3479.9 亿元①，稳居全国第一，但是基础研究和原始创新能力仍有待提高。一是整体研究经费强度和基础研究经费投入与其经济体量差距明显，科研水平对产业发展支撑有限。2020 年，广东的 R&D 经费投入强度仅为 3.14，远低于北京（6.44）、上海（4.17）乃至天津（3.44）。其中基础研究的经费投入占国内生产总值（GDP）比重最少，2019 年基础研究与试验发展的经费投入占 GDP 比重的差距高达 2.38%，仅为北京的 1/10（如图 1 所示），导致基础与应用基础研究短板突出，原始创新能力相对薄弱。此外，当前广东战略性"双十"产业中，仅有新一代电子信息、汽车等产业相对成熟，其余大部分仍处于起步阶段，而半导体与集成电路、区块链与量子信息、前沿新材料等更为缺乏科研基础，现有的研发水平难以支撑产业快速发展。二是世界级高水平的大学和科研机构缺乏。全省国家重点实验室、国家工程中心、一流高校等科研创新平台远远少于北京、上海、江苏等省份，难以有效支撑集群产业链、供应链的安全性和自主性提升需求。三是科技创新领域"塔尖"人才匮乏，科技类优势学科发展不足。两院院士等科技领军人才比例低于北京、上海、江苏等省份。在国家重点研发计划的 25 个重点项目中，科技类优势学科发展不足，广东专家仅在宽带通信和新型网络、智能机器人项目占比较多，而在其余领域中远远少于北京、

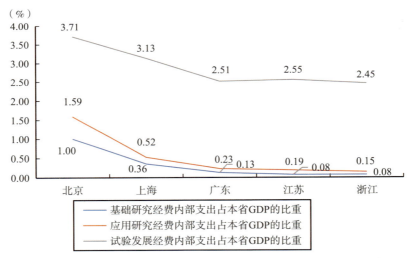

**图 1　2019 年全国主要城市基础研究、应用研究、试验发展经费内部支出占本省 GDP 的比重**

资料来源：《2020 年中国科技统计年鉴》。

①　资料来源：《2020 年全国科技经费投入统计公报》。

上海、江苏等省份，攻克核心技术能力不足，难以转化提升创新链整体效能。此外，广州作为省会城市，在《2020自然指数—科研城市》①中仅排名第15位，低于北京（1）、上海（5）、南京（8）甚至是武汉（13）。

### （二）企业创新方面

广东企业整体的研发投入位居全国第一，但是企业研发投入占全省比重和专精特新中小企业规模与浙江相比仍有差距。一是企业研发投入存在较大提升空间。2019年广东规模以上工业企业R&D内部经费支出占GDP的比重仅为2.1%，低于江苏（如图2所示）；广东企业R&D项目人员数量占全省的比重为78.87%，少于浙江（83.19%）、江西（80.61%）②。二是专精特新中小企业发展规模有待提高。从存量看，广东以429家专精特新"小巨人"企业排名全国第二，但仍比浙江少41家。在城市排名中，上海、北京和宁波分别以262家、257家和182家位居前三，分别占全国的5.5%、5.4%和3.82%，深圳则以169家排名第四，仅占全国的3.55%。而东莞、广州分别位列第十、第十三位，落后于天津、重庆、成都等城市（如图3所示）。从增量看，2021年广东新增288家专精特新"小巨人"企业，仍少于浙江的308家。

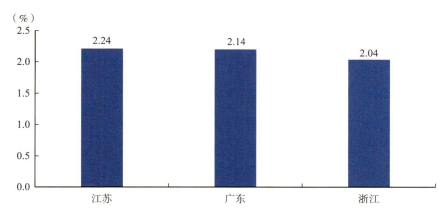

图2　2019年各省规模以上工业企业R&D内部经费支出占本省GDP的比重

资料来源：《2020年中国科技统计年鉴》。

---

① 《自然》杂志增刊《2020自然指数—科研城市》以采用发表在全球82种顶尖自然科学类期刊的论文数和贡献份额对科研城市进行排名。
② 资料来源：《2020年中国科技统计年鉴》，R&D项目人员数量为项目人员折合全时当量。

265

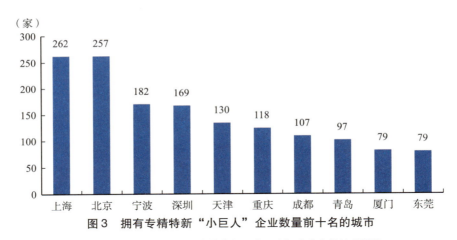

图3 拥有专精特新"小巨人"企业数量前十名的城市

资料来源：根据工业和信息化部公布的三批专精特新"小巨人"企业名单整理所得。

### （三）要素保障方面

广东在人才评价和认定、企业融资支持等方面仍需加强。一是人才评价标准和认定规则已较难满足现实需求。目前在科研人员中仍存在"唯论文、唯职称、唯学历、唯奖项"的不良风气，如高校老师职称评审仍有以社会科学引文索引/科学引文索引/全球核心（SSCI/SCI/EI）等论文作为前置条件和判断的直接标准，以专利、承担项目、获奖情况、出国（出境）学习经历等作为限制性条件。同时，企业对人才的考量更关注其技术、效益，但工程师等体制内的职称评定缺乏以市场为导向，对学历、工作经历等均有限制，导致产生高层次人才的认定规则与企业实际需求不对等的现象。如申报高级工程师需要本科以上学历，拥有两篇专业期刊上的论文和一篇专业技术报告，任职考核与论文、项目、专著、专利等挂钩。二是面向制造业和小微企业的金融支持力度不足。2020年末广东制造业贷款余额1.78万亿元，比2020年初新增长2957亿元，金融机构普惠型小微企业贷款余额1.15万亿元，均少于浙江的2.7万亿元、3414亿元、2.4万亿元[①]。

### （四）知识产权和成果转化方面

广东的知识产权创造、质量、保护及成果转化金额规模与其他省份相比存在一定差距，成果转化平台及人才队伍建设相对欠缺。一是成果转化金额规模和以专利衡量的知识产权创造不及北京、上海。2019年，广东科技成果产出合同金额低于北

---

① 资料来源：广东银保监局、浙江银保监局。

京、上海，承接科技成果转化合同金额也位列上海之后①。2020 年，广东每万人口发明专利数量仅为北京的 19.5%、上海的 50.7%，少于浙江、江苏（如图 4 所示）；企业专利授权量占总量的比重为 73.65%，低于江苏的 84.10%；技术合同成交额约为北京的一半，位居全国第二，签订各类技术合同数量也少于北京、江苏。二是知识产权公共服务供给有待提高。目前广东分别有 6 家国家知识产权保护中心和知识产权维权援助中心，数量上少于江苏、山东，且知识产权保护中心除汕头外均建于珠三角地区，在省内的区域分布不均衡。三是知识产权示范县（区）、园区和高校建设相对落后。广东仅有佛山市高明区属于在有效期内的国家知识产权强县工程示范县（区），但其排名未能进入前十，低于江苏、浙江、山东等多个省份的县（区）（如表 1 所示）。最新版国家知识产权示范园区名单中，广东仅有东莞松山湖高新技术产业开发区属于示范园区，而江苏省有 7 个、浙江省有 2 个。2020 年度国家知识产权示范高校名单中，广东只有 2 所在列，不足江苏的 6 所、北京的 5 所、上海的 4 所。四是部分高校在科技成果转化上投入的人力、物力有所欠缺。除中山大学、华南理工大学等大院大所外，其余高校、院所在专业化科技成果转化机构和管理队伍方面较为欠缺。从本科高校自主建立的科技成果转化中心来看，本科院校共计建立 64 所，校均 0.9 所左右。从专职人员数量（全职）看，本科院校专职总计 300 人，校均不足 4 人，89% 的本科院校专职人员数量为 10 人以下②。

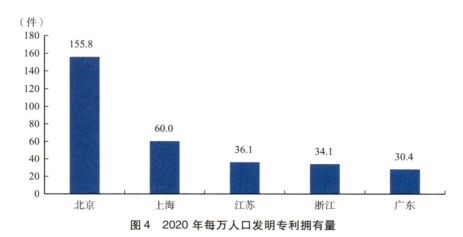

**图 4　2020 年每万人口发明专利拥有量**

资料来源：《2020 年国家知识产权局年报》。

---

①②　资料来源：《中国科技成果转化 2020 年度报告》。

表 1

（按得分由高至低排序）

| 排序 | 示范县（市、区） | 排序 | 示范县（市、区） |
|---|---|---|---|
| 1 | 江苏省泰州市高港区 | 10 | 山东省济南市章丘区 |
| 2 | 浙江省湖州市南浔区 | 11 | 广东省佛山市高明区 |
| 3 | 江苏省南通市如东县 | 12 | 山东省潍坊市寿光市 |
| 4 | 浙江省温州市瑞安市 | 13 | 山东省济南市天桥区 |
| 5 | 山东省济南市槐荫区 | 14 | 湖北省十堰市茅箭区 |
| 6 | 河南省郑州市金水区 | 15 | 云南省曲靖市麒麟区 |
| 7 | 江苏省连云港市东海县 | 16 | 江西省宜春市高安市 |
| 8 | 湖北省荆门市钟祥市 | 17 | 吉林省吉林市船营区 |
| 9 | 河南省洛阳市涧西区 | 18 | 江西省宜春市樟树市 |

资料来源：国家知识产权局。

## 二、以产业链创新链深度融合促进广东省制造业高质量发展的四个对策建议

广东作为全国第一制造大省，要推动双链深度融合，亟须"啃下硬骨头"，持续"锻长板""补短板"，以增强产业链供应链自主可控能力，逐步提高产业链的安全性和自主性，推动制造业迈向全球价值链中高端。

### （一）强化战略科技力量，优化产业链创新链战略布局，推动科研创新赋能产业发展，增强"双链"融合创新的内生动力

一是聚焦 20 个战略性产业集群建立"五个一"工作体系。精准研究绘制重点领域产业链图谱，对标国际国内先进水平，梳理"卡脖子"技术攻坚清单，找准产业链创新链优势及短板，引导创新资源向产业链关键环节集聚。推动"链长制"深入实施，进一步完善"省市上下联动、部门协同推进"的工作格局和"五个一"工作体系，打通科技链和产业链之间的堵点，发挥新型举国体制优势，加强科技创新和技术攻关。二是分层次打造支撑产业发展的创新平台。充分发挥粤港澳大湾区综合性国家科学中心、国家工程实验室、国家工程技术研究中心、广东省重点实验室、省级工程技术研究中心等科研平台的创新优势，加强基础研究，强化应用基础研究主攻方向，着力突破一批关键共性技术、前沿引领技术、现代工程技术、颠覆性技

术，推动解决"卡脖子"技术，培育一批"杀手锏"技术，抢占全球科技创新制高点。针对产业链技术创新缺失领域，推动国家级大院大所等基础研究机构落地建设，建设一批高水平创新研究院，强化战略科技力量。三是加快锻造优势产业长板，抓紧补强短板弱项。依托产业链全景图，围绕 20 个集群"五个一"中的重点项目清单，建立产业链招商目标客商库、项目库，引进一批带动性强的龙头企业和重大创新项目。围绕产业链"做精上游、做强中游、做高下游"，实施产业链合作创新工程，强化对产业链创新链融合的牵引作用，促使产业链上下游企业共同实施合作创新项目。深入实施重点领域研发计划，聚焦产业急需的核心基础零部件、核心电子元器件等领域布局一批重大科技专项，着力突破重点产业的技术缺失和薄弱环节。实施"广东强芯"工程，把广东建设成为中国集成电路发展的第三极。四是建立稳定增长投入机制。建立健全多元化投入体系，构建起"争取中央财政资金支持—增加省市财政资金投入—引导全社会加大投入"的投入机制，加大对基础研究和关键核心技术研究的经费占省级研发经费投入的比重。加强前瞻性布局，组建省基础与应用基础研究基金，形成以重大项目为牵引，以重大平台与基地建设为支撑，以面上项目为补充的基础科学资助体系。

**（二）以企业作为"双链"融合创新落脚点，强化企业创新主体地位，提升产业创新能力**

一是以龙头企业为带动提升产业链现代化水平。以科技创新为核心动力，从固链、延链、补链、强链等多个方面着手，发挥产业链龙头企业对上下游企业与外围企业的带动作用，推动全链条整体升级、向外延伸以及跨产业辐射，实现产业链创新链深度融合。坚持研发设计、高端制造、总部经济等核心环节本地化发展，留住、吸引并做强做大链主企业，围绕链主企业开展上中下游配套环节企业落地，力争在国内实现产业链闭环，全面提升产业链供应链稳定性和竞争力。二是打造新型产学研协同创新体系。支持企业和战略科研平台组建创新联合体，依托高科技企业和高水平研究型大学，发挥市场需求、集成创新、组织平台的优势，构建企业牵头、高校院所支撑、各创新主体相互协同的创新联合体，健全和推广"需求方出题、科技界答题"新机制，形成高效强大共性技术供给体系。在产业集聚度较高地区建设若干制造业创新成果产业化中心、创新成果产业化示范区和产业化服务平台，加快创新成果工程化和产业化。探索高校与区域联动，促进科创成果溢出的新模式、新路径，激发科技成果转化和创新创业集聚示范效应。三是充分发挥企业创新主体作用。

面向具体产业依托领军企业建设一批国家、省级制造业创新中心，全力支持深圳建设国家高性能医疗器械创新中心，加快未来通信高端器件制造业创新中心建设，推动产业链上下游协同创新、成果转移扩散和首次商业化。

### （三）提升资源要素保障水平，加快产业链创新链深度融合

一是深化构建以市场为导向的人才评价激励体系。坚决破除"四唯"现象，建立健全以质量、绩效、贡献为核心的多维科研评价体系，鼓励科研人员潜心研究、致力研发。创新以市场为导向的人才评价激励体系，以人才市场价值、经济贡献为主要评价标准，建立贡献与补贴相挂钩的持久激励机制，以及以创新价值、能力、贡献为导向的科技人才评价体系，加快科技成果赋权改革，加快培育技术经理人人才队伍，加强工程技术人才的培养，搭建专业化服务平台。为企业提供有效人才供给，促进产业链各环节间资源共享，推动产业链创新链深度融合。二是加大资金链配套支持力度。运用好20个战略性产业集群"五个一"中的政策工具包，对国家重大科技专项、国家级创新平台中央资金按1∶1比例予以配套支持，提高省级重大创新平台固定资产投资扶持比例和上限。积极争取国家产业投资基金、政策性银行对广东省重大项目支持。以政府投资撬动社会资本，按照市场化、法治化原则，成立创业投资引导基金，构建引领和促进科技创新的风险分担机制。将高新技术企业纳入市科技型中小企业信贷风险补偿资金池，引导和鼓励商业银行"放开手脚"，加大对科技型中小企业的支持力度，降低企业融资成本。加快供应链金融发展，推进核心企业与商业银行、保险机构和相关企业等合作，为链上中小企业融资难问题提供新方案。

### （四）强化知识产权创造、保护、运用，加快完善成果转化体系，助力制造业高质量发展

一是瞄准支柱领域和新兴领域促进成果创造。聚焦战略性"双十"产业，实施一批具有前瞻性、战略性的科技项目，支持鼓励中小企业科技创新，促进高科技领域知识产权成果的创造与产出。二是实施知识产权公共服务能力提升工程。推进重点产业知识产权运营中心、知识产权保护平台及知识产权信息化、智能化基础设施建设，提高省级和地市级综合性知识产权公共服务机构覆盖率。加快推进广州、深圳、东莞建设国家知识产权运营服务体系，引导市场主体通过运营管理实现知识产权价值最大化。三是打造全省知识产权维权援助"一张网"。严格落实《关于强化

知识产权保护若干措施》的政策文件，进一步强化知识产权保护属地责任。完善行政执法和刑事司法衔接机制，构建知识产权违法行为信用惩戒机制。四是加快完善成果转化体系。实施技术转移机构备案管理，支持高校、科研院所建设专业化技术转移机构，推动科技成果与产业、企业需求有效对接。推动科技成果共享平台建设，以"1 个转化中心 + 1 个线上平台 + N 个转化基地"的科技成果转移转化为核心，连接技术转移服务机构、投融资机构、高校、科研院所和企业等，打造线上与线下相结合的技术交易网络平台，力促全省各级技术转移中心资源实现互联互通。

# 《中欧投资协定》对广东省制造业
# 发展影响的预判研究

广东省制造强省建设专家咨询委员会秘书处

受省制造强省建设领导小组办公室的委托，咨询委秘书处组织开展了《中欧投资协定》（以下简称《协定》）对广东省制造业影响的预判研究，通过分析《协定》的前景、意义与内容，中欧、粤欧投资现状，认为《协定》将对广东省制造业的技术、市场、产业结构、人才、绿色经济等方面产生深远影响。在此背景下，建议广东省有关部门做好预先部署，抓住历史机遇，充分释放大湾区、先行示范区"双区驱动"效应，发挥中欧产业比较优势，优化产业结构，夯实制造业发展要素基础、优化资源配置、提升创新能力，促进制造业高质量发展。

## 一、《中欧投资协定》的前景、内容及意义

### （一）《协定》经历七年谈判被按下了暂停键，但中欧双方经济依存度高，《协定》前景乐观

2020 年 12 月 30 日，中欧领导人共同宣布《中欧投资协定》如期完成谈判，结束了历时 7 年总共 35 轮的谈判。然而，2021 年 5 月 20 日，欧洲议会以 599 票赞成、30 票反对、58 票弃权的方式冻结了批准《协定》的讨论进程①。事实上，欧盟对中欧协议的叫停工作意见并不统一，已有多个国家表态力挺这一协议，包括时任德国总理默克尔、波兰外长、西班牙首相等。中国欧盟商会调查报告显示，近 60% 的欧洲企业计划在 2021 年扩大在中国的业务，高于上年的 51%②。我们预期，等待时机

---

① 人民资讯. 倒逼中国妥协？欧洲议会粗暴冻结中欧投资协定，赵立坚直接把话挑明 [DB/OL]. [2021 – 05 – 25]. https：//baijiahao. baidu. com/s？ id = 1700698935015083480&wfr = spider&for = pc。

② 中国欧盟商会，《2021 年商业信心调查》报告。

关系缓和，欧盟大概率会兼顾人权和实利，继续向中国政府表达立场，推进与中国市场的深度合作，促进《协定》顺利签署实施。

## （二）《协定》是全面投资协定，主要包括市场准入承诺、公平竞争环境、可持续的投资关系和执行机制四个方面

第一，市场准入承诺。《协定》谈判的焦点是投资领域的开放。《协定》采取了准入前国民待遇加负面清单模式，是我国首次在包括服务业和制造业在内的所有行业以负面清单形式作出投资承诺。《协定》签署后，尤其有望在制造业、汽车行业、金融服务、卫生（私立医院）、研发（生物资源）、电信/云服务、计算机服务等行业带来更多投资机会。总体方案比中国以前承诺的要远大得多，以制造业为例，中国做出的全面承诺只有很少排除在外，这将与欧盟的开放度相匹配。欧盟外国直接投资的大约一半用于制造业（例如运输和电信设备、化学药品、医疗设备等）。在汽车行业，中国已同意取消和淘汰合资企业规定，相应地中国争取到了欧盟同意向中国开放投资可再生能源领域，这将为我国的光伏、风电企业的出口和投资带来增量市场，尤其是巨大的新能源汽车海外市场。

第二，公平的竞争环境。《协定》首次包括国有企业和补贴透明度等内容，还覆盖标准制定、行政执法、金融监管等与企业运营密切相关的议题。协议对国有企业的商业行为与义务、国家对服务业补贴的透明度、限制强制性技术转让和行业标准制定权四个方面提出了具体要求。这些承诺将进一步营造法治化营商环境，增强我国对外资的吸引力。因此，《协定》对中欧双方互为投资都具有促进作用。

第三，可持续的投资关系。《协定》将双方约束为建立在可持续发展原则基础上的基于共同价值观的投资关系，尤其是劳动者权益保护和环境保护。中国承诺在劳工和环境领域不降低保护标准以吸引投资，并遵守有关条约中的国际义务，支持企业履行企业社会责任，有效执行《巴黎气候协定》。有关规定受制于专门量身定制、用以解决分歧的执行机制。

第四，执行机制。《协定》规定了争端解决机制，用23个条款细化具体临时救济措施、争端解决程序和规则、听证会等内容，明确"先协商、后仲裁"的原则，鼓励企业以谈判磋商化解争端，也同意在政治层面建立诉讼前的监测机制，使双方能够在协议的执行出现问题时通过包括紧急程序的方式提出并解决问题。

### （三）《协定》为中国"双循环"战略铺路，是包容性发展和经济全球化的战略胜利

第一，中欧双方投资潜力巨大，协定签署将有利于双方加强投资合作、构建开放的经济秩序，增强经济全球化的信心。2019 年中国和欧盟 27 国合计国内生产总值（GDP）达到 30 万亿美元，占全球总量的 34% 左右。2001—2019 年，欧盟对中国累计实际投资金额约为 1100 亿美元，而中国对欧盟各成员国累计投资近 940 亿美元，相较于经济体量而言，双边投资规模占全球外国直接投资总额（2019 年达 1.39 万亿美元）的比重非常小，投资情况和经济体量极不匹配，未来发展潜力巨大①。协定的签署将有利于构建更开放的经济秩序，增强经济全球化的信心。

第二，《协定》为中欧经贸关系更新了法律框架，有利于促进全球供应链的衔接更加完善。中欧经贸关系的法律框架没有反映出中欧经贸关系的现实需求，并且落后于时代要求。《协定》的生效将使全球供应链的衔接更加完善，一定程度上抵御新冠肺炎疫情对全球供应链造成的冲击，带动中欧货物贸易、服务贸易的蓬勃发展，并且为全球建立投资治理体系树立标杆，也会为中资企业"走出去"创造更好的国际环境。

第三，《协定》为我国进入新发展阶段谋势，在动荡的经贸格局中更好地维护与发展伙伴关系。当前，国际经贸格局正经历动荡，中国需要积极维护和发展与主要贸易伙伴的关系。根据中国海关数据，2020 年中国与欧盟贸易总值达到 4.5 万亿元，同比增长 5.3%。中国通过 2020 年 10 月与包括东盟十国在内的 15 个国家签署的《区域全面经济伙伴关系协定》和《中欧投资协定》，将欧亚大陆东西两端的经济区更紧密地联系在一起，为其阔步走进新发展阶段谋足了大势，必将深刻影响世界贸易格局。

第四，《协定》有助于加快构建以国内大循环为主体、国内国际双循环相互促进的新发展格局。"双循环"是一项关系我国发展全局的重大战略任务。构建新发展格局、实行高水平对外开放，可以塑造我国参与国际合作和竞争的新优势。深化改革、加大吸引外资的力度，有助于提高对外开放的水平，增强外资在华投资的信心。《协定》的签订彰显了中国进一步推进高水平对外开放的决心和信心。

---

① 毕马威，《中欧投资协定的影响和意义》（2021 年）。

## 二、中欧投资及粤欧投资现状

### （一）中欧投资现状

中欧双方投资规模相比贸易额较低，缺乏持续增长动力，呈现不稳定的状态。

2019 年中国与欧盟之间的贸易总额为 7053 亿元，占我国对外贸易总额的 15.4%。欧盟超过美国，成为我国第一大出口伙伴。2019 年中国从欧盟进口 2766 亿美元，比例达到 13%，是我国第二大进口伙伴，仅次于东盟[①]。如图 1 所示，2011—2019 年，中国与欧盟的直接投资金额主要在 50 亿 ~ 100 亿美元，双方的合作意愿和经济体量、贸易额不相匹配，并且双方投资缺乏持续增长动力，呈现不稳定的状态。

中欧双方投资主要集中于制造业，占比均超过 50%。中欧双方投资主要分布于制造业、租赁、商贸、科技服务业、批零与金融业等行业，2019 年中国对欧盟直接投资制造业占比 53%，欧盟对中国直接投资制造业占比 58%（如图 2 所示）。

---

① 证券时报. 中欧投资协定谈判，如期完成［DB/OL］.［2021 - 01 - 01］. https：//baijiahao. baidu. com/s?id = 1687645605239871574&wfr = spider&for = pc。

图1 中欧投资规模现状

资料来源：中华人民共和国商务部。

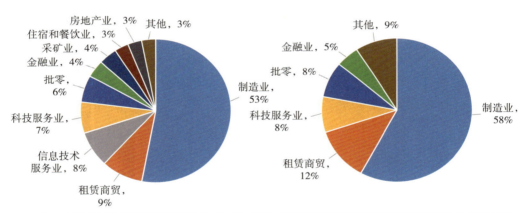

（a）中国对欧盟直接投资金额行业分布（2019年）（b）欧盟对中国直接投资金额行业分布（2019年）

图2 中欧投资行业分布现状

资料来源：中华人民共和国商务部。

### （二）粤欧投资现状

第一，广东已成为欧洲在中国最重要的贸易伙伴之一。中国海关总署广东分署 2021 年 8 月 26 日公布的数据显示，2021 年 1～7 月，广东对欧盟贸易快速增长，进出口额达 4876.6 亿元，增长 12.7%，弥补了美国市场的下滑；中欧班列成为广东与欧洲贸易的大动脉，广东省各始发站点共开行中欧、中亚、东南亚方向的班列合计 217 列，监管货值 69.5 亿元。出境班列中，发往欧洲货值

67.2 亿元，占同期广东省通过班列出口总值的约97%。粤欧经贸合作增长潜力巨大。

第二，粤欧投资合作不断深入，投资规模与层次不断提升。中国（广东）—欧洲投资合作交流会每年举行一次。根据公开数据显示，截至 2019 年 10 月，广东累计吸收欧洲直接投资项目 4650 个，实际使用外资 184 亿美元，一批欧洲企业在广东投资并取得良好发展，欧盟也成为广东企业对外投资的重要目的地。"2021 跨国公司投资广东年会主题大会"在广州举办，本次投资年会现场签约项目共 27 个，总投资额超 1000 亿元，涉及半导体、电子信息、新材料、新零售、现代食品、现代物流等行业。

## 三、《协定》对广东省制造业的影响

### （一）有助于发挥欧盟在制造业领域的技术优势，助推广东省高新技术创新与突破

欧盟在制造业技术的积累和生产的成熟度上，相比广东省具有优势。《协定》的达成将进一步打开中欧之间的投资壁垒，有利于广东省企业扩大相关领域投资，加深粤欧双方在高新技术制造业的合作与交流，助力广东省在高新技术制造业进一步发展。就具体行业而言，在新能源、环保和数字化领域，广东省企业有望受益。在欧盟 2021 —2027 年财政预算框架和"下一代欧盟"基金计划中，除抗疫和支持经济复苏外，推进数字化和绿色投资是最大的投入领域（如表 1 所示）。

表 1　　　　2021 —2027 年欧盟财政框架及复苏基金的主要投向领域　　单位：十亿欧元

| 项目 | 多年度财政框架 | "下一代欧盟"计划 | 总计 |
|---|---|---|---|
| 抗击疫情，支持经济和维护团结 | 377.8 | 721.9 | 1099.7 |
| 自然资源和环境保护 | 356.4 | 17.5 | 373.9 |
| 改善单一市场，推进创新和数字化 | 132.8 | 10.6 | 143.4 |
| 周边与世界伙伴关系 | 98.4 | | 98.4 |
| 欧洲公共行政管理 | 73.1 | | 73.1 |
| 移民和边境管理 | 22.7 | | 22.7 |
| 安全和国防 | 13.2 | | 13.2 |
| 总计 | 1074.3 | 750.0 | 1824.3 |

资料来源：东吴证券，《一文读懂中欧投资协定内容及影响》。

## （二）借助高水平开放和欧盟世界级市场，为广东企业"走出去"提供广阔空间

欧盟拥有 4.5 亿消费者，市场规模超过美国、墨西哥、加拿大三国的总和；GDP 之和占了世界的 1/4，对外贸易占世界贸易总额的 20%。庞大的消费市场规模，为广东省制造业企业"走出去"提供了广阔的投资空间。附加值比较高、在全球有竞争力的行业都能在欧洲找到自己的投资标的，如汽车制造行业、能源化工、生物医院等，欧洲的农产品也很有市场投资价值，金融业、医疗卫生以及教育、环保等方面都会有更多的市场机遇和市场空间。近年来，从华为到格兰仕、比亚迪，广东有越来越多的知名企业与欧洲企业建立深度合作，并以各种形式串联起中欧经济的大市场。

## （三）有利于加强粤欧产业深度合作，推动广东省制造业产业转型与升级

广东正着力打造新发展格局的战略支点，产业正在向中高端升级。欧洲产业层次相对更高，协定签署后，将推进双方高水平投资对接，助力广东吸引高端要素集聚，改善制造业产业结构。比如，飞利浦在中国有六大生产基地，其中一半的重要生产基地都布局在广东。德国技术监督协会（TUV）莱茵也加大了在新能源汽车、机器人及智能装备、新材料等领域的能力建设和投资。巴斯夫在广东省湛江市正式启动了总投资额达 100 亿美元的广东新型石化一体化生产基地项目，采用大量国际领先的技术和设备，此外，中欧投资协定在尊重和保护知识产权问题上达成共识，将有利于营造更好的创新环境，推动产业转型与升级。

## （四）有利于打造国际人才高地，为广东省制造业产业转型与升级提供人才保障

《协定》承诺，欧盟企业的经理和专家将被允许在中国子公司工作长达三年，而不受劳动力市场检查或配额等限制。允许欧盟投资者的代表在投资之前自由访问。《协定》签署后，欧洲国家细分市场下的专业优势及海外高层次人才，势必将更多地被引入广东省。另外，西门子在广东设立的国际学院、柏林史太白大学在深圳创新的教育研究院，此类项目将有力促进双方的教育合作与交流，从而带动广东省具有国际视野的高层次人才市场的发展，打造国际化人才高地。

（五）有助于推动绿色经济建设，加快实现广东省"双碳"目标

2020 年，中国基于推动实现可持续发展的内在要求和构建人类命运共同体的责任担当，宣布了碳达峰和碳中和的目标愿景。在该领域，欧盟政策更为严格，成员国都必须接受欧盟严格的环境管理与政策协调；公众与企业均对环境政策报以支持和推动态度；2020 年，欧盟发布绿色新政，提出到 2050 年率先实现碳中和的目标，展现了气候行动全球领导力的意图。在华欧洲企业关注中国"双碳"目标，并已经在积极迈向碳中和。作为制造业大省，广东省一直致力于降低碳排放，向低碳转身。欧洲企业在这一领域已经走在前列，有很多经验值得我们借鉴与学习，《协定》的签订，将为广东省探索实现双碳目标带来重要机遇。

（六）对欧盟全面开放也将给广东省本土企业带来严峻的冲击与挑战

广东作为我国人口最多的省份，购买力极强，是欧盟在中国最主要的消费市场之一。越来越多的欧盟企业把生产投资放在华南区，并将《协定》视为重大利好。未来将会有更多欧洲具有国际竞争力的企业进入中国庞大的消费市场，并享有更加公平的竞争条件。从全球产业链布局来看，我国企业不少仍然处于产业链的中低端，竞争能力不足，长期陷入规模增长的陷阱，呈现出外强中干的特征，经营管理能力与世界一流企业仍然有较大差距。更开放的市场，意味着对本土企业的发展造成巨大冲击，带来严峻的挑战。

## 四、《协定》背景下广东省制造业发展的对策建议

（一）充分发挥中欧产业比较优势，针对弱势产业精准施策，加快广东省制造业升级和结构优化

密切跟踪对接国家有关部委的工作动态，强化预先研判部署，对于我省不同发展阶段、竞争态势的研究制定精准的产业政策。广东制造业的转型升级，在很大程度上需要对标与借力欧洲的先进技术。第一，加强投资与合作，促进战略性新兴产业发展与传统产业优化升级，加快生产性服务业发展，提高研发、销售、金融、物流等环节对制造业企业转型升级的支持。第二，学习欧洲在产业互联网、智能制造等方面的先进经验，加快广东省制造业数字化转型升级，把数字化转型

作为最重要的抓手赋能制造业、赋能产业，通过产业集群化发展把产业链、供应链的上下游协同起来。第三，针对"卡脖子"重点领域，做好稳链、固链、强链的工作，抓实"广东省强芯"行动，确立企业创新主体地位，促进创新链产业链融合发展，正向激励企业创新。

### （二）加快高端要素资源集聚和优化配置，构建广东省制造业高质量发展新优势

加快人才、资本、土地、技术、数据等核心高端要素集聚，提升资源优化配置，促进广东省制造业高质量发展。针对制造业就业人员向金融、互联网、房地产等服务业转移的问题，优化人才政策，加强制造业高端人才的引进和发展，建设更具活力的人才高地。完善制造业金融扶持体系，强化资本对产业的支持作用，尤其是对中小企业的创新创业的支持。围绕产业链部署创新链、围绕创新链布局产业链，前瞻布局战略性新兴产业，发挥企业创新主体的作用，鼓励国有企业勇挑重担。依托高研发投入、高产业集成、高研发速度，引领中国制造业的全球崛起。

### （三）提高企业国际经营能力和整体的竞争力，努力"走出去"，抢占高端市场和技术话语权

加强与欧洲各国合作水平，组织相关企业成立产业招商联盟和"走出去"的产业联盟，产业招商联盟立足于整合招商资源、创新招商形式，着力于招商引资的实效；依托"走出去"产业联盟，整合产业优质资源，提高企业国际经营能力和整体的竞争力。引导企业高度重视欧盟与成员国双重法律，在欧盟国家投资，应当深入研究面临的潜在风险，了解欧洲市场商业环境及运作方式，学习借鉴欧美先进的企业管理和质检体制，建立优质的运营和维护系统。支持引导企业加快科技创新和走品牌化道路，以技术和品牌为核心竞争力，全面提升参与国际市场竞争的能力。

### （四）充分发挥广东省"双区"驱动、"双城"联动效应，进一步营造稳定开放的营商环境

充分发挥粤港澳大湾区和深圳建设中国特色社会主义先行示范区"双区"驱动、广州深圳"双城"联动效应，服务国家和省、区、市重大区域发展战略，坚

持先行先试，以重点领域的改革创新突破引领带动制造业转型升级，加快发展与国际接轨的开放型经济。探索跨境贸易和国际支付清算新机制，促进要素有序流通；推进《广东省鼓励跨国公司设立地区总部办法（修订版）》的落地执行，进一步降低企业制度性成本，营造更加稳定开放的营商环境，为企业发展提供更广阔的空间。

# RCEP 生效对广东省制造业发展影响的研究

广东省制造强省建设专家咨询委员会秘书处[*]

2021 年 11 月 2 日，区域全面经济伙伴关系协定（RCEP）保管机构东盟秘书处宣布中国、日本、新西兰、澳大利亚、文莱、柬埔寨、老挝、新加坡、泰国、越南十国已达到 RCEP 协定生效门槛，RCEP 将于 2022 年 1 月 1 日对上述十国开始生效，对广东省制造业的外贸、市场、技术、产业、合作等方面将产生深远的影响。本文以 RCEP 对广东省制造业的影响为研究对象，分析广东与 RCEP 成员国双边贸易的现状，研究提出广东省制造业如何抓住 RCEP 历史机遇、推动产业高质量发展、加快建设制造强省的建议，以供广东省有关政府部门决策参考。

## 一、RCEP 协议的背景和主要内容简介

2020 年 11 月 15 日，中国、东盟十国、日本、韩国、澳大利亚、新西兰等 15 个成员国正式签署《区域全面经济伙伴关系协定》（以下简称"RCEP"），标志着自中国 2001 年加入世界贸易组织（WTO）以来占全球人口最多、经贸规模最大、最具发展潜力的超大自贸区已形成。根据 RCEP 的规定，协定生效需 15 个成员中至少 9 个成员批准，其中要至少包括 6 个东盟成员国和中国、日本、韩国、澳大利亚、新西兰中至少 3 个国家。2021 年 11 月 2 日，RCEP 保管机构东盟秘书处宣布 RCEP 协定达到生效门槛，并将于从 2022 年 1 月 1 日开始对中国、日本、新西兰、澳大利亚、文莱、柬埔寨、老挝、新加坡、泰国、越南十国生效。RCEP 文本涵盖货物贸易、服务贸易、投资等领域。

---

### （一）货物贸易削减关税和非关税贸易壁垒

10 年内，RCEP 区域内 90% 以上的货物贸易将最终实现零关税。原产地累积规则允许在确定产品原产资格时，将 RCEP 各成员国的原产材料累积计算，以满足最终出口产品增值 40% 的原产地标准。对海关程序、检验检疫、技术标准等货物贸易便利化措施也作出约定。

### （二）服务贸易开放，削减区域内限制性、歧视性

中方对管理咨询、制造业研发、空运、金融、法律、建筑、海运等 59 个部门作出新增或提升的开放承诺，达到已有自贸协定的最高水平。RCEP 其他成员也承诺提供更大市场准入，在建筑、工程、旅游、金融、房地产、运输等部门均承诺较大程度的开放。

### （三）投资开放和自然人临时移动便利

我国首次在国际协定中对制造业、农业、林业、渔业、采矿业 5 个领域作出高水平自由化承诺。RCEP 其他成员国对农、林、渔和采矿业总体开放；日本、澳大利亚和新西兰除少数敏感领域外，对制造业基本全面开放。对居留期限、享受签证等自然人临时移动的承诺范围扩大，投资便利水平超过各成员国现有自贸协定水平。

### （四）其他国际经贸规则

RCEP 还纳入了知识产权、电子商务、政府采购、中小企业、经济技术合作、竞争等议题，成为未来高标准国际经贸规则的重要组成部分。

## 二、广东与 RCEP 成员国双边贸易现状

### （一）近五年广东对 RCEP 成员国进出口规模在整体上呈增长趋势

从 2016 年的 1.69 万亿元增长至 2020 年的 2.07 万亿元，年均增速达 5.2%，高于同期广东整体增速（2.2%）3 个百分点。其中，进口规模从 2016 年的 0.95 万亿元增长至 2020 年的 1.21 万亿元，出口规模从 2016 年的 0.74 万亿元增长至 2020 年的 0.86 万亿元（如图 1 所示）。

（万亿元）

图 1　广东对 RCEP 成员国进出口规模现状

资料来源：广东省统计局。

## （二）对 RCEP 成员国进口依赖度远大于出口

2019—2020 年，广东对 RCEP 成员国进口依赖度分别为 42.5%、42.9%，出口依赖度分别为 19.7%、20.5%（如图 2 所示）。

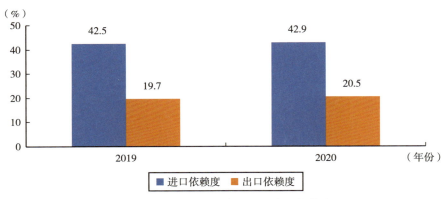

图 2　广东对 RCEP 成员国进出口依赖度

资料来源：海关总署广东分署，下同。

## （三）对东盟进出口占约五成，日韩各占两成

2019 年，广东对东盟进出口占广东对 RCEP 成员国进出口总值的 49.8%，对日本占 22.1%，对韩国占 21%，对澳大利亚占 6%，对新西兰占 1%（如图 3 所示）。2020 年，广东对东盟进出口占广东对 RCEP 成员国进出口总值的 52.0%，对日本占 21.4%，对韩国占 19.5%，对澳大利亚占 6.1%，对新西兰占 1%（如图 4 所示）。

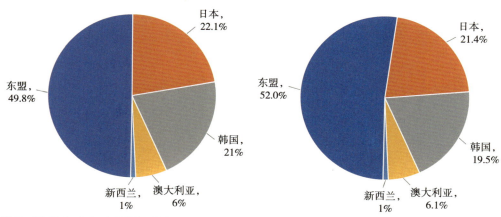

| 图3　2019年广东对RCEP进出口占比 | 图4　2020年广东对RCEP进出口占比 |

**（四）出口商品主要为劳动密集型产品、手机、电工器材**

2019年，广东对RCEP成员国出口劳动密集型产品占广东对RCEP成员国出口总值的18.0%（其中1/3为纺织服装），手机占6.7%，电工器材占5.3%（如图5所示）。2020年，广东对RCEP成员国出口劳动密集型产品占19.2%，手机占4.5%，电工器材占6.1%（如图6所示）。

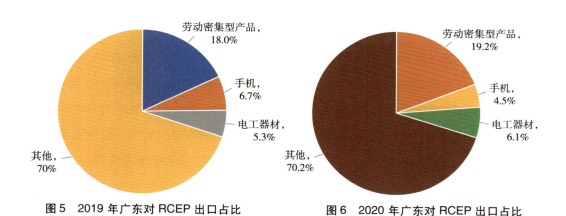

| 图5　2019年广东对RCEP出口占比 | 图6　2020年广东对RCEP出口占比 |

**（五）进口商品主要为集成电路、农产品、计算机及其零部件**

2019年，广东自RCEP成员国进口集成电路交易额占广东自RCEP成员国进口总值的31.4%，农产品占4.5%，计算机及零部件占3.9%（如图7所示）。2020年，广东自RCEP成员国进口集成电路交易额占32.2%，农产品占5.0%；计算机及零部件占5.1%（如图8所示）。

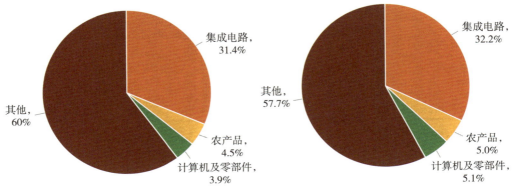

集成电路，
31.4%

其他，
60%

农产品，
4.5%

计算机及零部件，
3.9%

集成电路，
32.2%

其他，
57.7%

农产品，
5.0%

计算机及零部件，
5.1%

图7　2019 年广东对 RCEP 进口占比　　　　图8　2020 年广东对 RCEP 进口占比

## 三、RCEP 生效对广东制造业的影响

中国自加入 WTO 以来，坚定致力于扩大对外开放和推动全球经济合作。2021年 9 月 16 日中国申请加入全面与进步跨太平洋伙伴关系协定（CPTPP）和 2022 年 1月 1 日 RCEP 生效实施后，将面临环境更开放、竞争更充分的新形势，这对于正在转型升级的广东制造业将产生深远的影响。

### （一）RCEP 削减关税和非关税壁垒，给广东制造业带来新的市场和发展机遇

一是贸易关税减让将促进广东制造产品对 RCEP 成员出口。RCEP 促使东盟显著扩大了对我国零关税产品的范围，这将进一步促进广东的汽车及零部件、摩托车、化工、机电、钢铁制品等制造业深度"走进东盟"。RCEP 也促使我国与日本首次达成关税减让安排，实现历史性突破，将进一步促进广东的纺织服装、机械设备、办公室会计等制造产品对日本的出口。RCEP 还促进广东的视听和通信设备、机电、金属和化工、矿产品、纺织品及原料、家具玩具等制造业产品对韩国、澳大利亚和新西兰的出口。

二是原产地累积规则将推动制造原材料和半成品扩大出口。根据 RCEP 原产地规则，一国使用来自其他成员国原料生产的产品仍视为原产地，累计出口时可享受优惠税率。以皮革行业箱包生产为例，越南使用来自广东的原材料生产，目前产品出口至日本、韩国时不能享受优惠税率，而 RCEP 生效后，越南的箱包皮具企业累计出口时可享受优惠税率，这将促进成员国更多地进口广东的制造原材料和半成品，促进广东制造业的蓬勃发展。

三是将促进广东制造业所需中高端原材料和零部件的进口。广东制造业对日本的汽车零部件、钢材和韩国的纺织原料、核燃料、钢材等中高端原材料的进口规模较大，RCEP削减关税和非关税壁垒后，大幅降低从日韩进口的成本，满足部分中高端原材料的需求，提升广东制造业产成品的国际市场竞争力。

## （二）有助于广东打造制造业创新集聚地、开放合作先行地、发展环境高地

一是RCEP承诺制造业高水平自由化有助于广东制造业创新集群发展。借助制造业高水平自由化承诺和原产地区域累积规则等优惠政策，加上广东处于粤港澳大湾区的优势，通过合资合作引进RCEP成员企业，培育壮大根植性、创新力和竞争力强的广东制造企业集群。

二是服务贸易和投资开放有助于广东制造业扩大引进投资和合作发展。以区域内削减限制性、歧视性和扩大自由化、便利性等为核心内容的进一步服务贸易和投资开放，有利于扩大区域内投资，深化国际产能合作，降低经营成本，更好构筑互利共赢的产业链供应链合作体系。

三是高水平的国际经贸规则有助于打造广东制造业的国际营商环境。RCEP各成员国就经贸开放合作的各个环节采用负面清单方式，扩大市场准入，简化审批程序，提高便利性，形成区域内统一的规则体系，有助于打造广东制造业的国际营商环境。

## （三）有助于发挥广东制造优势领域，全产业链"走进"东南亚产业布局

一是充分发挥广东制造优势领域与东盟基础设施建设需求相结合。如广东工业用缝纫机全球优势领先，可有更多的机遇在RCEP地区发展纺织服装业、鞋业、玩具等产业。结合东盟的需求，可上下游产业整合，从工程设计、装备供应、建筑施工、运营维护、技术标准等方面发挥协同效应，形成整体优势，推动全产业链从"走出去"到"走进去"。

二是有利于广东在东南亚地区现有制造投资基础上优化产业布局。近年来，广东在东南亚地区投资较多，如在皮革、家具、五金、造纸、食品、家电等行业投资并购和新建工厂较多，RCEP生效实施后有利于面向东南亚地区进一步优化产业布局。

## （四）基于RCEP"双刃剑"效应，广东面临技术创新和市场竞争的挑战将增大

一是增加对进口的依赖度，广东制造企业将面临较大的技术创新挑战。RCEP

实施后，进口的高技术含量产品价格进一步降低，进口产品在广东省内的市场份额可能随之加大，广东制造企业的自主技术创新任务更加艰巨。

二是部分缺乏比较优势的广东制造业中低端向 RCEP 成员转移的挑战。RCEP 成员国利用低要素成本优势，吸引纺织、轻工建材、玩具、日化用品等劳动密集型和低附加值的中低端制造可能会加速流向东盟国家，形成外迁趋势。

三是广东制造业向全球价值链中高端升级所面临的竞争形势更加严峻。RCEP 拓展了中日韩、中国与东盟自由贸易的空间，同时也加剧了产业竞争，尤其面对掌握成熟技术的日韩机械制造企业较为缺乏竞争力。日韩和欧美国家也将在其他 RCEP 成员国加大制造业的投资，广东制造业面临发展中国家和发达国家"两端挤压"的挑战更大。

## 四、RCEP 背景下广东制造业发展的建议

RCEP 是一个全面、现代、高质量、互惠的自贸协定，是中国对外开放的里程碑和构建新发展格局的有力支撑。鉴于此，广东应以 RCEP 为契机，高举制造业强省旗帜，未雨绸缪、提前研判、加强谋划，加快推进广东制造业"十四五"高质量发展。

### （一）根据 RCEP 零关税落地时间做好顶层设计，分阶段制定应对措施和开展产业链供应链布局

一是基于 RCEP 零关税不同落地时间对广东制造业的机遇与挑战不同，分阶段做好应对影响的顶层设计。根据 RCEP 协议，我国对东盟、澳大利亚、新西兰、韩国、日本以立即达到、10~20 年过渡期的分批方式，最终零关税的比重分别为 90.5%、90%、90%、86%、86%（如图 9 所示）。东盟、澳大利亚、新西兰、韩国、日本对我国也以分批方式，最终零关税的比重分别为 90.5%、98.2%、91.8%、86%、88%（如图 10 所示）。

二是考虑到广东制造业在粤港澳大湾区的情况，分 5 年、10 年制定应对措施和促进高质量发展的实施目标。未来 5 年（截至 2025 年），制造业整体实力达到世界先进水平，部分领域取得战略性领先优势，培育形成若干世界级先进制造业集群，成为全球制造业高质量发展典范。未来 10 年（截至 2035 年），关键核心技术实现重大突破，率先建成现代产业体系，制造业综合实力达到世界制造强国领先水平，成为全球制造业核心区和主阵地。

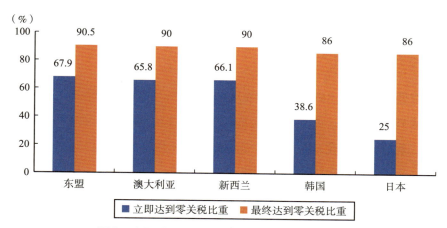

**图 9　中国对 RCEP 成员国达到零关税比重情况**

资料来源：中华人民共和国商务部。

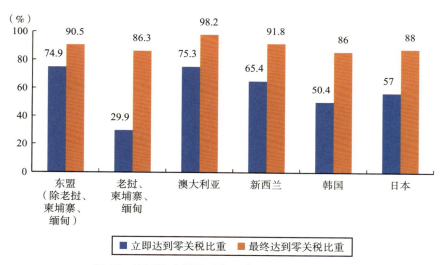

**图 10　RCEP 成员国对中国达到零关税比重情况**

资料来源：中华人民共和国商务部。

三是聚焦打造 20 个产业集群，重点强化珠三角、东西两翼、粤东西北的制造产业链供应链整体协同布局。利用 RCEP 优惠政策，聚焦打造新一代电子信息、集成电路、高端装备制造等 20 个战略性支柱、新兴产业集群，提高广东省制造业在全球价值链的分工地位。强化珠三角、东西两翼、粤东西北制造产业链供应链的布局，推动上下游产业融合，提升产业发展的整体性和协同性。

## （二）利用 RCEP 全方位推动科技创新，发挥科技创新对现代制造业的支撑引领和转型升级的作用

一是合资合作引进 RCEP 成员国企业先进技术、工艺、零部件，推进科技创新和解决"卡脖子"问题。用活原产地规则，吸引以 RCEP 区域为出口目的地的欧美光学仪器、药品、有机化合物、航空等高科技外资企业来广东投资。招商引进日韩世界 500 强合资合作，强化在集成电路、操作系统、关键材料、重大装备等核心领域研究，加快补齐"缺芯少核"短板。

二是大力支持广东制造企业引领或紧跟国际技术发展的方向，突破核心技术层和形成比较优势。着力探索新型举国体制广东路径，坚决打赢关键核心技术攻坚战。推进机械制造行业的数字化水平，加快生产设备智能化改造，提升现有设备智能化水平。推动高端元器件、电子化学品等薄弱环节国产化替代，发展自主软件，实现全产业链中核心技术自主可控。

三是推进高端制造标准化、装备质量和安全标准与国际接轨，促进产业升级和提升国际竞争力。推进战略科技力量建设，强化空间格局塑造、创新平台建设、基础设施支撑，加快打造体现国家使命、具有广东实力的"科技王牌军"。着力强化人才第一资源，把广东打造成为全球科技创新人才高地。

## （三）基于 RECP 高标准地建设产业市场体系，创造开放、公平、透明、便利的一流国际营商环境

一是构建与 RCEP 规则相衔接的制度体系，更好地服务各类营商主体。用活原产地规则，健全外商投资准入前国民待遇加负面清单管理制度、跨境服务贸易负面清单管理等制度。

二是根据 RCEP 承诺进一步提升贸易便利化水平，降低企业交易成本。"去繁就简"优化通关流程，压缩货物整体通关时间。从"单一窗口"的口岸通关向全链条延伸，为企业提供更优质的国际贸易服务。清理、取消不符合国家有关法律法规的收费项目，降低通关成本。

三是提供政策咨询、法律援助、贸易救济、化解或缓解贸易摩擦等服务。创办广交会、深交会，为 RCEP 区域企业提供商品采购、产业技术、投资促进的高端交流合作平台。结合各地方和企业的实际需要，做好协定宣传解释和企业服务工作。建立海外知识产权维权援助工作站，提供知识产权纠纷和维权援助服务。

**（四）有序引导企业向 RCEP 区域对外投资，助力企业"走出去"行稳致远和促进国内国际双循环**

一是鼓励优势产业集群的企业通过多种方式对外投资，逐步扩大在 RCEP 区域内的影响力。利用广东省与 RCEP 成员国在经济与贸易结构的差异性、互补性，通过包装兼并、重组、技术参股等多种方式对外投资。指导企业综合利用原产地关税减让安排，扩大汽车及零部件、电子信息、智能装备、工程机械等高附加值机电产品出口和投资。

二是支持同一行业的关联企业抱团"联合出海"，创造资本输出、利润输入的开放新模式。推动重大装备制造等战略性、新兴性产业纳入国家合作项目，引导和帮助企业提升参与国际合作与竞争的水平，提升其国际竞争力。支持面向 RCEP 成员国开展信息基础设施、第五代移动通信技术（5G）、数据中心等生产性服务投资合作。

三是与 RCEP 成员国建立多层级合作通道，助力企业"走出去"交流合作和行稳致远。行业协会加强与对方行业管理部门、科研院所、技术服务机构、行业协会及企业间的交流合作。扩大与 RCEP 成员国学术交流和培训，如推进中韩学历证书和职业资格证书"双证互通"试点，探索引进韩资职业技能培训机构。

# 广州以发展硬科技支撑实现高水平
# 科技自立自强对策研究

工业和信息化部电子第五研究所*

科技立则民族立，科技强则国家强。"硬科技"是衡量一个国家科技创新实力的标尺、是巩固壮大制造业根基的强大内生驱动。"硬科技"领域重大科技创新成果是国之重器、国之利器，更是国家间特别是大国之间"硬实力"角逐的决胜之地。广州作为国家中心城市、粤港澳大湾区区域发展核心引擎，更应聚力发展硬科技，以推动硬科技发展实现高水平科技自立自强，为打造服务全省、辐射华南、链接全球的战略科技力量提供坚强的"硬科技"支撑。

## 一、硬科技发展的新形势、新趋势

硬科技的本质特征在于"硬"，是"技术硬、志气硬、实力硬、精神硬"的关键性技术的外在属性和内在体现；核心特征是"科技"，是战略性、原创性、关键性、引领性和基石性相结合的基于基础科学而研发的核心技术，具备研发投入大、研发周期长、技术壁垒高等特点。科技创新时代，以"硬科技"为代表的科技创新重大突破和产业化应用，将促使产业和经济竞争的赛场发生转换，推动产业升级调整。

### （一）新一轮科技革命和产业变革开辟新赛道，为发展硬科技抢占全球竞争制高点提供空前机遇

当前，新一轮科技革命与产业变革方兴未艾，正深刻影响着经济社会运行方式、国际竞争范式和世界格局发展走势，而支撑和引领变革的正是底层的硬科技。世界

---

* 本文作者：盛秀婷、张延、孙佳、张国英。

各国加快布局和发展硬科技，以期培育一批爆发式成长的新兴产业，在未来世界格局中占据有利地位。美国先后推出"脑计划""精准医疗""美国制造"等科技战略；日本推出的"综合创新战略"提出加强对人工智能、环境能源等领域创新的支持力度；俄罗斯、法国、印度加快推进军事航天能力建设。根据中泰证券测算，全球硬科技产业规模平稳上升，截至 2018 年全球硬科技市场规模至少大于 7.4 万亿美元，同比增速 8.3%，在 2014 — 2018 年的复合年增长率达 8.2%①。在全球积极抢占未来竞争制高点背景下，只有牢牢把握硬科技的发展，才能将新赛道上的科技优势有效转化为产业竞争和经济发展的胜势，才能屹立于不败之地。

**（二）产业链重塑、创新链重构加剧了国际竞争，硬科技成为大国博弈的砝码**

随着国际形势的变化和我国科技产业的崛起，欧美发达国家对我国科技进步的警惕性越来越强，为保障其自身在全球分工体系和产业价值链中的主导地位，某些西方国家把硬科技作为围堵我国发展的核心"靶点"，在重点产业领域关键基础技术方面对我国实行全方位封锁。全球新冠肺炎疫情肆虐对全球产业链开放合作造成巨大冲击，世界范围内创新链、产业链的"逆全球化"趋势无法避免。在全球产业链供应链重塑的严峻下，大国竞争的核心必将是硬科技引领的科技博弈，更是掌握核心技术的硬科技企业间的竞争和博弈②。只有超前部署谋划硬科技发展，在"硬碰硬"中通过自主创新掌握主动，才能有效规避外部风险和挑战，在竞争中避免不进则退、慢进亦退的局面。

**（三）高质量发展急需硬科技支撑与引领，硬科技已上升至国家话语体系**

2018 年，李克强总理在主持召开的国家科技领导小组第一次全体会议上首次提出要突出"硬科技"研究③。2019 年 11 月习近平总书记在上海考察时指出，支持和鼓励"硬科技"企业上市④。契合时代背景和发展规律，硬科技已逐步上升至"国家话语"体系，带动产业发展取得显著进展，成为推动经济高质量发展的根本动

---

①② 资料来源：贾敬敦，米磊，于磊. 硬科技：中国科技自立自强的战略支撑［M］. 北京：人民邮电出版社，2021.

③ 资料来源：中国政府网. 李克强主持召开国家科技领导小组第一次会议［DB/OL］.（2018 – 12 – 06）. http：//www. gov. cn/guowuyuan/2018 – 12/06/content_5346334. htm。

④ 资料来源：央广网. 习近平在上海考察时强调 深入学习贯彻党的十九届四中全会精神提高社会主义现代化国际大都市治理能力和水平［DB/OL］.（2019 – 11 – 04）. http：//china. cnr. cn/news/20191104/t20191104_524843259. shtml。

力。在高温超导、纳米材料、量子通信等基础科学领域，超级杂交水稻、高性能计算机等前沿技术领域，载人航天、高速铁路、5G 通信技术、人工智能应用等重大工程领域，我国均取得一系列具有世界影响力重大成果。2019 年全球硬科技综合排名中，东京位居第一，北京紧随其后，我国有 8 个城市进入榜单前 15，占据了"半壁江山"，在科技创新活跃度领域，呈现多个行业并发、多种类型并举、多数企业家重视的良好局面[①]。

**（四）全国主要创新型城市加紧布局硬科技，以此支撑实现高水平自立自强**

硬科技为新时期各城市肩负引领经济发展向创新驱动转型的更高使命提供了具体路径。西安首先提出硬科技概念，成立了硬科技发展联盟，加大科技发展资金支持力度并连续召开 3 届硬科技大会；西安高新区启动创建全国首个硬科技创新示范区，在硬科技创新方面先行一步，为全国高新区推进高质量发展探索起到表率示范作用。北京出台《加快科技创新发展高精尖产业》政策，将集成电路、诊疗技术等领域作为未来硬科技发展的重要方向；中关村示范区重点建设 22 家硬科技孵化器，首发 100 余项新技术新产品，着力加强科技型企业培育，营造硬科技创业环境。深圳抢先布局第三代半导体和量子计算产业，成立深圳第三代半导体研究院，引进相关领域高端人才。其他城市纷纷出台举措，促进硬科技引领产业发展，增强自主创新能力，优化硬科技发展软环境，强化硬科技企业培育，推动硬科技成果产业化。

## 二、切实掌握广州硬科技发展现状

凭借清晰的战略定位、独有的区位优势、强劲的科研实力、雄厚的产业根基和卓越的营商环境，广州硬科技综合实力稳步提升，在信息技术、生命科学、新材料、新能源、先进制造等多个硬科技领域走到全国乃至世界前列。

### （一）硬科技整体实力位居全国前列

2020 年广州硬科技创新发展水平仅落后于北京（84.04）、上海（50.48）、深圳（42.92），硬科技创新指数达 39.45，位居全国第四[②]。《2019 中国硬科技发展白皮

---

① 资料来源：贾敬敦，米磊，于磊. 硬科技：中国科技自立自强的战略支撑［M］. 北京：人民邮电出版社，2021.

② 资料来源：北京亿欧网盟科技有限公司等. 2020 中国硬科技发展白皮书［R］. 2020.

书》显示，在信息技术、生物技术、材料技术、先进制造技术、能源技术、航天航空技术等多个领域，广州硬科技创新指数均位于全球前 10。在抗击疫情中，研发人源化血管紧张素转化酶（angiotensin converting enzyme，ACE）小鼠动物模型、人工智能咽拭子采样机器人系统、新冠肺炎人工智能（AI）辅助诊断系统等多个"硬核"成果，并在全国推广应用，为打赢疫情防控阻击战提供强大科技支撑，充分展现了广州硬科技实力。

### （二）硬科技创新平台体系迈向高能级

广州强化国家战略科技力量，构建"2＋2＋N"战略科技创新平台体系，全面抢占硬科技创新平台制高点。一方面，全力建设广州实验室和粤港澳大湾区国家技术创新中心两大航母级战略科技力量，广州实验室致力打造具有全球影响力的呼吸疾病领域原始创新策源地；粤港澳大湾区国家技术创新中心总部谋划建设集成电路、关键软件、生物医药、智能产业等硬科技领域创新平台。另一方面，着力建设人类细胞谱系大科学研究设施、冷泉生态系统研究装置等重大科技基础设施，面向生命科学、新能源等前沿科学问题，夯实硬科技基础研究根基。同时，不断完善创新平台体系，引进国家级大院大所、高校在穗建设广东粤港澳大湾区硬科技创新研究院等十余家高水平创新研究院，研究方向均为硬科技重点领域。超过半数国家、省重点实验室持续深耕信息、医学、材料、工程等硬科技领域，为发展硬科技奠定坚实研发基础。

### （三）硬科技产业发展层级实现新提升

广州将战略性新兴产业发展作为经济工作的"首要工程"，靶向瞄准"硬科技"领域，实现产业现代化水平持续提升。截至 2020 年，全市新一代信息技术、生物医药与健康、智能与新能源汽车等硬科技核心产业增加值均突破千亿元大关。广州高新区全力打造新型显示、汽车制造、新材料三大两千亿级和生物科技、集成电路、高端装备等千亿级硬科技产业集群，培育出小鹏汽车、粤芯半导体、明珞装备等硬科技领域龙头企业和"隐形冠军"。

分领域看，新一代信息技术领域，新型显示、车联网、工业互联网等领域走在全国前列，薄膜晶体管液晶显示器及柔性电子纸技术等技术处于领跑状态。智能装备领域，工业机器人本体产能规模位列全国第一，2019 年度国家科学技术奖获奖名单中，全市智能制造装备领域获奖数量占比达 19%。生物医药领域，总体实力位居全国第一梯队，2019 年度国家科学技术奖获奖名单中，全市医药医疗领域获奖数量占比达 26%。新材料领域，技术水平与综合实力位居全国前列，在高分子材料、生物应用材料等领域位列世界前沿水平。新能源与节能环保领域，在新能源汽车、核电装备制造领域处于全国领先水平，在天然气水合物利用和生物质能源利用等优势领域具有较好技术基础。航空航天领域，建设动态宽域高超声速风洞、航空轮胎动力学等大科学装置以及广东空天科技研究院等重大创新平台。

### （四）硬科技发展生态环境持续优化

广州积极打造硬科技创新"生态雨林"，夯实硬科技生态环境支撑点，为发展硬科技营造优异的创新生态环境。一方面，强化硬科技领域产业政策支持，围绕新一代信息技术、人工智能、生物科技（IAB）产业、生物医药产业、新一代人工智能产业出台专项政策措施，推动硬科技各领域产业集群加快发展。实施"链长制"工作机制，开展"一链一策""一群一策"，切实推动资源要素向产业链群集聚、政策措施向产业链群倾斜、工作力量向产业链群加强。另一方面，在国内率先开展国际消费中心城市培育建设，出台优化营商环境的系列文件，发挥营商环境改革先行优势，优化与港澳科技发展协同机制，推进大湾区科技创新规则对接、硬科技力量协同和资源共享，全省 20 家粤港澳联合实验室半数落户广州，合作方包括香港大学、澳门大学等 7 所港澳知名高校，涵盖新材料、先进制造、生物医药等硬科技领域，为硬科技协同发展培植优良沃土。同时，探索科技成果转化市场化激励机制，完善以公平为原则的知识产权保护与运用制度，实施合作共建新型研发机构经费使用"负面清单"、科研项目经费使用包干制管理、扩大科研机构科研活动自主权等"放管服"改革试点，有力提升科研机构、企业、人才开展硬科技领域自主创新的积极性，为发展硬科技保驾护航。

### （五）硬科技发展要素资源融合汇聚

广州作为华南科教重镇，集聚全省 80% 高校资源、97% 国家重点学科，拥有 2 所世界一流大学建设高校、5 所"双一流"大学，以及中山大学生物学、电子科学与技术，华南理工大学材料科学与工程，暨南大学药学等众多硬科技领域"双一流"建设学科。2021 年中国百强城市科教排名中，广州跃居全国第二，科教综合实力仅次于北京。依托毗邻港澳区位优势，湾区间科创要素的快速流动和集聚，香港大学、香港科技大学、澳门大学等世界一流名校，为广州发展硬科技提供了强大的后备科研力量。同时，为做强创新人才"第一资源"，深入实施"广聚英才计划"和"1＋4"人才政策，建立全球引才引智体系，在钟南山、施一公等超100名战略科学家基础上，围绕人工智能、5G、生物医药等硬科技领域，依托高端创新平台，加大人才政策供给力度，探索以技术入股等多种创新方式引进高层次人才、高水平人才团队，积极培育一批青年科技人才。截至2020年，在穗院士达115名，累计认定外籍高端人才3234人，为发展硬科技奠定了坚实的人才基础。

## 三、聚焦制约广州硬科技发展的难点堵点

发展硬科技是一项系统工程，牵涉面广、系统性强、投入规模大。目前广州对硬科技发展的认识上没有形成先发优势，在发展过程中仍然存在一些不足。主要体现在：

### （一）推动硬科技发展的资源投入较为分散

一是难以获得社会资本的配置和投资。2013—2020年广州硬科技行业投资金额仅1190亿元，远低于北京（6180亿元）、上海（2500亿元）、深圳（2530亿元）①。二是缺乏硬科技多元化投入机制和专项扶持。目前政府设立了工业和信息化发展基金、新兴产业发展引导基金、科技成果产业化引导基金、工业转型升级发展基金等多个基金，基金规模不高（普遍处于10亿~100亿元之间），且涵盖范围很广，虽覆盖了部分硬科技领域，但缺乏专项扶持引导，投入力度和撬动效应不匹配。

### （二）硬科技基础设施与研究转化能力不足

一是重大科研基础设施载体数量偏少。在国家重点实验室和已建或在建及预研的重大科技基础设施方面，广州数量远低于北京、上海。二是支撑硬科技发展原始创新能力不强。基础研究是硬科技创新的源头，硬科技是长期基础研究积累向产业应用转化的核心支撑，但广州实验室、国家技术创新中心等国家战略科技力量刚起步建设，知识创造和知识获取能力相对薄弱。高校学科方面，基础与应用基础研究短板比较突出。三是创新链与产业链协同发展不够。"重研发、轻转化"现象仍旧存在，创新体制机制改革滞后影响成果转化效率，产业化成果不显著，政策、措施

---

① 资料来源：北京亿欧网盟科技有限公司等.2020中国硬科技发展白皮书［R］.2020.

优化提升空间依然很大。

### （三）硬科技领域"强群弱链"现象比较突出

一是硬科技企业"多而不大、大而不强"，"头雁"作用不明显。广州高新企业数量落后于北京、上海等地区，支撑硬科技做大做强的创新主体数量和质量有待提升。部分硬科技产业虽然整体规模较大，但普遍缺乏主控企业，协作效率不高，没有形成协同生态。二是科技自立自强对产业链供应链自主可控的支撑不足。在核心元器件、高端芯片、关键基础材料、基础软件等产品、技术环节对外依存度仍然较高。

### （四）硬科技领域要素资源的配置保障不够

一是硬科技高端人才和领军团队缺乏。具有学术引领能力和产业发展带动能力的国际战略科技人才、科技领军人才和高水平创新团队全职在穗的较少。二是科技金融发展缓慢。天使投资、风险投资、创业投资集聚度不高，科创板企业数量、创业板企业数量较少。三是创新生态环境有待提高。当前广州市现代服务业发展与硬科技快速发展的需求不平衡，专业化科技服务供给不足。硬科技专项领域国际性创新会议、活动不够丰富。

### （五）融入全球创新网络的步伐还需加快

一是粤港澳大湾区硬科技资源开放共享水平有待提高。硬科技创新资源互补优势尚未充分发挥，在人才、资金等硬科技要素的流动上仍存在障碍，硬科技引领辐射能力仍需进一步加强。二是开放创新的生态仍需进一步优化。开放合作尚未充分融入硬科技创新的各个领域，与世界主要国家、"一带一路"国家等的硬科技产业合作不够紧密，对于国际高水平硬科技企业、创新机构的集聚效应仍然较弱，不利于面向全球参与竞争。

## 四、加快确立广州硬科技发展新蓝图

立足新发展阶段，贯彻新发展理念，服务构建新发展格局，以硬科技作为高水平科技自立自强的核心支撑，支撑引领粤港澳大湾区国际科技创新中心、综合性国家科学中心建设，奋力谱写广州新时代引领发展新篇章。

## （一）前瞻谋划布局硬科技发展

一是打造若干硬科技创新示范区。围绕南沙科学城、中新广州知识城等广州科技创新轴上重点区域，打造一批具有特色的硬科技创新示范区，率先在示范区探索形成可复制、可推广的硬科技发展模式。二是加强硬科技顶层设计。紧扣国家、省、市相关要求，强化系统布局和统筹协调，在各项战略、产业政策、科技规划和重大项目中聚焦硬科技。从增强产业链安全稳定性和"补链强链"角度出发，切实找准广州硬科技领域和产业方向。三是强化协调联动凝聚全市合力。统筹做好硬科技发展新闻宣传、政策解读和舆论引导，大力弘扬科研工匠精神，提振硬科技企业发展信心、增强民众关注度，营造全社会共同推进硬科技良好氛围。

## （二）增强硬科技研发和支持力度

一是加大财政资金支持力度。持续加大财政经费对硬科技领域技术攻关、创新平台建设、重大科技基础设施建设等支持。提升硬科技领域技术攻关支持力度，结合实际制定支持硬科技研发周期计划，保障各周期财政经费投入。优化经费投入结构，增大对硬科技企业的研发投入。二是强化硬科技与金融协同发展。探索硬科技领域关键核心技术攻关新型举国体制的"广州路径"，围绕硬科技产业布局，构建以财政资金、社会资本及银行资金共同参与的多层次资本体系。探索设立广州市硬科技投资基金，专注于长期、稳定地支撑硬科技创新项目。

## （三）筑牢硬科技源头创新根基

一是打造具有广州特色的重大科技基础设施群。围绕广州硬科技领域，超前谋划、培育建设一批具有自主知识产权的重大科技基础设施。强化重大科技基础设施建设运营的资金支持，积极探索重大科技基础设施集聚和运行机制。二是加大硬科技创新平台建设。在关键领域，加快组建由国家及省、市实验室、大科学装置、技术创新中心、各类高端创新研发平台共同构成的硬科技创新平台体系，丰富"2＋2＋N"战略科技创新平台体系。三是提升重大创新平台支撑作用。以国家战略科技力量为依托，加快布局硬科技领域具有重大研究前景和颠覆性潜力的前沿基础研究，力争获取更多从"0"到"1"的原始突破。

## （四）打造一批典型示范产业集群

一是培育一批世界级硬科技产业集群。重点聚焦硬科技优势产业，充分落实广州市产业链"链长制"工作机制，着力提升产业链供应链现代化水平，培育若干具有全球竞争力的硬科技产业集群。二是集聚壮大一批硬科技领军企业。鼓励硬科技产业链"链主"企业整合产业资源和创新要素，推广供应链协同、创新能力共享、数据协同开放和产业生态融通发展等模式，带动上下游中小微企业协同发展。三是以应用场景引领产业集群发展。围绕广州硬科技重点领域，率先在具备条件的集群内试点建设一批应用场景，以先行先试的方式加快推进硬科技产业化。

## （五）激活硬科技发展新动能活力

一是加快汇聚高端创新人才。优化硬科技产业发展急需人才引进政策，强化人才服务，充分发挥创新平台引才作用，办好海交会等重大引智平台，汇聚更多世界一流人才。二是加大硬科技产业空间保障力度。加快城市更新，系统梳理全市现状工业用地，保留一定规模的工业用地，保障硬科技产业发展空间。三是营造一流硬科技发展环境。探索建立多方共建的硬科技创新发展协同推进机制。综合运用土地、财政、税收、金融、贸易等多方面政策，加大政府对硬科技创新产品的首购、订购力度，积极支持硬科技企业发展。

## （六）开拓硬科技合作共赢新局面

一是加快建设广深港、广珠澳科技创新走廊。加强粤港澳硬科技战略合作，以南沙科学城为主要承载区共建综合性国家科学中心，探索构建湾区重大科技基础设施等创新资源开放共享。抢抓横琴、前海两个合作区建设机遇，深化穗港澳硬科技联动发展。二是深化硬科技领域国际开放合作。畅通国内国际双循环，深度融入全球科技创新网络，扩大与"一带一路"沿线国家的硬科技产业合作，鼓励硬科技企业"走出去"，促进全球硬科技成果及创新产品共享共赢。